社區組織理論與實務技巧

Community Organization Theory and Practical Skills

姚瀛志◎著

蘇　序

　　社區工作（community work）是一種社會工作方法，最主要是用於協助地方社區民眾組織起來，善用他們本身集結的力量，以及社區內外資源，去解決社區問題，滿足社區需要。現代社會中的地方社區，或願或不願地皆無法避免全球化（globalization）及其所夾帶的資本主義邏輯所引發的種種衝擊，包括產業經濟、文化傳統、生態環保、政治人權等面向。在此種情況脈絡下，社區民眾的出路策略之一即是社區組織，經由社區組織而培力（empowering）社區能力，也透過此去共同規劃並採取行動。

　　姚瀛志先生畢業於輔仁大學社會工作學系，在校期間即展現對社會服務的熱情，其後又赴美聖路易大學取得社工碩士學位，更精進其社工知能。之後任教於澳門理工學院社工系，主授社區工作，現在他將近年教學研究之思慮所得，集結成本書，對新入門的學生具啟發性與可讀性，對社區工作實務者也十分富有參考價值，故我特書此序推薦之。

蘇景輝
輔仁大學社工系副教授

謝　序

　　姚瀛志學長是我在輔仁大學和聖路易大學社工研究所的學長。從在校的學長姐家族制，到觀看他與僑生間的聯繫協助，以及美國留學時接待新生的我，聯繫臺灣校友的安排協助等過程，都讓我感受到瀛志學長將所習得的社區工作理念、方法融入生活中，讓社區的人可以有共同的方向，面對生活上的困難與挑戰。

　　在書中，瀛志學長將他在生活上實踐的社區工作技巧，完整逐項的介紹及解說。這些細緻的操作方法，非常有利於入門者實踐、體會操作的過程，從中可在實作中有更多的體會。由於關注社區公眾所共同面臨的問題，因此如何使社區民眾能參與，站出來表達意見，而不致於推給其他居民，以為只要有人去講、去關心就好了。常常看到這些與居民切身有關的問題，由於沒有急迫性或切膚之痛往往擱置一旁。社區社會工作人員在這過程的陪伴，意味著觀察、覺知，透過社工的分析、分享，使更多居民感受到環境狀況所帶來的不便，使能感受到改變的需要。

　　書中的實例，讓執行者可以看到社區所面臨的處境，從個別居民感受的問題，引發到其他居民的共鳴，形成共同關注的議題，創造改變的可能，塑造出社區更好、更適居的生活品質。「堅持」及「陪伴」是社區工作成功的要素，讀者可活用本書於不同的社區環境中，讓人感受到社會工作的藝術成分，善用環境和資源的不同因子，使社工的社區環境改造工程能更得心應手。

　　這是一本實務的書，因此需要閱讀者運用在實際的社區場域，以更容易體會箇中滋味。

謝東儒

中華民國殘障聯盟副秘書長

作者序

近年社會工作技巧在運用上明顯有所轉變，由過往個別使用個案工作、小組工作，及社區工作技巧，發展至今，三大技巧的結合，由中心為本的服務進入了整體性社區服務時代，進行全面性的思維，協助服務受助者。此一發展，驅使各類服務深入社區，使服務更全面，讓服務更能與社會轉變配合。

而社區工作技巧除了進入社區瞭解居民，它強調以居民為取向的工作方法外，還涉及民生與政治問題、政策與民生問題等。工作員往往因對組織工作認識不足，推展居民組織時受到個人能力的困擾、對政府政策不瞭解、甚至未能掌握居民問題而採用較簡便的個人主觀模式，忽略社區工作的服務使用者自助發展專業理念。同時，不少社區中心以小組工作、大型活動作為建立睦鄰關係，及以各類預防工作的倡導性活動為主；反之，以社區工作技巧為主的居民組織工作及理念則被社區工作者遺忘。

過往，筆者曾從事前線的鄰里式社區工作服務，深入社區與居民接觸，組織居民爭取權益。近十年，筆者帶領實習同學在澳門社區中心推展居民組織工作，對組織居民的問題漸漸有所瞭解，同學在知識與實務上的困惑，除了單靠督導導師的指引外，較難在書本中找到實例的參照與指引，有見及此，筆者嘗試從組織工作角度，探討社區工作源起與組織工作關係，由各學派的理論至組織居民方法及技巧，詳細陳述，讓大家對居民組織工作有所瞭解，加強實務工作人員及實習人士在施行時的支持，並對所面對的困惑加以解釋，給予實則性的導向。

本書包含八大章，第一章主要介紹社區組織的基本概念，內容從不同的向度為社區定義、社區工作、社區發展與社區組織做說明。第二章理論方面，從社區問題的特性，由地域上引用場域理論、社會關係理論、社會結構理論等分析地域結構與關係；以衝突理論、公平理論探討社區問題的成因；對居民解決社區問題的心態與動機則以社會交換理論、社會資本理論、期望理論等瞭解居民行為取向。第三章以四個工作模式介紹居民組織的推展構思，包括Batten的二分法、Rothman的三分法、Jeffries的四分法，及筆者的四個居民組織階段。

第四章為社區工作歷史說明，從英、美等地的社區工作源流與發展導出社區工作理念，並以華人四大聚集區中國、臺灣、香港，及澳門等四個地區分析其社區工作的轉變。第五至七章為社區組織技巧應用，組織工作從社區界定開始至行動，及行動後的工作安排等各環節做深入的介紹。在會議方面，由居民會議的特性策劃各類會議，如談判式會議、對話式會議、居民大會及與小組的會議等等，文中詳述了會議帶領技巧及如何處理會議後期的工作。

基於居民組織工作大多涉及民生議題，而這類民生議題往往由居民本身的居住地而起，因此筆者選取三個居民組織工作較常見的情況，在第八章以案例形式，仔細地介紹不同組織的經過，讓讀者更明確瞭解整個居民組織工作的過程，當中包括大廈管理問題案例、大廈維修問題案例，及推展成立大廈管理委員會（相當於香港的大廈立案法團組織）的案例。案例由瞭解當地社區開始至組織居民反映意見，清晰陳述實習同學推展工作的理念及各環節的經過，讓大家對組織工作有深入的瞭解。同時在每個案例中，針對各個過程所涉及的理念、模式等進行分析與評論，讓讀者對居民組織工作更能融會貫通，深入瞭解社區組織工作的意義。

在此多謝廖秀華、梁志華、梁慧玲、關志文、呂文鳳、甘雪媚、彭繩武、徐鳳儀、吳倚玲等提供寶貴的資料，將居民組織工作詳細陳述，使本書內容更充實。其次多謝姚雅薈及林苑小姐對本書排版設計的建議。另外，多謝東儒副秘書長於百忙中給予本人對臺灣社區發展的意見與指導，還有蘇景輝老師為本書寫序。致謝人士未能一一列出，最後謹向不願透露姓名的同學及曾協助推動社區組織工作的朋友致謝，謝謝各位給予本人的意見與指導。

　　所謂教學相長，社區工作學問需要持續發展，始能達成專業及有效的全面性助人服務。筆者嘗試透過本書深入探討社區組織工作，希望讓初學者具啟發及引導性作用，同時亦竭誠希望學者先進給予鼓勵、支持與指正。

姚瀛志

序於澳門理工學院

2012年春

目　錄

第一章

社區組織概論

前言

人類歷史過程中，不論是自然因素或人為因素的變化，均會對人造成一定程度的影響，人類因種種轉變而做種種生存的調節，這類的轉變對調適能力較弱的人，會產生較大影響，影響甚者乃至滅亡。人類社會是群居的社會，出於人的本性，在自發的情況下，人們都趨於幫助有需要的同伴，產生互助機會。形成各類具互動性及互助性的群居生活。隨著社會的發展，人類文明的推展及進步，關心不再只是幫助同伴，社會進步到關懷不相識的弱勢社群，先賢更將這些社區協助系統化。

社區式的助人服務應運而生，透過數十年的發展與演變，建立起一套有系統、有計劃的專業體系，協助社區上的弱勢社群，讓他們得到適當的照顧及合理協助，這種服務被社會工作界稱之為「社區工作」，由於社會持續不斷的發展，社區工作手法亦隨著社會發展的特性及助人自助的理念，趨向以組織居民，提升居民的能力，解決問題的方法，形成一套有系統的以社區組織為主的社區服務。

 第一節　社區組織導論

綜觀社會福利的發展，當地區出現某些問題而發生變化時，便有可能引致地區架構的轉變，而轉變需要平衡才能使社會回復正常，此時便產生了需求（need）情況，讓有能力的人士有機會為他們提供（supply）服務；這也就是說，社會問題是育成社區工作的一種重要元素（element）。雖然，社區／社會問題導致需求的產生，唯地區內存在著地域性（localization）的功能，且居民組織的互助亦不涉及任何社會福利理念；是而專業的社區工作要求社區組織從協助居民發掘當地功能

（Wright, 2004: 386），瞭解居民情況，運用各方資源，協助解決該社區的問題。

社區工作的社區組織（community organization）工作技巧集中於與居民的關係（relationship）（Farley, 2006; Payne, 2005b）。社會上一些政府團隊、社會運動者、宗教團體、街坊組織等，它們的工作同樣著重於與居民建立關係，與社區工作的社區組織方法相似，但與社會工作的本意、理念及守業操作不同。

社區工作手法與部分從事地區工作人士所用的方法相似，而經常被認為社區工作者是一種激進工作人士。從社區工作發展史來看，社區工作與工運發展相似，它們都強調「改變」（change）（Farley, 2006; Payne, 2005b; Hardcastle D. A. Powers, & Wenocur, 2004）。事實是政治團體的最終目的是本身利益的獲得，透過從多層面的行動，如政府決策局層面或地區社會大眾的壓力，改變現有情況，從而改善受助者生活質素，使自己的影響力擴張；但社區工作的最終目的是啟發居民的潛能，讓他們助人自助，獨立自主；社區工作是為了培養居民自我成長，如使用增權（empower）方式的工作技巧，提升居民有能力處理所面對的問題，改善生活質素（quality of life），這就是社區工作的基本理念。

改變居民生活質素涉及層面較多，而為求解決社區層面的問題，居民組織工作是較常被社區工作者採用的方法。學習社區組織工作，必須掌握社區工作的各種特性，如對區域上的認知（cognition）、社區工作的技巧與功能及社區發展等。

第二節　社區的定義與目標

早期，因地理環境使人類群居在一起，基於生存的需要，他們會互相幫助支援，例如互相照顧孩童或老人，一起建造房屋。居民間形成有共同文化認知、甚至有血緣關係，這種社區或鄉里觀念因而形成。蘇景輝（2003）指出，有制度的服務理念源於宋明的鄉約制度（community system）；救助範圍則著重於以鄉、社為主，這可以說是社會福利制度（social welfare system）的一種。

人類生活隨著群體活動的社會發展，因每個人的能力不同、際遇不同，社會出現了不同的階級群組。一旦地區上出現貧窮階級時，或當社會階級分化擴大至不能和諧共處，基層生活得不到保障時，就會引發基層群眾發起行動，爭取生存的機會；激烈的行動在中國歷史上屢見不鮮，如朝代更替所造成的戰爭。由於激烈的行動會令社會質能產生消耗，以及人們將會為此付出龐大的代價。因此，人們期望看到更多的是階級間的援助、救濟有需要的人，這類救助大多建基於互動關係（Farley, 2006），在族群內、在鄰里內。這是早期的直接救濟模式（direct welfare method），可稱之為傳統救助模式（traditional welfare method）。

隨著時代的轉變及人類文明的發展，社會救助亦進入專業模式，而且有明確的定義及界定。根據白秀雄在《社會工作辭典》（2000：241）一書中指出：「社區是一社會的單位，而非法定的行政單位，社區是存在於所有人類社會，與家庭一樣是真正普遍的單位。社區是占有一定區域的一群人，因職業、社會文化、生活水準、歷史背景、地理環境，或其他方面的不同，而造成各種不同的自然團體、自然地域；他們與其所出生的區域相結合，彼此間存在著一種相互依存關係。」白秀雄（2000）道出了社區的特性，隨著都市化的轉變及政府的政策安排，社區的定義亦有所改變，如香港的灣仔區，它不只是具有特定的區域，同時亦設立區議會的行政體系，管理當地的康體事務及地區發展工作，為區內居民提供直接服務。

白秀雄（2000：242）指出，社區應包括下列幾個要素：(1)它是有一定境界的人口區域：社區是一群人共同生活的一種最小單位的地域。這群住在此一特定地區內的居民從事共同互賴的生活；(2)它的居民具有地緣的感覺或具有某些集體意識和行為，它與其他社區能清楚看出有所不同；或基於該社區的風俗、生活方式，或「我群」（we-group）意識而有所不同；或基於社區的風俗、生活方式，或我群意識或共同的記號象徵而具有從屬感，大家同感相互隸屬、互相依賴，建立有共同目標，並能採集體行動以期實踐；(3)它有一個或多個共同活動或服務的中心。

　　曾華源（2004）認為，「社區」是不論地域規模大小，只要是居住在同一空間地理範圍之內，有共識、具有共同行動能力的一群人，例如一棟公寓、一條街區、一個村里，皆可稱為社區。「韋氏新字典」中從社區的條件加以定義，認為包含了人群、地域關係、人際關係，以及複雜的利益關係等條件。徐震（1985：3）則從社區的屬性，區分為三種不同的概念：結構的概念（如地理疆界、服務設施）、互動的概念（如心理互動與利益關係）、行動的概念（如社會變遷、參與行動）等。蔣玉嬋（2004）認為社區除了地理範圍，還包括認同感、互動及產業等，範圍也較為多元，並指出：「社區是一群人在一定的地理界限內共同生活的地方。」因此，「社區」所指即是「地方」；這個「地方」有一定的範圍、有一群人共同生活，人與人之間有互動並有相關的生產活動。徐震、李明政、莊秀美、許雅惠（2005）在《社會問題》一書指出，社區概念除了以地域為界的實質範圍外，還可以是沒有固定的地理疆界，如學術社區、宗教社區、文化社區；社區是一個包含各單位功能的系統（Cary, 1975），可以是正式的社區團體，如社區理事會／區議會，也可以是組織，如學校、醫院等。

　　筆者認為，社區除了可依上述學者的界定外，還可考慮以社會轉變所造成的特殊情況作為界定，如社區因問題轉變而建立了共同性社區，這類社區關係因問題的產生而形成，隨著資訊科技的進步、人口互動模式的轉變，相互間的溝通與交流亦已超越平面的地域界限，居民可透過電話、互聯網等進行互聯，形成另一類沒地域性的社區型態。正如徐震（2004）提出「虛擬社群」效應的觀念，此一觀念帶出目前社會情況因人們在網絡互動世界中所帶來的問題，直接影響市民生活模式，正面的影響包括改善生活質素及效率，如網上購物、資訊找尋等，亦帶出對社群的負面影響，如援交網絡、色情網絡之易為未成年人士所使用，或產生長期上網的病態行為，導致身心發展不良等。

另外，部分因政策所造成的短期問題，由於資訊的發達，故較不受地域上的大小限制，如香港菜園村因政府興建高速鐵路需搬遷居民，事件不膏是一條村的問題，村外的不同類別團體及人士亦加入參與解決有關事件的各種行動。

所以社區組織工作者需與時並進，依社區問題特性，推展各類服務。香港社會福利署於2000年開始依不同的重建計劃推出各類支援服務隊及支援計劃，包括駐屋宇署支援服務隊、邊緣社群支援計劃、殘疾人士社區支援計劃等。這類社區工作手法已突破了地域界限觀念，為不同的社會問題提供服務。

第三節　社區工作

社區工作（community work）是以社區為本（community-base）的助人服務工作，旨在推動居民參與，讓居民在參與的過程中爭取合理的權益，以改善居民的生活質素為基本理念，與工作動機、工作界定、工作要求及一般所謂居民服務的組織工作是不同的。

何謂社區工作

社區工作是一種社會工作方法（social work skill），亦是一種服務類別或形式。以社區發展的角度而言，社區工作是一種協助推動社會發展的過程，是動態的表現，包含發展、教育、行動三個階段。在服務方面，它是一種服務，類似一般社團在社區內提供的服務，如小組活動、聯誼活動等。在社會工作方法上，社區工作只是一種統稱，它包含社區組織及社區發展兩個概念（甘炳光等，2006；徐震，2004）。社區工作一詞代表專業性，發展至今已被公認為是一種具有獨特的專業精神及理念的工作。

王興周在陳良瑾（1994：452）《中國社會工作百科全書》中指出，社區工作是現代社會基本工作方式之一，它以一特定社區居民為服務對象，幫助社區居民認識社區存在的社會問題，進行動員、調配社區資源，解決社區的社會問題，以改善社區成員的生活質素。社區工作在協調社區人際關係、緩解社會矛盾、創造良好的社區與社會環境方面的意義重大。社區工作是貫徹實施社會政策的主要途徑之一。

從另一個角度看社區工作，它是為特定地域居民提供服務，這類服務除了提供一般性的活動外，主要強調協助居民自我發展，面對變化快速的社會。它重視居民的和諧及合理的權益，透過專業社區工作者的介入，鼓勵居民參與關注社區轉變所導致的社區問題，從而改善居民的生活質素。姜椿芳、梅益（1998：298）在《中國大百科全書——社會學》中指出，社區工作是以社區為對象開展社會工作的一種方法，包括社區組織、社區服務（community service）與社區發展（community development）。任務主要是瞭解社區的問題與需要，利用社區的人力、物力等資源，爭取社區內外的配合、協助與支持，幫助社區及時解決困難與問題，促進社區福利事業的發展，使社區在社會發展中發揮更好的作用。甘炳光、梁祖彬等（1998）在《社區工作理論與實踐》一書認為，社區工作是以社區為對象的社會工作介入方法。它的功能是透過組織區內居民參與的集體行動，界定社區需要，合力解決社區問題，改善生活環境及素質；在參與過程中，讓居民建立對社區的歸屬感，培養自助、互助及自決的精神；加強市民的社區參與及影響決策的能力和意識，發揮居民的潛能，培養社區領袖才能，以達致更公平、公義、民主及和諧的社會。同時認為社區工作應包括改變社會制度、改變權力分配、降低居民的無能感、增強自信及權力感、提升社會意識,及達致社會公義等(甘炳光等,1998:13)。這觀念包含地域界限與居民參與的意念,同時亦帶出為居民服務並不單從物質需要,而需顧及居民日後的自我發展,形成社區工作的基本特性。

社區工作除了以地域及服務理念探討外,姚瀛志(2002)指出,社區工作同時亦是協助政府發揮其功能,透過瞭解居民的需要及政府的政策,發揮緩和劑的作用、政策協調的作用,及和平推動者的作用,提升居民的生活素質,倡導社會和諧。

王興周在陳良瑾(1994:452)《中國社會工作百科全書》中指出,社區工作是社會工作的簡稱,它是一個操作過程,並提出了十二點程序說明社區工作嚴謹性的要求:

1.研究、瞭解社區存在的社會問題及其解決辦法。

2.制訂行動計劃。

3.協調組織社區各團體和個人的力量。

4.建立社區工作組織機構。

5.籌集資金、編制預算。

6.實施行政管理和社區成員自治管理,把社會政策變為社會工作實踐。

7.向有關專家諮詢解決社會問題的對策。

8.促使社區成員採取行動。

9.使社區內各組織民主協商,達成協議。

10.建檔保存檔案,以保證社區工作的連續性。

11.綜合社區成員需求、國家政策規定、社會經濟條件等情況,運用社區工作實現目標。

12.進行社區工作成效評估,並進一步開展社區工作建議。

這十二點包含由問題探討至成效評估等各個環節的理念,是一個具行政與行動相結合的觀念。王興周與徐震（2004）提出的社區工作是一種協助社區的組織過程（organizational process），與教育過程（educational process）的理念相似。社區工作不單以社區層面的角度看社區工作，同時以整體性考慮，介定社區工作的專業性（甘炳光等，1998），並透過完整性的規劃及記錄，讓專業更具學習性。

　　社區工作的特性除了包含地域上的界定（姜椿芳、梅益，1998；甘炳光等，1998；白秀雄，2000；蔣玉嬋，2004），並以推展地區發展為依歸，透過有計劃地制定推行方案，鼓勵居民參與，建立居民與政府溝通橋樑（姚瀛志，2002），進行協調與疏導工作，讓各方能理性地解決問題，改善居民生活素質，維持社會和諧。

第四節　社區發展

　　社區工作發展至今，已建立起一套清晰的社區組織與社區發展模式。社區組織與社區發展方向相似，服務對象則是相同的（徐震，2004）。不同之處是前者以居民行動為重，後者以漸進性、規劃性為主（陳良瑾編，1994；Payne, 1995b），兩者均強調居民參與（resident participation）的重要性（Lockie, 2008；楊森，1986；徐震，2004）。

　　社區發展是聯合國推動社會發展的一種工作方案，依據聯合國文獻指出，社區發展是指人民自己與政府機關共同為改善社區經濟、社會及文化，把社區與整個國家的生活結合為一體，使它們能夠對國家的進步有充分貢獻的一種程序。社區發展包括兩種重要因素：一是人民本身儘量本著自動、自發的精神，參加並改善自己的生活水準；一是以鼓勵自動、自助、互助的精神，使這種精神更能發揮效力，並提供技術和其他服務。社區發展最重要的理念在於激發社區居民的需要感，引導他們參與各種工作計劃及行動，使他們以自助的理念與精神來推展工作，根據此等原則，始能達到成功之境（王培勳，2000：254）。這理念對各地的社區發展工作起著重大影響，是早期社區工作基本的原則，帶動世界各地政府改善落後地區生活質素的主要動力。

社區發展是由聯合國所倡導（advocacy）的一項世界性運動，在世界各地鼓吹居民參與與互助（mutual），改善生活水平。臺灣及中國的社區發展除了關心物質的改變外，早年中國的鄉村建設及近年臺灣的社區營造加入了人民意識建造的內容。中國於1926年由晏陽初與平教會工作人員以河北省作為鄉村改造的實驗研究中心開始，嘗試從教育方面著手，提升人民的新思維，在各地進行中國平民教育運動（蘇景輝，2003：99-102），其後梁漱溟以有系統地推展鄉村建設 （蘇景輝，2003：120）。這顯示早年的社區發展帶有系統地建立人民的非物質改變思維，並將之融入推動社區的發展。

一、社區發展與社區營造

在臺灣，社區發展又稱之為社區建設（community building）。1994年，陳其南在文建會提倡「社區總體營造」的概念後，臺灣學者漸改用「社區營造」一詞代替社區發展或社區建設。曾華源（2004：65）表示，「社區總體營造」與社區工作方法相同，是社區發展的一種方法，因為它融合了本土文化與風格，增加社區居民對社區的認同和肯定；它包含Payne（1995b）所說的：「社會工作是在不同社會文化建構下產生」的概念，它應以不同社區性質、歷史、文化作為考量，具體地推展，且應配合各社區組織的步調，瞭解各社區真正的需要，促進居民自動、自主與自發。社區營造是透過文化建設或活動，促使社區居民自發地參與地方事務，以社區本身作為資源的一部分，發掘自己的歷史文化，並整體規劃地方的建設。在快速變遷的現代社會中，社區總體營造的文化建設與活動只是一種手段，其目的最重要的還是建立社區成員對社區事務的參與意識，一種對社區關心、認同、歸屬的情誼，和提昇社區居民在生活上的美感與品質。也就是說，它不只是營造「新社區」的景觀或建設，也是在營造有地區特色的「新文化」，和營造一個能有社區意識，關心社區生活品質的「新人」，並在過程中，重建社區倫理與意識、改善社區環境品質。總括而言，「社區總體營造」的理念在整合社區各種文化資源，建構以文化為主的「共同體」意識，讓更多民眾因參與社區文化服務，達到文化營造社區之目標。

由此可見，社區發展與社區營造理念是相同的，不論是由聯合國的觀念或臺灣的社區營造觀念，主要推動者是政府，透過政府政策影響社區組織，以推動社會的改變，建造良好的社區。但是，社會本身是不斷發展的，市民對生活質素的改善需求有本身的期望與目的，其角度只是在個人層面、本身利益，而政府所制定的發展政策是宏觀、社會整體性的，需考慮不同團體的利益，倘若視野不足，考慮不周全，發展的計劃及政策就會影響現有不同團體的利益。反之會造成不少社區問題，因為社區居民是社會中權力最薄弱的一群，有必要提供協助。

Khinduka（1971: 1345-1346）認為，社區發展可將住宅服務、貧民區、消費、文化活動、犯罪預防及社會福利等列為重點。如舊區重建計劃，影響居民的居住轉變問題、生活上的習慣轉變等。政策理念雖然是為改善舊區居民的生活，但每次重建方案均出現不少衝突或造成不少社會問題。為何會導致好政策仍會使居民不滿？這表示社區問題並不是單一物質上的需求問題，尚還涉及非物質上的需要。

物質方面主要以環境的轉變對原有生活環境造成的影響，居民需求是實質的，只要實質上的變化能產生正面作用，就會被支持。製造物質轉變是需要時間建造，所以政府往往採用物質更換方式，作為對受影響人士的補償，受影響人士依其所需選取相關的物質補償；如重建問題，政府往往以物業或金錢給予受影響人士補償（compensation），而相關人士則依其物業價值選取同等物業或金錢作為回報。

在非物質方面，由於政策及其施行對居民會造成某種程度的改變，如需要遷往新市鎮，導致鄰里關係的失落、生活習慣再調適、文化失調等的非物質問題。但是，非物質問題難以以價值衡量，或以物質作為補償，是而這些問題對弱勢社群（social vulnerable groups）而言，亦會造成影響，倘若處理非物質問題一旦不當，極易造成社會衝突（social conflict），對社會影響較大。

所以要推動社區發展時，亦需考慮服務的配合，讓受影響居民在物質及非物質的轉變中學習，在轉變過程中成長，使轉變所帶來的影響減至最低，達致自我協調功能。正如徐震（2004）認為，社區發展本身是一種工作過程或工作方法，其工作內容與重點，常因社會政策所造成的社區問題而有所差異。

二、社區發展的定義

甘炳光（2006）及Cary（1975）認為，社區發展是一種過程（process），是社區居民聯同地區上的政府部門，合力改善社區的經濟、社會及文化，促進社區與整體社會的溶合，及鼓勵、激勵社區居民對社會有所貢獻。

香港社會服務聯會在1976至1986年的十年期間，對社區發展提出了三次定義。對社區發展的界定首次定義發表於1976年，香港對社會服務聯會社區發展委員會所發表的第一份立場書，將社區發展定義為一個提升市民社會意識的過程；在首次的立場書中，人們被鼓勵透過集體性參與來辨認、表達和滿足他們的需要。第二次的定義是社會服務聯會在1981年發表的社區發展立場書，對社區發展定義做出了修定，但重點內容與1976年相同。最後一次的定義是社聯在1986年再度發表，將社區發展定義為：社區發展是一個提升社會意識的過程，以集體參與（group participation）鼓勵居民識別（identification）和表達（expression）本身需要，並採取適當行動。楊森（1986）指出，社區發展是一個社區導向性的社會工作方法，它包括一系列以謀取公義及改善社區生活質素為目標的有計劃之行動（action）。其宗旨包括：

1.協助社區人士解決自己的問題。

2.善用社區資源。

3.輔助公民公平地享用社會資源。

4.促進公民權益與責任。

5.鼓勵市民參與決策過程。

6.增強社區團結。

7.培養關懷及負責任的社區。

這種社區導向性的工作方法，內容包括一系列經過計劃的行動，最終目標是謀取社會公義和改良社區生活素質。在鼓勵居民參與的理念下，建立培育地區領袖的目標（甘炳光，2006），為政府發掘人才，從居民層面瞭解居民所需。

臺灣學者蔣玉嬋（2004）表示，社區發展是以地理區域（area-based）為範圍，將焦點著重於較為落後的地方（deprived locality），並期待能夠促進其永久持續發展。要建構一個全面性的社區發展，需要關注的不僅是其結果，也著重過程中的能力培植及其持續性。因而，全面性的社區發展是要兼具過程目標與結果目標。從過程面而言，社區發展要藉助於社區充權（community empowerment）策略的運作，提升居民的能力與認知。從結果面而言，社區發展目的在於提昇社區生活品質（quality of community life）。

社區發展是社會工作一大主流觀念，王興周在《中國社會工作百科全書》（陳良瑾編，1994：449）指出，社區發展是一項運動。社區居民在政府機構的支持下，依靠自己的力量，改善社區經濟、社會和文化狀況。在這一過程中，社區工作者協助居民組織起來，參與行動。透過研究社區的共同需要（common need），協調社區各界力量，充分利用社區內外資源，採取互助自治行動（self help action），以達到解決社區共同問題，增強社區凝聚力（community cohesion），提高居民生活水平，促進社會協調發展的目標，總體提高社區教育程度。強調提高居民認知能力，包括教育水平的提升，在推動的過程，需要運用科學知識，帶領居民及處理居民的各類問題，如運用小組工作理念帶領居民進行思考，以個案工作技巧處理個別居民的情緒問題等。王興周在《中國社會工作百科全書》（陳良瑾編，1994：449）中認為，社區發展的主要工作內容還包括：

1. 社區調查。
2. 建立社區發展計劃。
3. 透過集會、討論、徵求意見、宣傳等方法，動員、協調社區內部各方力量。
4. 透過申請政府發展基金或募捐等方式籌集社區發展基金。
5. 社區服務。
6. 評價社區發展方案。

其實我們應更進一步，將社區發展工作從過程及目的層面推展到策劃層面，使社區發展更具系統、更有科學原則。

從上述各位學者對社區發展的定義，筆者歸納出社區發展的定義（definition of community development）為：「一套科學的方法（science method），是改善社會問題的行動及過程；社區工作以瞭解、規劃、組織、行動、檢討等多層面，透過社區瞭解，協助居民參與，鼓吹社區自助（community self help）及互助精神，藉以培養居民對社區的歸屬感及認同感，有系統及計劃地組織居民進行表達行動，以協調社會發展為目標，幫助居民解決社區發展過程所面臨的物質及非物質轉變問題，提高居民的生活質素，促進社會安定。」

三、社區發展注意事項

推展社會發展工作，往往出現不同持份者的利益衝突，若衝突未能在適當的時機進行協調，將問題進行理性分析及進行溝通，可能會變化成社會行動，對社區發展反為不利。黃源協（2004：85）提出了四個社區發展不可或缺的過程：

1. 能力建構（capacity building）：使用參與和投入的技巧，讓社區居民成員認知和發揮其本身已有的技術與知識；訓練社區居民為達成其目標所需的技巧，特別是要藉由從實踐中學習，作為教育和訓練的工具；必要時要能夠成立社區認為重要議題之相關的永續性和可近性的組織。

2. 網絡建構（networking building）：社區組織間需建立彼此相互連結的系統，以便能彼此為實現社區整體目標相互支援和協助；這種連結可以是地方社區不同的利益團體或組織，也可能是公、私部門的連結。

3. 資源獲得（acquire resource）：社區發展需要資源的投入，資源並非僅侷限於社區內的資源或物力資源；社區內的居民、組織或團體要能夠依其所需來開發和連結外部資源，包括獲得經濟上的資源以及專家的協助。

4. 相互協商（negotiating）：協商不僅是指社區內的協調，也是與社區發展利害關係人的協商。社區要能夠表達、鼓勵和協助服務提供者和決策者採取社區本身的社區發展方法，並能夠與社區組織共事；相關部門應給予並讓社區居民瞭解在其社區或地方政府或相關組織的運作之必要訊息，協助他們與這些組織接觸溝通；此外，也要協助社區的組織與其代表和服務提供者及決策者協商，並參與實際的運作。

因此，在推展社區發展的同時亦要考慮如何令居民對政府的新政策與發展方針有正確的瞭解。從黃源協的觀點看出，社區發展要兼顧居民本身的能力，注意外界資源的配合，以強化居民的能力，為居民構建關係網絡，獲取社區內外的資源及平衡各方的利益。所謂「教學相長」的「從實踐中學習」道理，社區工作員同樣可從中不斷學習，掌握新社區動力及新問題；持續增強能力是社區工作員必備的工作態度。

　　目前中國內地、澳門、香港及臺灣等地都是將「社區發展」置於政府行政體制之下，社區發展成為推動社會福利的工作方法之一，使社區發展與社會福利相結合，如香港的鄰里層面社區發展計劃、臺灣由文建會發動的社區營造方案等，均是社區發展與社會福利相結合，形成整體規劃與變遷導向（changing oriented）的持續性社區發展模式。

■ 第五節　社區組織

　　徐震（2004）認為，「社區組織」與「社區發展」兩名詞在服務對象上是相同的，同為社區居民；在工作目標上是相同的，同為改善社區生活；在工作方式上是相同的，同為由下而上的自治方式；只是在起源上不同。前者因改善濟貧制度而引起，後者因協助經濟復甦而致。汪憶伶（2004：431）認為，社區組織其目的在改善工業革命後，都市出現貧窮、失業、住宅等問題，社區組織工作重點此時著重於解決社會問題。她同時認為社區組織是一種方法，它促進社會團體間的協調，以充分運用社區資源，適應社區需要，提昇社區生活品質。

　　王建軍在《中國社會工作百科全書》（陳良瑾編，1994：456）中指出，社區組織是社會福利社區組織的簡稱，它是一種傳統的社會工作方法。學者為方便起見將其統一，將社區組織改稱為社區工作。《社會工作辭典》一書（蔡漢賢主編，2000：252）中，指出社區組織一詞是由英文

community organization直譯而來，它是社會工作三大方法之一。社區組織
乃是一種社會工作的過程，它在社會團體間促進協調，以充分運用社區資
源，適應社區需要，從而獲取社區生活的進步。具體而言，社區組織有四
個要點：(1)教育地方人士互助合作，免除衝突；(2)利用地方資源，解決
地方問題；(3)社會福利機構的建立、調整與工作配合；(4)地方民主自治
與專家合作關係的建立。早年組織工作以解決工業化都市的社會問題為
主，近數十年來社區組織的方法已推展應用到鄉村地區；反之，社區發展
工作也由農村擴展到都市，形成社區組織與社區發展之間的差別日微，關
係漸密。二者趨向於相互運用，合為一體的社區工作觀念。

一、社區組織的定義

　　社區組織工作涉及居民參與，在參與過程中，工作員掌握居民的特
性與培育其能力，發揮所長（Batten, 1967: 15）。Leaper（1971: 11）強
調，推展居民組織工作必須與居民建立良好的關係，才能發揮緊密合作
的作用。兩學者均強調居民在社區組織理念中的重要性。前者強調居民
參與，後者強調關係的建立。兩者涉及在社區內與居民接觸的行動及過
程。

　　從徐震的角度看出社區組織的定義與社區發展相同，它涉及行動及
過程，透過解決社區問題為目的，與居民建立良好關係，鼓勵有興趣參與
的人士參與改善工作。在過程中學習如何表達所需，有需要時社區工作者
能給與居民培訓安排，並為居民建立互助網絡關係，在能力許可下安排居
民與各部門及相關人士進行協調，給予居民發揮所長的機會等，讓居民在
過程中成長，改善生活質素。由於社會變化迅速，人們的集居地及資訊交
流均十分緊密，在都市內，社區的界定變得不明顯。澳門的青洲區與台山
區，只是一街之分，香港旺角區與油麻地區亦同樣以一街之隔來區分。

　　綜合各方觀點，社區組織可以從三個層面做定義：

1. 地域性方面：以特定地域的人士為對象，包括大廈居民、社區居民，及社會上關心社區事務的人士。
2. 性質性方面：指組織工作的過程取向，包括以倡導性為主的居民意識提升；充權性為主的對參與居民提供培訓；參與性為主的以有計劃的推展過程給與居民參與機會等來推展社區發展工作。
3. 功能性方面：社區組織工作除了以改善居民生活質素為目的外，還著重在過程中教育居民；為居民建立人際關係網絡；建立居民參與社區事務的平台；建立和諧社會，為政府與居民進行協調，透過組織過程，以強化各類功能為目的。

二、社區組織的九大元素

一般而言，社區工作者所持有的理念與原則差異不大，但工作員的基本觀念會受社區問題的特性，而有不同的決定與安排，形成社區工作千變萬化，這可謂之社區工作的藝術。這些工作觀念包括計劃觀（planning-oriented）、關係觀（relationship-oriented）、行動觀（action-oriented）、教育觀（education-oriented）、過程觀（processing-oriented）、改變觀（changing-oriented）、參與觀（participation-oriented）、保障觀（security-oriented）、公平觀（equity-oriented）等。這些觀念可以以個別性或綜合性，給與社區工作者建立組織方案構思，每個觀點均有其獨特性，但全部是以居民為本的助人概念。

(一)計劃觀

居民組織工作的成敗，對居民造成直接影響，姚瀛志（2004）在《社區工作——實踐技巧、計劃與實例》一書中提出四個組織工作模式，建立出一套有計劃的組織架構，有系統地推展居民組織工作。陳麗雲在《社區工作——社區照顧實踐》一書亦提出了四個社區發展階段與工作方針的觀念（陳麗雲、羅觀翠主編，1994：49）。陳良瑾（1994：452）則提出十二點工作程序，讓社區工作員有計劃地推展居民組織工作。這些觀念均強調計劃的重要性。透過有系統的計劃，收集居民的資料，進行分析，確立問題等，建立組織方案，讓工作有所依據，亦可為這工作技巧持續發展。

(二)關係觀

發展地區組織工作必須與居民建立良好的社會關係（social relationship）（Leaper, 1971: 8），Henderson與Thomas（2005: 93）指出，鄰里工作與居民建立關係是非常重要的，透過家訪與居民分享感受，提高居民參與的意願，組織居民參與關注大廈組織工作。

工作員推展地區組織工作時，進行友善訪問（friendly visiting）有助為居民發展其相關的計劃（Payne, 2005b: 36）。關係的建立可有效凝聚居民的力量（Leaper, 1971; Henderson & Thomas, 2005），當凝聚力提升後，會改變居民參與的意願。因此不少工作員採用建立關係的觀念，以此策略推展居民組織工作。

(三)行動觀

社區工作是以行動爭取合理權益為主，因而形成一種獨特的組織觀念，被不少學者稱之為社區組織工作的一部分（Payne, 2005b; Leaper, 1971；甘炳光，1998；莫邦豪，1994；徐震，1985；蘇景輝，2003；Hardcastle, Powers, & Wenocur, 2004；王思斌主編，2004；Cary, 1975）。社區問題往往是激發居民參與的主要動力，組織工作是一種行動過程，居民透過參與行動表達意見，目的在改善他們的經濟、社會、文化地位與生活環境（蔣玉嬋，2004）。因此工作者必須對組織行動擬定社會行動的方法和步驟。近年，居民採用較激進的行動模式表達意見的行動日見頻繁，近期香港地區有香港菜園村事件，鼓勵村民參與組織工作，以反對興建高鐵為題，保護家園，衝擊立法會，表達村民對政府政策的不滿。

而採用較溫和的表達意見方式有澳門彭繩武的爭取改善環境問題，與吳倚玲的低層大廈居民組織工作案例，工作員組織居民與政府部門表達意見時，以對話方式作為組織行動方案，讓居民與政府有關部門在和平氣氛下進行商討，成功達到組織目的。

社會行動方式在社區組織工作技巧經常被採用，它強調目的的達致，成效顯現快，不少社區工作者會採用Batten的直接法，主導社區行動，但這與社區組織的居民參與與充權的理念差異較大，值得注意。

(四)教育觀

黃源協（2004：85）提出社區組織包括能力建構、網絡建構、資源取得、相互協商四大作用，在工作過程中對居民產生教育的影響。曾華源（2004：65）認為，社區工作是一種解決問題的方法與過程，也是教育與組織民眾的過程。經由社會工作者協助社區居民認識問題，決定問題處理的優先順序，建立社區居民解決問題的意願與自信，發掘並運用社區內、外資源，採取行動解決問題，並培養社區民眾互助合作的態度，以達到自立自助之理想。在整個組織過程產生了各種學習創造機會（蔣玉嬋，2004：244），

(五)過程觀

王建軍在《中國社會工作百科全書》中指出（陳良瑾編，1994：456），社區組織是一種干預性的社會工作過程，透過對社區民眾與社區資源的動員和組織，導致在人的關係和社會制度方面期望的變遷。這個過程是社會福利項目和社會工作考慮的範圍之內。

由於地區的發展需要，居民生活質素要求亦隨時代轉變，政府會製訂各類的方案，讓居民在較佳環境下生活，如澳門的舊樓維修計劃，政府希望透過維修資助計劃，改善居民生活環境，這類方案會為社區內居民產

生參與改善大廈工作的動力。根據Arthur Dunham（1970）對社區組織的觀點認為，社區組織是社會互動的意識過程，它包含三個目的：(1)有效解決他們的問題，目的協助居民發展、強大；(2)保持居民參與水平；(3)自我發展與合作。徐鳳儀與合作夥伴在澳門祐昇大廈推展居民組織的案例中顯示（見第八章**案例二**），祐昇大廈的社區組織工作過程，工作員制定了大廈維修的初期目的，吸引居民關注，成功鼓勵居民參與。組織工作的初期目標繼而轉為居民主導的成立大廈業主管理委員會為目標，讓居民針對所關心的問題與政府相關部門進行溝通表達意見，使居民自發地推展組織工作，解決他們的問題。

(六)改變觀

社區發展是一種變遷的過程（Payne, 2005b），最重要的關鍵乃在改變社區居民的價值觀念與態度，製造一種自覺自治的意願與能力。因此推動社區組織工作需考慮社區問題解決後對居民生活的影響。

工作員推展組織工作時往往以政策對居民日後生活的改變為主要考慮，並透過各種資訊分享，讓居民瞭解轉變後的情況，從而激發居民對問題關注，再運用社會工作技巧，鼓勵居民參與；另一方面疏導居民的不滿情緒，以免讓問題加劇，導致嚴重後果。從吳倚玲的推動成立業主管理委員會經驗的例子可以看出（見第八章**案例三**），居民組織的目的是改變居民對大廈管理工作的觀點，建立對未來大廈管理問題所可能導致生活的轉變做出準備。

(七)參與觀

由於社區組織強調解決社會上出現的問題，藉由解決居民的問題有計劃及系統地組織居民，讓居民有參與及表達的機會。王興周在《中國社會工作百科全書》中指出（陳良瑾編，1994：449），良好的參與觀可以幫助居民找出適當資源，協助居民解決問題，正如澳門祐昇案例的居民組織工作，強調居民參與的重要性，組織過程與組織目的是在居民參與下產生及訂定，過程中給予居民參與的權利、自決的權利等。

　　社區組織是一個居民參與的過程，透過這個過程，居民釐定本身的需要及目標，定下先後次序，尋找所需資源，並採取行動去滿足這些需要及目標，以及在社區內發展居民合作的態度及實踐。協助居民解決問題，並培養、加強及維持居民擁有參與、自決及合作的素質 （甘炳光，2006）。

　　曾華源（2004：65）認為，社區事務的工作是運用專業社區組織方法，針對社區居民來擴大社區之參與、強化社區之自治、凝聚社區之意識、共同意識之討論、共同關係之營造、共同服務之滿足、共同組織之協調。而祐昇大廈的居民組織工作，由大廈維修問題，激發居民對成立大廈管理機構的實體，實行自我參與管理的目標。工作員運用給予居民參與機會的方法，有效激發居民動力，達致組織工作的目的。

(八)保障觀

　　「社區組織」一詞為社會工作的方法之一種，由歐美國家濟貧制度改革中演進而來，其工作方法是運用社區中的內外資源以協助社區中的弱勢群體，是一種偏向治療模式（treatment model）的專業工作。亦可稱之為以服務為導向（service-oriented）的微視路線（micro oriented）（李宗派，2002：249；Barker, 2003: 272）。

　　從微觀上看，它的本質以保障參與為宗旨。因此，在組織過程中，必須考慮如何保障（security）參與者不因參與組織工作而被傷害，包括被歧視、被無理對待或攻擊。這觀點在行動方案時須一同考慮，包括參與者的能力、參與者的權力、參與者的代表性等，這等觀點在工作員制定一套行動時需一併考慮。

(九)公平觀

社會的發展往往為居民帶來變化，亦有可能帶來不公平現象，形成富者越富，貧者越貧，造成貧富問題加劇。如香港波鞋街舊區重建問題，有能力人士能爭取較多賠償，弱勢一群則被忽視。

協助弱勢社群是社會工作的基本理念（Cary, 1975: 14），近年社區發展工作傾向於處理公平和社會正義的問題。工作員在推展地區工作時，應著重於發掘地區上的不公平問題，並進行瞭解及組織工作，形成工作員一種特定的工作取向，為弱勢居民提供保障。

第六節　社區組織功能

社區存在著多種不同功能，可分為廣義及狹義。就廣義而言，社區不存在著特定的界限，而是存在著某特定的共同目標，如環保、歷史文物保育等。狹義而言，它有特定的地域界限，在特定區域下互動，隨著互動的轉變而產生各類的規範、文化、風俗、價值觀及生活方式等社區特性，這些特性直接或間接影響組織工作的功能發揮。

姚瀛志（2002：206）認為，社區工作的主要作用為協助政府推行政策，讓政策與居民所需相互配合，在社會得以持續發展的同時亦維持社會和諧。社區組織工作主要功能包括：

1.政策協調功能：社區工作者扮演的其中一個角色是政府與居民的協調者，透過工作員與居民的良好關係，帶領居民對問題做一理性分析，從而引導居民以理性的方式向政府有關部門表達需要。同時幫助政府部門瞭解居民所需，訂定出適合居民需要的政策。

2.緩和劑功能：由於社區工作是專業助弱扶貧的工作，形象鮮明正義，被居民大眾接受，在分析居民問題時，較易得到居民支持。同時，因社會福利機構較多機會與政府接觸，對政府的行政功能及資源分布較為瞭解，在考慮解決問題方案時，會考慮政府的資源及處境。能給予居民對有關政府部門的功能與權責的正確資訊，讓居民對政府的認識加深，降低居民的不滿情緒，易發揮緩和劑的作用，有利社會安定。

3.和平推動者：社區工作是以和平合理的方法推展服務，引導居民向有關部門表達不滿及其需要。工作員具備有效發揮疏導居民不滿情緒的功能，減少造成社會不安現象。

Bandura（1977）的社會學習理論觀點指出，個人的行為由觀察來建立行為模式，工作員在推展組織工作過程中可發揮影響居民的行為作用，它包括充權（empowerment）、倡導（advocacy）、為居民建立互動式的社會網絡（social networking），以及推動公民參與（citizen participation）等。

一、充權

充權是讓沒有相關能力或權力的人士，提升其能力或權力去處理他們所面臨的問題（Adu-Febiri, 2008: 2）。在居民組織工作過程中，會面對各類居民的參與，有理解、分析力強、學歷高的居民，亦有不少參與居民來自低學歷、分析及理解力弱、人際關係弱的人士。要解決此一問題，充權是一種方法，它可分為三個主要層面，包括能力提升、權力提升，及社會資源提升等。

(一)能力提升

曾華源（2004：65）指出，社區工作的最終目標是和社區居民一起做（work with），由社區居民自己來做（work by）。在組織工作初期階段，由社會工作者直接介入與提供協助，幫助社區居民發覺並確認社區問題，進而決定社區需求的優先次序，最終希望能透過溝通、協調及合作的過程，培養社區居民有能力自己運用各種資源，彼此互助合作，以改善社區的生活條件。

Samuel（2007: 618）認為，充權能提升市民能力。從自助目的與自己運用資源的能力而言，社區工作者必須為有需要的居民提供合適的培訓，讓他們有能力理解及分析所關注的社區問題。在培訓方面，值得注意充權的目的主要使居民有能力日後自行處理相似的社區問題，以改善生活質素，所以培訓工作的安排並不是以學歷提升及教育工作為目的，而是以能力提升為主要目標。

(二)權力提升

充權可包括權力的提升，它亦可稱之為授權，社區組織的權力提升，其中之一是賦予組織權力代表居民爭取權益，權力的獲得不但提升組織的認同感，同時亦起著激勵居民參與及對居民組織產生歸屬作用。黃珊、王秀紅（2006）在研究護理人員獲得授權的個案中發現，護理人員經授權後能提升工作動機、減少護理員對護理工作的單調及厭煩感，使其潛能得以發揮，提高工作意願，以達成組織目標；並認為授權可以增加組織效能。

授權是一種過程，可藉由各種刺激、動機、慾望、需求、希望和個人的驅動力來激發內在工作意願，並投入精力，朝特定、理想的方向持續前進及達成工作目標。授權功能若能被激發，它將會提升參與者的工作動力、增加工作效能。授權除了能給與參與者的合法權去執行組織工作的要求，還可激發成員的工作動力（陳正男、莊立民、巫柏青，2001）。

激勵建立在對被授權的成就感，它在管理中是一個重要的策略（吳孟玲、林月雲，2002），授權活動能透過適當的指導與鼓勵，協助個人增進知識與能力，使其成為決策制定與規劃的人員之一。簡而言之，授權可協助個人具備執行新任務所需之知識與責任，而非僅授與必要的權力；亦即社區工作員在運用授權策略時，為居民組織成員做適當的指導，讓成員感受到擔任該職位後有支援與監管。

甘炳光等（1998）認為，社區工作的元素包括改變社會制度、改變權力分配、降低居民的無能感、增強自信及權力感、提升社會意識達致社會公義等。在居民組織許可的範圍內，讓參與者得到適當的權力，處理居民所關心的問題，有助解決社區問題。成立居民關注組織並選出相關人士出任主席、副主席等職位，作為居民代表與政府各部門聯繫，除可提升居民的參與動力外，還可給與參與者基本權利，讓他們增強信心及權力感。並可透過這類角色的安排，接觸外界，表達意願。

(三)社會資源提升

社區組織的目的是協助弱勢的群眾，建立社會連結網絡（Brisson & Usher, 2005），維繫社區需要及社區資源的調適，協助解決社區的問題，並培養、加強及維持居民擁有參與、自決及合作的素質（Blom, 2004），改善社區與居民小組的關係，並改變決策權力的分配。

社區組織工作鼓勵服務者間的互動，協助受助者建立互助網絡關係（network relationship），在相互協助下改善生活質素（蘇景輝，2003；Hepworth, & Larsen, 1990；Blom, 2004；王思斌，1998；周永新，1998）。這理念與Coleman（1990）的社會系統規範觀中產生互動作用相似，個人在群體規範中透過互動產生社會資本（social capital）。Passey與Lyons（2006）的研究亦發現，非營利組織能製造社會資本，社會工作員能協助服務受助者建立社會資源。

組織的功能是建立共識以達致組織目標，將相關人員結合，透過員工互動的角色與方式，促進目標達成。Passey與Lyons（2006）認為組織有其重要的角色，如社會的潤滑劑（social oil）讓員工在互動時產生協調作用，讓員工在組織的環境中獲得社會資本，這包括社會群體在組織內所建立的規範。組織結構具有互動及溝通的元素（Huang, Cheng, & Chou, 2005），以有意識的合作，協調達致共同目標（藍采風、廖榮利，1998）。讓居民得到社區內及社區外的資源，給與居民在有需要時獲得合適的協助。

二、倡導

居民組織工作主要以改善居民生活質素為目的，過程中對居民會涉及一定程度的影響與變化，因此組織工作員需要在社區改變前向居民進行倡導工作（Sosin & Caulum, 2001: 13）。社區工作員在組織過程中運用各種方法，讓居民清楚瞭解其情況與功能，這過程稱之為倡導。倡導的方法包括社區大型活動、座談會、各類組織活動等。倡導是專業技巧必須掌握的環節（Smith, Cynthia, & Amanda, 2009: 483），社區工作者必須在推展組織工作時，向居民進行倡導工作，讓大眾達致共同取向的目的。

倡導工作往往會讓居民較易接納新事物，將社區上存在的問題，讓居民深入瞭解及認知，並進行表達其個人對問題的看法。倡導方法可依據地區居民情況推展，一般社區組織的倡導工作包括：

1. 直接倡導（direct advocate）：指透過講座、家訪介紹、問卷調查、組織居民帶出所關注問題的所在。
2. 間接倡導（non-direct advocate）：包括報章新聞、廣告、單張、街頭橫額宣傳、簽名行動等。

倡導方法需依據居民的反應做出適時的介入及正確方向的引導（Smith, Cynthia, & Amanda, 2009: 485），才能讓倡導更具效益。倡導工作的對象較居民組織工作廣，它除了社區內的居民外，還包括決策者（Sosin & Caulum, 2001: 13）。其目的是引起更多決策者關注居民的問題，以便日後居民爭取行動時能得到支持。

直接與間接倡導的方法可以讓有關人士關注到事件，工作員可運用以下技巧強化倡導的功能，直接技巧方面有：

1.與居民接觸：包括家訪所談的主題。

2.問卷調查：以問卷的主題及內容，吸引居民對事件的關注。

3.活動施行：在區內進行各類活動，讓居民在不同的空間接觸到相關話題，從而讓居民有機會思考及參與，如展版介紹、諷刺話劇表演、論壇、工作坊等。

4.組織居民：透過居民組織將問題在組內進行討論及分析。

5.召開居民大會：將社區問題公開討論。

6.公告居民行動程序：與社區／政府有關部門溝通，讓居民深入瞭解行動的目的及所關注的問題所在。

7.結果公佈會：將所獲得的資料正式地公開，讓居民正視相關問題。

8.檢討會：以檢討形式進行各問題的討論。

在間接技巧方面有：

1.新聞發佈：不少報章會願意報導社區的重要事項，社區工作員可運用發放新聞的方式，給與相關資訊，在報章刊登；或以新聞發表會的形式，公佈相關事項。

2.單張／專刊：透過專題介紹，刺激居民對該事情的關注。

3.問卷調查：以非訪問式的問卷調查法，透過問卷主題及問題，提升居民對事件的關注。

4.街頭橫額宣傳：在社區內較多居民注視的地方，以明確的標題展示相關意識。

5.簽名行動：在區內人流較多的地點，以明確標題展示，收集居民的簽名，從而讓居民意識問題的重要性。

倡導工作可在組織工作的各個過程中進行，透過公開內容，產生倡導作用。但是，工作員必須掌握內容是否對特定人士具有正向影響，否則會帶來負面果效。

三、社會網絡

　　居民社區生活本質上已是一個無形的網絡關係，他們是網絡系統的成員之一，行為與認知受此網絡所影響。羅家德、朱慶忠（2004）認為，網絡內的成員由於具有相似的態度，高度的互動頻率會強化原本認知的觀點。

　　因為社會的轉變，資訊交流迅速發展，連結（linkage）的作用（Passey & Lyons, 2006; Larance, 2001）日趨重要。志願服務組織強調助人自助，服務工作技巧與特色具橋樑（bridge）的作用（江明修，2002；周永新主編，1998），他們主要的工作理念強調將服務受助者與各類資源連結，提升受助者的自助能力，達致自我解決問題。

　　人類的社會結構網絡關係是透過個人的主動性、互動性、參與性等各類作用而建立。社會網絡層次可以分為初級結構網絡關係，即家庭成員、親屬等；次級結構網絡關係，即同儕、朋友、同鄉、鄰居等。社區工作者在組織過程中可將不同的人、事、物結合，建立一個共通的關係（Larance, 2001; Passey & Lyons, 2006; Watson & Papamarcos, 2002; Hofferth, 1999; Snavely & Tracy, 2002）。因此，工作員可以其特有的角色促進社區內的小網絡與社會上的大網絡互動，使居民得到較多的資源，提升居民解決問題的力量。

　　社會網絡關係的好與壞，直接影響居民的生活質素，尤以居民組織解決社區問題時需運用社會上的團體支持與協助，這些資源可以從社會資本的角度做探討。

社會資本

　　社會資本是透過個人參與群體網絡取得實際或潛在資源，這些資源連結於相互瞭解及承諾關係所形成的穩定網絡資產，Bourdieu（1979）將社會資本（social capital）的概念區分為兩個基本元素：一為社會關係本身，此關係是可以讓個人成為群體的成員；另一為建立此關係後能獲得資源的質與量，當個人在群體中建立緊密的關係，關係越多，社會資本愈高（Field, 2003; Lin, 2001）。

Portes 及Sensenbrenner（1993: 1346）在其移民資源的研究中，支持史丹佛大學社會學教授Granovetter（1985）所提出的「鑲嵌觀點」（embed），認為社會資本鑲嵌在社會關係與社會結構中，當成員想要增加其目的成功機會時，可以被加以動員。Burt（2004）提出結構洞理論分析人群關係結構，它強調在人際網絡中，結構位置對網絡成員的資源及權力取得具有重要的影響關係，尤其是弱連帶網絡中之「橋」的位置可以讓位置擁有者掌握多方面的訊息，而社區工作員往往扮演著橋的角色（Passey & Lyons, 2006: 482 ），因為工作員為較弱勢的居民進行組織工作，協助他們建立更多的社會資本。Coleman（1990）認為，社會資本為一組有助於行動的關係聯繫，並視之為個人間的關係網絡，這關係網發展成為一個社會系統，透過系統內的關係建立規範來建立信任。

若居民組織的關係網絡越多，其「結構洞」（structure hole）的組織越密，面對問題時便能得到更多資源的協助。Burt（2004）認為，居民的行為和社會系統是同時存在的，每個帶有目的的行動者，以他知覺的目標利益作為行為的方針，社會脈絡則影響個人對利益的知覺及能力。因此在不同的脈絡下，位於不同社會結構位置的人會受到不同型態及程度的限制。簡而言之，當一個個體處於某個團體當中時，其追求利益的感知和行為，除了受限於自身能力及影響力外，還會受周遭互動關係所影響，因此行動者可以藉著聯合其他網絡位置的人取得利益。

在這利益的帶動下，社會資本有助個人對組織的認同，協助鞏固組織間的溝通。社會資本同時擴大個人對彼此的支援和協助，解決共同關心的問題（Brisson & Usher, 2005; Chan Cheung, 2004; Hays, 2002; Huntoon, 2001; Jarrett & Sullivan, 2005）。在互動的驅使下，社會資本能成為激發居民參與及依從其限制而工作，使居民對問題解決更具信心的元素之一。

Coleman（1993）的社會規範觀認為，規範對員工的互動產生作用，亦會對其他行動產生限制，同時認為社會資本是內在群眾之間的關係結構；意即對於群眾而言，任何社會關係的資源均構成社會資本，它並非單一的實體，而是具多樣的形式。社會資本因著相異的目的而有多種類型，但均具有兩個共同的要素：一是由社會結構的某些面向所構成；二是可以促進社會結構內成員的特定行為。

　　換言之，社會資本乃存在於組織內的無形資產，這些資本乃為組織的成員透過互動而產生的互信關係及互動規範，當員工有需要時可提取這些資本協助解決問題。組織的社會資本鑲嵌於組織內，它包含管理者、員工、受助者。這三個主要元素除了透過溝通外，還傳達了組織的宗旨、遠景、使命及承諾，同時表現了組織的溝通、協調與授權，使組織及服務受助者更易共同達致目的。組織以三者互存的關係，相互在協作下成長。因此，社區工作者當能運用社會資本的特性與功能，協助居民解決社區問題。

四、公民參與

　　社區工作大多強調居民參與，不少學者所倡導的組織模式涉及居民參與環節，如Batten（1967）所提的二分法、Rothman的三分法、Jeffries及姚瀛志的四分法均以居民參與為本，所有居民行動均需居民參與。在澳門，社區中心的居民組織工作常使用Jeffries的非暴力社會行動及Batten的直接介入法推展服務，香港的社區發展中心大多使用Batten（1967）的非直接介入法及Rothman的社會策劃與社會行動，這些工作方均涉及動員居民參與的主要觀念。中國與臺灣在鄉鎮等地設立社會工作委員會與道路委員會及書記，協助居民表達意見，亦是間接組織居民參與的協商辦法。

　　公民的參與在社會發展範疇上，為一不可忽視的一環。社區組織主要以社區內的居民為主要對象，社區內的每一個人都可以去參加組織或活動。參與的程度因人而異,部分可能為旁觀者,較為被動。較主動的,可能是對一些事情願意表示自己的看法,或進一步參加某團體或組織的執行工作;再深一層是參與管理監察的活動;而最高層次的參與是參與決策。參與可分為下列兩個層面:

1. 全面參與:指居民出席組織工作各層面的活動,包括居民會議與居民行動。這類居民往往對社區具歸屬感,具自信及熱忱,同時參與動力強(Lockie, Maree, Sanjay, & Rolfe, 2008: 178)。因此社區工作員可以以這類居民為核心成員,參與組織活動的決策,但這類居民人數不多。

2. 部分參與:指參與者只參與組織工作的其中部分環節,原因可能因生活所限,導致未能全部參與組織的活動。部分參與的居民對組織工作相當重要,主要原因是組織決策不宜讓所有居民參與,只能在收集居民意見及爭取支持時,需要獲得較多居民認同與支持,如居民大會、簽名運動、座談會等,居民部分參與能反映居民對組織群體的認同取向。

值得注意的是,居民本身有權決定是否參與社區組織工作的任何一個環節,社區工作員應注意組織過程會不會因協助者的行為,違反居民參與選擇的權利。在推動居民參與時,工作員不應要求所有居民都經常積極地參與組織活動,應該容許居民選擇不同程度的參與。

(一)居民參與層面與注意事項

由於社區問題涉及不同層面,故組織工作亦應因應居民所需及能力,決定參與層面。一般而言,可先以最基本的層面開始,由於大部分居民生活與居住地方有密切關係,一些社區的基本問題的嚴重性是較易激發參與的動力,所以組織工作可先從基本問題的層面開始。

其次為地區層面,居民的生活除了所居住的單位外,社區內的環境與設施亦會為居民帶來影響，如交通問題、吸毒與治安問題、地區重建問題等，均可能對居民造成不便，形成社區問題，若居民對這類問題有興趣，社區工作者可針對居民的能力，組織居民。

除此之外，社區工作者還可為居民推展政策層面的組織工作，包括針對交通政策、市區重建政策、房屋政策等，向政府表達意見。作為培育地區領袖，提升居民參與意識，達致增權的目的。

(二)如何鼓勵居民參與

社區工作員如何在社區誘發居民參與地區事務，推動公民參與的積極性及自覺性，在進行社區組織工作中是很重要的一環。鼓勵公民參與時社區工作員應注意下列三個事項：

1. 組織的契機（opportunity）：不少成功的居民組織工作是工作員利用當時社會現象，促進居民對社區問題的關注，如2003年香港非典型病毒（SARS）出現，社會大眾關注地區衛生問題，澳門社區工作者以此話題成功組織新城市居民，參與大廈環境關注工作（姚瀛志，2004），契機是對組織工作的重要引發點。

2. 參加者的動機（motivation）：居民要選擇參與居民事務，主要與其背後利益關係有關，可以是因為富正義感、滿足感，或能直接有生活改善的回報。倘若社區工作員瞭解參與者的動機就可以在合適情況下提供參加者的需要，動員居民；社區工作員需注意的是，一些只為反政府社會運動者、爭權者、政治家等的出現，若有這類的情況，工作員宜強化組織的目的，適時進行協調及引導工作，讓這類人士知難而退。

3. 居民參與的危機（crisis）：居民參與組織工作的過程會涉及多個環節，如居民會議、與政府相關部門會議、居民座談會等，尤以代表居民與政府相關部門進行對話的行動，往往會披露參與者個人資料,如地址及聯絡方式。因此,當推選居民代表時,工作員宜對代表的身分進行瞭解,在有需要時提供他們保護,以免對參與者造成不必要的傷害。

(三)公民參與的目的

社區工作員致力啟發及動員居民參與社區組織其目的的主要包括:

1. 教育及培育:在參與組織工作的過程中,應讓居民瞭解及察覺本身的權利與責任;此外更可培育居民學習如何與別人合作,嘗試採納集體目標及處理不同意見;參與更可以增強參加者的自信心及自尊心,建立助人、自助觀念。
2. 倡導與目的建立:吸引一群對該社區問題關注的人士參與,增強居民表達意見的動力,透過居民意見表達,收集居民對社區問題的看法與期望,以達致建立共同目的。
3. 歸屬感提升:透過參與可以建立公民歸屬感,及提高他們對社會的滿足感,緩和社會衝突,促進社會穩定。
4. 建立互助網絡:在參與過程中,透過居民相互討論,分享個人對問題的觀點,加強居民間的互動及關係建立,形成居民間的互助網絡體系。
5. 保障參與者的權益:每個人都是獨立的個體,因此不可能完全依靠別人代表自己或替自己表達意見。為了保障本身利益及避免專制獨裁的情況出現,每個市民都需要有表達自己意見的機會及權利,這也就是社區工作的核心目的。

結語

社區工作強調如何協助社區居民,提升社會生活素質。社區工作者在推行服務時扮演著一種協調角色，透過社區工作者與居民所建立的良好關係，引導居民對社區問題做理性分析，從而引導居民以理性的方法，向政府有關部門表達需要。同時以和平方法協助政府相關部門直接與居民溝通，瞭解居民所需，訂定出切合居民需要的政策。

　　居民組織工作並無必然法則，工作員應以當時社區的問題及居民的反應做出合適的調配，但任何工作方案均應以居民參與為原則。在推動組織行動時應著重考慮保障居民，讓居民得到最合理的權益。

參考書目

一、中文部分

王思斌主編（1998；2004）。《社會工作導論》。北京：北京大學出版社。

王培勳著，收錄於蔡漢賢主編（2000）。〈社區〉，《社會工作辭典》。臺北：內政部社區發展雜誌社印行，頁254。

王興周著，收錄於陳良瑾編（1994）。〈社區工作〉，《中國社會工作百科全書》。北京：中國社會出版社，頁452。

甘炳光、胡文龍、馮國堅及梁祖彬編（2006）。《社區工作技巧》。香港：中文大學出版社。

甘炳光、梁祖彬、陳麗雲、林香生、胡文龍、馮國堅、黃文泰（1998，2005）。《社區工作理論與實踐》。香港：中文大學出版社。

白秀雄著，收錄於蔡漢賢主編（2000）。〈社區〉，《社會工作辭典》。臺北：內政部社區發展雜誌社印行，頁241。

江明修（2002）。《非營利管理》。臺北：智勝文化事業有限公司。

吳孟玲、林月雲（2002）。〈主管管理才能對員工滿意度之影響——以某非營利機構為例〉，《輔仁管理評論》。新北市：輔仁大學管理學院，第9卷第2期，頁35-58。

李宗派著，收錄於蔡漢賢主編（2000）。〈漢堡制〉，《社會工作辭典》。臺北：內政部社區發展雜誌社印行。

李宗派（2002）。〈美國社區發展型態之討論〉，《社區發展季刊》。臺北：內政部社區發展雜誌社，第100期。

汪憶怜（2004）。〈社區志願組織發展歷程之探討——以臺中縣東海村社區志工隊為例〉，《社區發展季刊》。臺北：內政部社區發展雜誌社，第107期，頁426-448。

周永新（1998）。《社會福利的觀念和制度》。香港：中華書局。

周永新主編（1998）。《社會工作學新論》。香港：商務印書館。

林振春（1998）。《社區小百科》。臺北：師大書苑。

姚瀛志（2002）。〈澳門社區工作的反思〉，《廿一世紀社區工作新趨勢》。澳門：澳門街坊會聯合總會出版，頁194-209。

姚瀛志（2003）。〈溶入社會的另類服務策略——衍生產品〉，《澳門2003》。澳門：澳門基金會出版，頁431-443。

姚瀛志（2004）。《社區工作——實踐技巧、計劃與實例》。香港：益信國際出版。

姜椿芳、梅益（1998）。《中國大百科全書——社會學》。北京：中國大百科全書出版社。

徐震（1985）。《社區發展——方法與研究》。臺北：中國文化大學出版部。

徐震（2004）。〈臺灣社區發展與社區營造的異同——論社區工作中微視與鉅視面的兩條路線〉，《社區發展季刊》。臺北：內政部社區發展雜誌社，第107期，頁22-31。

徐震、李明政、莊秀美、許雅惠（2005）。《社會問題》。臺北：學富文化事業有限公司。

梁祖彬，收錄於甘炳光編（1998）。〈社區工作的歷史源流及發展〉，《社區工作理論與實踐》。香港：中文大學出版社。

莫邦豪（1994）。《社區工作原理和實踐》。香港：集賢社。

陳正男、莊立民、巫柏青（2001）。〈組織成員對學習型組織概念態度之研究——個案企業之質化與量化分析〉，《中華管理評論》。高雄：國立中山大學管理學術研究中心，第4卷第1期，頁1-20。

陳良瑾編（1994）。《中國社會工作百科全書》。北京：中國社會出版社。

陳麗雲、羅觀翠主編（1994）。《社區工作——社區照顧實踐》。香港：香港社會工作人員協會出版。

惠調豔（2006）。〈組織分配制度對工作滿意度與績效相關性影響實證研究〉，《商業經濟與管理》。浙江：浙江工商大學商業經濟與管理編輯部，第174卷第4期，頁32-36。

曾華源（2004）。〈衝突或和諧優先：都市社區總體營造規劃之省思〉，《社區發展季刊》。臺北：內政部社區發展雜誌社，第107期，頁64-77。

黃珊、王秀紅（2006）。〈護理人員賦權感受及其相關因素之探討〉，《志為護理-慈濟護理雜誌》。花蓮：慈濟護理雜誌社，第5卷第5期，頁93-104。

黃源協（2004）。〈社區工作何去何從：社區發展？社區營造？〉，《社區發展季刊》。臺北：內政部社區發展雜誌社，第107期，頁78-87。

楊森（1986）。〈一九九七與社區發展〉，《社聯季刊》。香港：香港社會服務聯會，第98期，頁1-5。

廖俊松（2004）。〈社區營造與社區參與：金鈴園與邵社的觀察與學習〉，《社區發展季刊》。臺北：內政部社區發展雜誌社，第107期，頁133-145。

蔡漢賢主編（2000）。《社會工作辭典》。臺北：內政部社區發展雜誌社印行。

蔣玉嬋（2004）。〈地方文化產業營造與社區發展〉，《社區發展季刊》。臺北：內政部社區發展雜誌社，第107期，頁241-252。

藍采風、廖榮利著（1998）。《組織行為學》。臺北：三民書局。

羅家德、朱慶忠（2004）。〈人際網絡結構因素對工作滿足之影響〉，《中山管理評論》。高雄：中山大學管理學院，第12卷第4期，頁795-823。

蘇景輝（2003）。《社區工作──理論與實務》。臺北：巨流圖書有限公司出版。

二、外文部分

Adu-Febiri, Francis (2008). "Introduction: Community development, community empowerment and the human factor", *Review of Human Factor Studies Special Edition, 14(1)*: 1-8.

Bandura, A. (1977). *Social Learning Theory*, General Learning Press.

Barker, Robert L. (2003). *The Social Work Dictionary,* Washington, D.C., NASW Press.

Batten, T. R. (1967). *The Non-Directive Approach in Group and Community Work*, London: Oxford University Press.

Blom, B. (2004). "Specialization in social work practice effects on interventions in the personal social services", *Journal of Social Work, 4(1)*: 25-46.

Bourdieu, P. (1979). *Distinction: A Social Critique of the Judgement of Taste* (R. Nice, Trans. In 1984). Cambridge, MA: Harvard University Press.

Brisson, D. S., & C. L. Usher (2005). "Bonding social capital in low-income neighborhoods", *Family Relations, 54* (December 2005): 644–653., *54*: 644-653.

Burt, Ronald S. (2004). "Structural holes and good ideas", *American Journal of Sociology*, 110(2): 349-399.

Chan, R. K. H., C. K. Cheung, et al. (2004). "Social capital and its relevance to the Japanese-model welfare society", *International Journal of Social Welfare, 13(4)*: 315-324.

Cary, Lee J. (1975). *Community Development as a Process*, University of Missouri Press.

Coleman, J. S. (1993). "The design of organizations and the right to act." *Sociological Forum, 8(4)*: 527.

Coleman, J. S. (1990). *Foundations of Social Theory*, Cambridge: Harvard University

Press.

Dunham, Arthur, (1970). *The New Community Organization*. New York: Thomas Y. Crowell Co.

Emirbayer, M. & E. Williams, M. (2005). "Bourdieu and social work", *The Social Service Review, 79(4)*: 689-751.

Farley, O. William, Larry L. Smith, & Scott W. Boyle (2006). *Introduction to Social Work*, Boston: Pearson Education.

Farr, J. (2004). "Social capital: A conceptual history", *Political Theory, 32(1)*: 6-33.

Field, John (2003). *Social Capital*, Great Britain: TJ International Ltd, Padstow, Cornwall.

Granovetter, M. S. (1985). "Economic Action and Social Structure: The Problem of Embeddedness". *American Journal of Sociology 91 (3)*: 481-493.

Hardcastle, David A., Patricia R. Powers, & Stanley Wenocur (2004). *Community Practice- Theories and Skills for Social Workers*, NY: Oxford University Press.

Hays, R. A. (2002). "Habitat for humanity: Building social capital through faith based service", *Journal of Urban Affairs, 24(3)*: 247-269.

Henderson, Paul, & David N. Thomas (2005). *Skills in Neighbourhood Work* (3rd ed.), Routledge, Taylor & Francis Books Ltd.

Hepworth, Dean H. & J. A. Larsen (1990). *Direct Social Work Practice- Theory and Skills* (3rd ed.), USA: Wadsworth Inc.

Hofferth, S. L., J. Boisjoly, et al. (1999). "The development of social capital", *Rationality and Society, 11(1)*: 79.

Huang, Min-Ping, B. S. Cheng, & L. F. Chou (2005). "Fitting in organizational values: The mediating role of person-organization fit between CEO charismatic leadership and employee outcomes", *International Journal of Manpower, 26(1)*: 35-49.

Huntoon, L. (2001). "Government use of nonprofit organizations to build social capital", *Journal of Socio-Economics, 30(2)*: 157.

Jarrett, R. L., P. J. Sullivan, et al. (2005). "Developing social capital through participation in organized youth programs: Qualitative insights from three programs", *Journal of Community Psychology, 33*: 41-55.

Khinduka, S. K., (1971). Social Planning: Community Organization and Community Development in NASW Encyclopedia of Social Work 1971, New York: NASW.

社區組織理論與實務技巧
Community Organization Theory and Practical Skills

40

Larance, L. Y. (2001). "Fostering social capital through NGO design", *International Social Work, 44(1)*: 7.

Leaper, R. A. B. (1968). *Community Work*, London: The National Council of Social Service.

Lin, Nan (1999). "Social Networks and Status Attainment", *Annual Review of Sociology, 25(1)*: 467.

Lin, Nan (2001). *Social Capital: A Theory of Social Structure and Action*, Cambridge University Press.

Lockie, Stewart, Maree Franetovich, Sanjay Sharma, & John Rolfe (2008). "Democratization versus engagement? Social and economic impact assessment and community participation in the coal mining industry of the Bowen Basin, Australia."

Munford, Robyn, & Jackie Sanders with Ann Andrew (2003). "Community development—action research in community settings", *Social Work Education, 22(1)*: 93-104.

Passey, A., & M. Lyons (2006). "Nonprofits and social capital: Measurement through organizational surveys. *Nonprofit Management & Leadership, 16*: 481-495.

Payne, Malcolm (2005a). *Modern Social Work Theory*, USA.: Chicago, Lyceum Book, Inc.

Payne, Malcolm (2005b). *The Origins of Social Work- Continuity and Change*, USA.: N.Y., Palgrave MacMillan.

Portes, A. & J. Sensenbrenner (1993). "Embeddedness and immigration: Notes on the social determinants of economic action", *American Journal of Sociology, 98(6)*: 1320.

Portes, Alejandro (2000). "The two meanings of social capital", *Sociological Forum, 15(1)*: 1.

Ross, Murray, G. (1955). *Community Organization: Theory and Principles*, New York: Harper and Brothers Publishers.

Samuel, John (2007). "Public advocacy and people-centred advocacy: Mobilizing for social change", *Development in Practice, 17(4-5)*: 615-621.

Smith, Shannon D., Cynthia A. Reynolds, & Amanda Rovnak (2009). "A critical analysis of the Social advocacy Movement in counseling", *Journal of Counseling and Decelopment, 87*: 483-491.

Snavely, K. & M. B. Tracy (2002). "Development of trust in rural nonprofit collaborations", *Nonprofit and Voluntary Sector Quarterly, 31(1)*: 62-83.

Sosin, Michael, & Sharon Caulum (2001). "Advocacy: A conceptualization for social work practice", *Social Work 1983* (January-February), pp. 12-17.

U.N. Economic & Social Council (1956). Official Records of the 24th Session Annexes, Agenda Item 4, 20th Report of the Administrative Committee on Coordination to the Council CE/(2931). Annex III: 14, (1956).

Watson, George W., & Steven D. Papamarcos (2002). "Social capital and organizational commitment", *Journal of Business and Psychology, 16(4)*: 537-552.

Wright, Sarah (2004). "Child protection in the community: A community development approach", *Child Abuse Review, 13*: 384-398.

第二章

社區組織理論

前言

　　社區問題關係複雜，不能以一個理論作分析理解，社區組織工作所處理的事情，為一連串複雜的社區問題。因此，需要運用多種理論觀點作分析。從社區工作的基本理念而言，與社區組織較相關的理論有場域理論、激勵理論（theories of motivation）、社會學習理論、社會交換理論、衝突理論、社會關係理論等。

　　在眾多理論中，工作員如何找出一套合適的，作為主要分析及推展組織方案的依據，組織工作者必須先掌握相關理論的基本觀念，才能有效應用於實務工作上。

第一節　何謂社區組織理論

　　理論的引用必須與問題的呈現、服務對象及處理方法相關，根據社區組織特性，理論的引用可分為三個部分：第一部分從地域結構及地區關係作為整體思維，以場域理論、社會關係理論及社會結構理論（social structure theory）等觀點來瞭解居民；第二部分為社區問題的成因，這部分包括Karl Max的衝突理論及Adams的公平理論，分析社區問題形成的原因；第三部分為分析居民解決問題的動機與需求，這部分包含社會交換理論、Vroom的期望理論及社會資本理論（social capital theory）等觀點，分析居民參與組織活動的反應及動力；另外是社會學習理論的觀點，以瞭解居民在組織過程中參與者的行為轉變及成長，讓居民日後面對社區問題時可自行解決問題，概括如**表**2-1。

表2-1　各階段社區組織理論的應用

組織各階段	理論應用	目的
地域結構及關係	場域理論 社會關係理論 社會結構理論	分析地區上的問題成因
問題的成因	衝突理論 公平理論	分析問題與居民之間的認知造成的影響
居民對解決問題的動機與需求	社會交換理論 期望理論 社會學習理論 社會資本理論	分析居民解決問題的動機與需求

第二節　地域結構及關係

　　社區一詞已具地域的意義，因此社區工作者在推動居民組織工作時，應掌握地域對居民影響的理論。對於地域上與個人行為及認知上的影響，Kurt Lewin提出的場域理論與社會關係理論，及社會結構理論較切合組織工作者用來分析居民行為。

一、場域理論

　　眾所周知，不同地域有不同的文化與行為習慣，如潮洲人喜歡飲茶、北方人喜歡吃麵食、香港人喜歡上茶樓飲茶等，各具有其特性的行為，亦是該地區的文化特色。這是否意味著不同區域會有不同的行為與認知呢？這些不同社區的環境對居民行為是否會帶來影響？我們可以用Lewin的場域理論來瞭解。

　　Lewin（1890-1947）所提出的場域理論（field theory）影響著近年人類行為的研究方向，他在場域理論中提出$B=f(P+E)$程式，指出個人行為（B）會受環境（E）影響，產生行為反應，同時亦受個人（P）的認知、感受與判斷影響（Allport, Gordon W., 1947; Wong, Wan-chi, 2001）。
Lewin強調個人行為是受到成長過程中的整體環境所影響，場是指特定的
區域（Chak A., 2002: 79）。居民的起居飲食在特定區域內，社區環境的
轉變直接影響居民生活習慣，如區內道路重組可能導致居民出門時間的行
為產生調整。

　　社區問題除了由基本環境結構的轉變外，還有因社會經濟發展，造
成居民生活習慣的變化，如近年澳門開放賭業，從事博彩事業的人士增
多，直接影響居民對賭博文化（gambling culture）的認知與接觸機會。
Allport（1947：6-7）指出，場域理論除了所指的實質環境外，並涉及文
化及早年生活經驗對個人的行為影響。他將場域觀的介定推展至實質及非
實體，兩者均會對個人行為有影響。換言之，社區問題除了基本結構上對
居民造成的影響外，作為社區服務的工作員亦需注意地域上的文化轉變對
居民的行為及認知的影響。如博彩事業在社區內設立，一方面是增加居民
就業機會，但對文化意識而言，直接影響區內的兒童、主婦對賭博意識的
增強，他們可以因多了機會瞭解賭徒的行為，深明賭博的害處而遠離賭
博，亦可能會受到不勞而獲的賭博風氣吸引，陷入賭博的困局。因此工作
員在推展居民組織工作時，對社區問題的探討，需同時考慮非物質環境的
轉變對居民影響。

　　從場域理論簡單扼要的程式看到，居民行為會受到社區內環境轉變
及個人認知所影響，而不少社區問題往往對社區造成重大改變，亦即是說
某些居民行為是由區內問題所帶動。根據這個觀念，社區問題出現是改變
居民行為的好時機，社區工作者可以運用社區問題對居民的影響，以實例
的方式，為居民提供一個學習與分析機會（Hardcastle, Powers, & Wenocur,
2004: 35），帶動起居民參與社區事務的動力，讓居民更明瞭社區問題的
成因及解決方法，從而改變居民的認知與行為反應。

　　因此，社區工作者在推動居民組織工作時，可運用場域觀分析社區
與居民行為的關係，如社區的轉變會對居民造成什麼樣的影響，當社區轉

變後是否能為居民改善其生活質素。除此之外，居民的行為不單只是被環境因素影響，社區工作者還需運用其它理論瞭解社區問題及居民的行為反應。

二、社會關係理論

推動居民的參與動力，關係的建立是非常重要的，正如社會關係理論（social relationship theory）所強調，人生活在群體中，居民與社會必定存在不同程度的關係，這關係直接影響人的認知及對事物的看法。而社會問題的產生往往來自於與社會互動的影響，在他們的互動網絡形成一套利益價值體系。

居民行為是從社區與他人互動中學習而來，居民與社區內外的互動所構成的關係網絡會發展為一個社會系統（social system），透過系統內的關係建立規範（Coleman, 1990; Schneider, 2000）。在互動中經過相互間的交往，建立信任（trust）（Betts & Rotenberg, 2008），形成網絡關係，在這關係中相互得到共同利益，改善生活質素（Hitt, Lee, et. al., 2002; Huntoon, 2001; Mondal, 2000; Putnam, 1995）。這觀點顯示出居民的行為受到社區網絡關係影響，居民對社區問題是否滿意亦會受到他人影響。

場域理論強調系統性（system）對人的影響，社會問題的出現不少亦是由環境系統轉變所造成，如舊區重建因需要將原有的居民遷移到別處，影響居民的生活習慣與鄰舍關係。正如Hintermair（2009）對失聰人士的社會關係研究指出，人生活在其社會網絡關係中，社會關係對失聰的兒童的行為發展是非常重要，與同儕群體（peer group）互動有助他們發展社會互動技巧與維繫朋友關係。以重建安置為例，若居民被安置到新的社區，便會將居民已往的網絡關係破壞，居民需要在新安置區域建造新的網絡關係，因此重建計劃往往對社區造成較大的問題。

社區的轉變往往產生利益者獲得及權益被削弱者，形成兩個大差

異的群體。Campo、Uchino、Vaughn、Reblin、Smith與Holt-Lunstad
（2009）認為，社會關係有助生活的滿意提升及降低情緒失落的情況，
但亦會產生負面的影響，如學校搬遷問題，學校會為當地區民帶來不少利
益，包括帶動學校附近的商業活動，吸引居民聚居，形成因學校而發展的
社會網絡；但同時會在上下課時造成了交通問題的負面影響。學校搬遷會
直接影響商業活動的轉變，亦可能帶動樓宇價格問題的產生，因而破壞原
有社會關係及秩序，造成各類社會問題的衍生。

所以，地區關係對社區問題存在直接或間接影響，工作員可考慮社
會關係所產生的正負面影響，利用互惠作用（Campo, Uchino, Vaughn,
Reblin, Smith, & Holt-Lunstad, 2009）推展居民組織工作。

三、社會結構理論

社會發展與轉變，形成不同結構組織與體系，如多層式大廈的出
現，帶出了大廈管理委員會／業主法團的管理架構，以監察及管理大廈的
工作。居民可因大廈環境管理不善，向該管理委員會投表達意見，然後由
管理委員會監察大廈管理公司，以改善大廈環境。這種流程模式，產生
了互動關係。社會學者Herbert Spencer（1896）認為，社會結構是由相互
關係中的元素所構成。當居民開始關注社區問題時，居民間互動相對增
強，正如Emile Durkheim（1751）認為，結構（structure）是會對社會形
態產生相互影響（Turner, Jonathan H., 1990），居民在互動中建立共同的
關注點，在相互支持與刺激下，居民會自發地產生更多互動行為，甚至成
為特定功能的地區組織，如互助會、街坊會等。這些組織正是社區工作中
的重要部分。

部分社區問題是由於社會結構所造成，如大廈管理委員會與居民間
形成兩個不同層面的結構，委員會成員為管理結構體系，居民為基本結構
成員體系，兩者間可能因利益立場及處理事情的觀點不同而形成對立。

Kurt Marx（1887）認為，社會結構是由一個下層結構與上層結構所構成，下層以生產性質為中心，上層則由文化象徵與反映生產組織基礎關係制度性所構成（Knapp, 2003）。上下層間各自有不同功能，兩者間存在著微的結構關係，如大廈管理委員會的組織，委員與住戶之間，亦為鄰舍關係，亦為上下層結構關係。Blau（1964）試圖將小團體和大規模結構之間的交換問題作整合（Cook & Whitmeyer, 1992），若結構上出現衝突，則有需要第三者的協助，才能將衝突問題消除。這也就是社區工作者的任務所在。

　　因此，協調居民問題，社區工作者可從社區結構層面瞭解居民情況，在推展居民組織工作時，必須對社區深入瞭解，以多角度的理論分析社區問題，讓社區服務有效推展。

■ 第三節　社區問題成因

　　社會改變（social change）是因傳統結構不適合現今社會情況，因而需要進行改革（innovation），改變是發展的過程（Payne, 2005: 25）。社會不斷發展，社會問題也會不斷發生，社會問題的大小會對社會安定造成不同程度的影響，社區問題如交通改道至大廈管理員的工作態度均可能引發出社會問題，工作員在問題引發前作適度介入（intervention），協助居民瞭解問題所在，建立居民對問題看法的新思維，有助社區安定及鄰舍和諧發展。

　　王思斌（2006：6）認為城市的社區問題（urban community problem）由兩類不同又相關部分組成：一類是民生問題即城市居民如何能獲得必需的服務，包括一般民眾日常生活中的服務，如長者安居、青少年就學、殘障人士照顧等；另一類是社區組織和管理模式轉變所產生的問題，如城市實施改革，市場的力量逐步擴大，社區居民和各種社會群體的利益表達明顯加強，原來靠工作單位進行的行政整合逐漸失去效力，而產生相互衝突。Hardcastle、Powers與Wenocur（2004：44）認為，社會問題是都市社區的衝突及解組問題，並以衝突理論分析社區問題的成因。瞭解衝突理論的觀點，必須瞭解Karl Marx所提出的衝突理論思維。

一、衝突理論

Karl Marx的衝突理論（conflict theory）強調的是，衝突（conflict）、強制（compulsion）以及權力（power）在社會關係中的作用，他認為生產是人類本質的基本屬性，社會變遷的產生源於生產力與生產關係之間的矛盾，生產的物質力量與社會關係之間的衝突，是一種關鍵的社會內部結構性矛盾形式，這種形式引發了社會關係的變遷。

Marx在《哲學的貧困》中，特別以英國工人同資本家鬥爭的過程說明。他指出，在英國經濟條件把大批的居民變成工人後，大工業把大批互不相識的工作者聚集起來，起初工人為了維護工資使他們能夠聯合起來，組織經常性的同盟，成為工人同資本家進行鬥爭的堡壘，而隨著資本家為了壓制工人逐漸聯合起來時，原來分散的同盟就組成全國性的聯盟，維護工作者的利益，及後同盟更具政治性質，對資本家展開政治鬥爭，進而形成一政黨，這樣工人就變成一個自為階級（李英明，2002：15-16）。階級鬥爭形成兩股對立的力量，兩者間會因應不同情況作策略性整合，爭取應得的利益。

Miliband（1977: 18）認為，衝突在不同階級會不斷出現，若要解決問題，除非以一個新的生產方式或體系改變現有情況，否則是無法改變這種既有的階級情境。這帶出了現今社會結構不斷改變，新體系不斷產生及對社會造成各類影響的實況。在社區內因存在著不同群體，在衝突理論觀點下，群體間的衝突影響著社會系統和階級變遷，這些衝突包括利益群衝突、價值衝突以及權力關係衝突等（Ashford, LeCroy, & Lortie, 2001）.。

雖然Karl Marx的主要觀點以資本家（capitalist）與勞動階層（labor）作為衝突導因分析社會現象（social phenomenon），但背後理念強調衝突是由兩個或多個不同觀念及期望團體所產生。以不同角度處理問題，就會產生衝突現象。以淹水問題為例，不少地區每年雨季均可能出現淹水情況，直接影響居民生活及商業行為，造成嚴重損失。政府有關部門亦不斷研究可行的解決方案，但基於權限上、財政上或技術上的限制，當問題無法解決時，就形成居民與政府間的衝突。

　　衝突理論強調不同層面因利益所形成的衝突現象，而利益分配該如何衡量？工作員的任務是以公平協調居民，以理性方式與有關部門進行協商，在不同的立場中尋找出共識，減少因衝突而影響社會和諧發展。

二、公平理論

　　社會工作強調人生活在社會中有其基本的權利，因此協助居民解決社區問題時，必須考慮權利的獲得是否公平。經濟學家Smith Adams從經濟角度提出了公平理論（equity theory），這理論除了應用在經濟效益分析外，還可應用於社區問題的分析，協助居民對解決社區問題時，衡量所提的要求是否公平。

　　Adams從回報觀點提出了公平理論觀，以經濟（economy）的角度分析個人行為。根據Adams（1963）提出的公平理論認為，個人首先思考自己的回報（outcome）與付出（input）的比率（ratio），然後將自己的回報與相關或工作性質相近似的員工進行回報比較，如果個人感覺到自己的比率與他人相同，則為公平狀態；如果感到二者的比率不相同，則產生不公平感受（Wheeler, 2002: 613）。也就是說，居民在付出與回報的比較下，會造成兩種截然不同的感受。社區問題成因往往來自於居民的感受，當政府推行社區發展計劃與其它地區一致時，居民會認為政府的付出是一致的，唯居民期望的付出與回報要求是對等的。例如大廈管理問題，若住戶每月支付管理費給管理公司，他們會對大廈管理服務有一定的期望回報要求，包括清潔、治安、電梯運作等。當某層的走廊經常出現清潔衛生問題時，他們會與其他地區收取同樣管理費的大廈作比較，定出公平感受準則。

Adams於1965年提出六個個人對不公平感覺的常用的行為模式（藍采風、廖榮利，1998：217）：

1.改變個人的投入或付出。
2.改變個人的回報。
3.改變對個人的認知。
4.改變對別人的認知。
5.改變參考的對象。
6.改變目前的環境。

這些觀點指出當居民在社區中感受到不公平的情況時，個人會產生一連串的改變行為，甚至會將問題激發，形成社會問題，影響社區的發展。藍采風、廖榮利（1998：216）認為公平感覺的形成是經過下列四個步驟：

1.對自我的評估：比較個人投入與組織對他個人的回饋（獎賞）。
2.對他人的評估：比較他人的投入與組織對他人的回饋（獎賞）。
3.自我與他人評估：比較投入與回饋。
4.經驗認知公平與不公平。

黃源協（2004）認為社區發展已傾向強化社區能力，以及處理公平和社會正義。居民本身對協助解決社區問題的認知日漸重視。一般而言居民在解決社區問題中獲得滿足，他們會更投入參與，從而促進社區的發展。Kadushin及Kulys（1995）的研究指出，個人的滿足感是會參照其他同儕或相似的情況，期望個人的獲得，這些期望的滿意度是取決於與參照團體或個人的投入與結果。余泰魁、黃識銘（2005）的研究報告表示，個人會以參考（reference）組織外部與內部作比較對象，來評估其回報價值的公平性。換言之，居民對社區問題的看法受到外界參照的情境所影響，這參考作用決定了居民對公平的看法。

　　當然分析社會問題成因時，亦要考慮居民的回報要求是否合理。若居民不公平要求得以實現，另一類的公平問題亦隨之產生。因此，工作員應以公平論的觀念，讓居民瞭解社區上所出現的問題。公平理論的觀念同樣可應用於鼓勵居民參與及引導做出決策的依據。

■ 第四節　居民解決問題的動機與需求

　　社區組織工作除要分析社區問題成因外，同樣重要的部分是如何組織居民參與解決有關問題。從公平理論的角度理解，居民會否參與社區事務受到回報的影響。工作員如何帶出居民參與的動力？可根據Victor Vroom（1964）的期望理論，及Skinner（1953）的社會交換理論找出吸引居民參與社區事務的動力。同時可運用社會學習理論，強化居民學習助人自助的觀念。組織居民另一目的是協助他們解決受困擾的社區問題，這方面往往涉及資源的運用，工作者可運用社會資本理論從而集結居民的力量，使他們有能力解決社區問題。

一、社會交換理論

　　社區組織工作主要是為居民解決社區問題，並強調居民參與。但如何激發居民參與社區事務，如何鼓勵居民參與，可從社會交換理論的觀點來分析居民參與的動力。

　　社會交換理論（social exchange theory）認為，人群行為會衡量其權益和風險，決定是否參與，社會行為是交換過程的結果。當風險大於回報，居民會終止或放棄參與行為。社會交換理論強調理性、利益的衡量以及互惠的交換模式。理論主要的義涵是認為人與人之間的社會互動，是一種理性的，會計算得失的資源交換（Kramer, 2005）。

對社會交換理論影響最深遠的，可說是Skinner（1953）以行為的角度分析交換理論。他認為社會交換的觀點強調個人行為可以經由環境的改變而隨之改變，個人動機才是真正決定個人行為的主要因素，行為的過去後果影響目前的行為。並認為行為取向是可以預測的。從這觀點而言，社區問題能否刺激居民參與，需視乎問題對居民影響的嚴重性，及居民參與組織工作後能否達到個人的目的，而居民的動機往往是生活或環境質素的改善。社區工作者可對居民過往對社區問題的反應，預測居民的未來行為，作為組織工作的參考。

雖然居民的社會參與大多數是自願的，但存在著不同的回報，Blau（1964）認為，社會交換是一種具互惠性質的自願性回報行動，回報即酬賞，可分為內在酬賞（internal reward）（如愛、情感、敬仰等），或外在酬賞（external reward）（如金錢、物質獲得等），酬賞會因人而異，無實際計算單位，也無法確知可能的回報是什麼，人們藉由彼此的回報維持和強化聯繫，但未獲期待的回報，聯繫會減弱或瓦解。因為社會交換具有互惠性質（Molm, Collett, & Schaefer, 2006），居民的參與，在居民間的互動中實質存在著回報關係，例如大廈管理委員會主席具有管治大廈的決策權，並被認同，是具有成就感、有地位感的內在酬賞。

Hardcastle、Powers及Wenocur（2004：39）以社會交換理論的觀點分析改變居民參與行為，認為居民參與社區事務，主要以參與後的利益獲得作為考慮。以非物質回報中作為交換參與的誘因，亦可作為鼓勵居民參與的動力。工作員可利用交換理論的觀點，提升居民參與的動力，減輕居民參與的阻力，從而解決社區問題。

二、期望理論

　　提升居民關注及參與社區問題，可從動力作考慮，Daly及Kleiner（1995）的激勵理論研究認為，最好的激勵理論之一是期望理論（expectancy theory）。

　　期望理論最早由美國心理學家Victor Vroom（1964）在《工作與激勵》（*Work and Motivation*）一書提出，他的觀點認為個體動機需符合三個標準。首先，必須重視關於行為的結果。其次，必須相信，渴望行為是有助達到結果。換句話說，個體必須期望以某一方式來接受某些事。第三，動機的期望是能進行有助達到結果的行為，個人的努力是期望對未來成功達致目標的估計（Wong & Hui, 2006）。

　　Vroom對期望理論提出了基礎的觀念，是當個人預期到某一行為能給個人帶來既定結果，且這種結果對個體具有吸引力時，個人才會採取某一特定行為。它包括三種聯繫，努力與績效聯繫、績效與獎賞聯繫及吸引力與個人目標和需要有關聯（Vroom, 1964）。從這些觀點來看，居民的投入與改善社區現象是有聯繫的，工作員若能讓居民明白參與的努力，會帶來改善社區生活質素的好處，可促使居民參與居民組織工作。

　　Lee（2007）的研究顯示，目的的達致是需要將個人的期望信念改變至個人認為投入於某些努力後，能獲得期望的成果時，他們便會積極投入於該事項中。亦即是說，社區工作者推展居民組織時，倘若能將目的設定與居民期望相配合，使居民認同他們的參與會達致他們期望的目的時，必能帶起居民的動力。

　　期望理論的觀點同時可應用於組織過程，在一個新組織形成初期，當居民在群體互動中發現大家的目的是一致時，會產生較大動力（Ikhlas, 1995）。因此工作員在推動居民參與時，可建立新的體系，如成立社區關注組，讓居民確立社區問題及計劃解決策略與方案，讓社區內的其他居民瞭解關注組，吸納更多居民投入於問題解決事務。

居民參與最基本動力是個人認同，從認同帶出動力並提高表現，因而得到好結果。認同的觀念思維有助工作者的組織工作。Yamaguchi（2003）的研究分析認為，影響人的滿意可導致他們的動力，但並不單以有形物質刺激作用的結果。「需要」是另一種影響因素，需求水平受到人們價值系統驅使，要求與慾望變化是因不同的價值觀，而導致有不同需要取向。換言之，居民對居住環境滿意與否，與個人對環境的期望有關，與個人動機有關，與周遭事物、道德觀念有關。

三、社會學習理論

　　社區居民是生活在一個互動的群體中，正如系統理論所強調，社區是社會其中一個體系，區內居民與社區環境有不同程度的互動，因此產生不同的互動反應。社區內的變化不論大小，如大廈管理員的更換、樓梯損壞、甚至區內的學校興建與否，對居住當地的居民，均會產生不同程度的反應，對居民關注吸引度也不同。如何培養居民主動關注社區問題，解決問題，助人自助達到社區工作的目標，社區工作者可運用社會學習理論的觀點瞭解社區的轉變與居民行為間的互動關係。

　　早年社會學習理論（social learning theory）由Cornell Montgomery提出，她的社會學習論包含三個重要觀念，即觀察（observation）、模仿（imitation）及正增強（reinforcement）（Bandura, 1977）。其後Julian Rotter（1945）將這觀念與精神病和行為主義結合，發展出一套學習理論，她的社會學習理論認為，這種行為是受某些環境因素或刺激，而不是單獨的心理因素（Rotter, 1945）。Rotter於1954年發表《社會學習與臨床心理學》（*Social Learning and Clinical Psychology*）一書提出了個人行為受影響是受到個人動機與環境關係所致，個人行為與期望結果是相互配合，若行為後的結果得到社會正向支持而非負面，則此行為會重複出現。Bandura（1977）將行為學習推廣至認知與行為層面，他認同

Montgomery的社會學習觀點，行為是透過觀察，建立個人的行為模式，但他認為行為學習的前提是人們的環境，因此社會對個人的行為影響深遠，他建議社會學習的組合是環境和心理因素，影響個人行為，並提出了社會學習理論三項要求，包括注意（attention）別人的行為、記憶及保存（retention）所觀察的事情反應、合理的動力來建造個人適應的行為。Bandura把人理解為一種有意識、有思維並且能影響其環境的一種存在物；他認為人能夠透過處理其生活環境的各類訊息，經過個人行為反應所得到的感知，而產生各類行為，如順從、一致性等行為模式，來面對社會上的各類情境。從Bandura的觀點來分析社區問題對居民行為的影響，社區問題對居民生活出現負面影響時，若無合適途徑改變這現象，居民會改變其行為，適應新環境。Vygotsky認為，個人行為是在認知發展（cognitive development）中成長，在受到支持的情況下，發展出一套個人可以應付社會問題的行為模式（Turner & Chambers, 2006: 354）。綜合上述學者的觀點，社會學習理論強調人學習新行為是透過正向的增強或負面的懲罰，或者透過觀察他們生活環境的社會因素來建立其行為。個人可透過觀察和直接經驗進行學習。因此，社區工作者可依上述觀點，考慮在組織過程中加入正面元素及誘因，例如鼓勵、展現成果，讓居民看到自己的能力和影響力。改變居民的認知，讓居民學習新的行為，提升居民參與關注社區事務的動力。

　　當然，工作員要事先瞭解居民對哪些問題特別關注？哪些問題會引致居民的行為轉變？問題是否值得工作員作深入探討？社會學習理論除了讓工作員客觀地分析社區問題，及衡量居民參與解決社區問題的動力外，還可讓工作員推展組織工作時，起著一種教育作用，利用居民參與過程，改變居民的認知，建立一個新的行為與認知方向，讓他們日後面對相似問題時，可自行解決。

四、社會資本理論

　　社會上每一個團體、人或組織，不論大小有它本身的資本，所謂社會資本，根據世界銀行（2006）對社會資本的釋義：「社會資本是指一些制度、關係和標準，社會的互動能力及質素就是憑這些關係和體制而形成的。社會資本與社會網絡息息相關，它將社會各種制度及資源凝聚一起，包括個人、機構、社會各階層（不同社會背景或行業人士）或界別之間互相溝通、聯繫，建立互相關懷互信的網絡關係，在互助互惠的情況下，促進個人的力量幫助他人加入。

　　組織本身存有不同的資本，若能善用資本的功能，有助居民發揮更大的力量，改善生活質素問題。組織資本（organization capital）除了以物質及有形資產作為資本外，組織內的非物質資產（intangible assets）亦被認定為是組織資本一部分，這些非物質資產可以為理念（concepts）、知識管理（knowledge management）、文化（culture）、領導（leadership）、團隊工作（team work）（Marr & Adams, 2004）。這些資產包含了組織所有無形而有價值的意識，它與社會資本不同，社會資本鑲嵌於組織內，故不能以一個金錢價值出售。而組織的資本是經過互動的成功與失敗所得的結果，成為一種非物質的產物。

　　近年社會學者如Bourdieu、Colemen、Portes、Lin、Fukuyama等提出社會資本（social capital）與個人、組織或社會關係的觀點，這觀點強調人與人所產生的資本價值，群體中的成員在互動中建立的社會資本，繼而發展相互利益（Requena, 2003: 333）。

　　Passey及Lyons（2006）研究表示，非營利組織具有水平及垂直的橋樑作用，在社會資本測量結果顯示水平網絡的成員，會具有資訊提供、訓練等功能。它同時具有維繫社會資本，及建造（reproduction）的作用。而橋樑概念強調透過連結關係創造更大的網路，包括居民間層級及水平式的互動，組織扮演潤滑劑（oil）的角色，使居民建造更多資本。這對於以非營利為主的社會服務組織而言，組織環境能為居民獲得更多資本，給他們在有需要時提取。

法國社會學家Bourdieu視社會資本為團體成員的產出，透過個人參與的群體網絡取得實際或潛在資源，這些資源連結於相互瞭解及承諾關係所形成的穩定網絡資產上。有關社群互動關係的研究，Granovetter 提出的「弱連帶理論」（weak tie theory）及「鑲嵌觀點」（embedded），對瞭解人群互動的關係較具影響，其後Portes（1998）支持社會資本鑲嵌在社會關係與社會結構中的觀點，當成員想要增加其目的的成功機會時，可以被加以動員。隨著Granovetter（1973，1985）的弱連帶及鑲嵌理論分析人群的行為網絡，羅家德、朱慶忠（2004）更提出結構位置對網絡成員資源及權力取得，具有重要影響關係，尤其是弱連帶網絡中「橋」的位置，可以使位置擁有者掌握多方面訊息，這意味居民在不同位置上，提取這些資源其成效有所不同。

有關居民間的互動而形成的資源力量，已被學者定義為社會資本，資本的形成由多種因素組成。Putnam（1995）將社會資本界定為任何有幫助提升社會合作及促成共同目標的社會關係特質。這特質產生自組織成員對網絡的參與程度及互信關係，亦即是強調互動的重要。換言之，個人在社會網絡中的行動會產生市場交換所忽略的外部效果，為了集體目標之達成，自然會產生互惠的規範（Requena, 2003: 332）。Putnam（1995）之後將社會資本區別為人際關係的黏合（bonding）及橋樑二個概念，黏合的概念強調以黏密的社會網路創造社會凝聚。

由於社會資本存在橋樑概念（Passey & Lyons, 2006; Burt, 2004 ），經由人際互動所形成的橋樑，往往能夠決定網絡成員在網絡中能夠獲取的資源型態與資源多寡。這可道出，解決社區問題可運用居民本身的各類互動資源與力量，讓居民感受到他們的問題並不是無助及無望，同時可激發居民參與動力，集結更多社會資本來解決社區問題。

結語

　　社區組織工作的成功與否，往往涉及居民參與行動。在參與爭取改善社區環境的過程中，難免會出現各種壓力與失落，工作員應運用理論的觀點分析居民情況，為居民提供一套可行及有效的方案，提升居民參與動力。

　　對解決社區問題若以單一理論作為組織工作的理論依據，往往會忽略其它因素對居民的影響。因此，工作員對不同的社區問題，應存有不同的及各種的理論思維，綜合運用，探索居民參與的動力，以及改變結果的可行性，然後設定組織策略。本書所提的理論只作為讀者參考，讀者需要不斷吸收新理論及新觀點，作為推展組織工作的依據。

參考書目

一、中文部分

王思斌，收錄於張振成、許臨高、蘇景輝、羅秀華主編（2006）。〈中國大陸社區工作的知識與實踐〉，《華人社會社區工作的知識與實務》。臺北：松慧文化公司出版。

王思斌主編（1998；2004）。《社會工作導論》。北京：北京大學出版社。

甘炳光、梁祖彬、陳麗雲、林香生、胡文龍、馮國堅、黃文泰（1998，2005）。《社區工作理論與實踐》。香港：中文大學出版社。

余泰魁、黃識銘（2005）。〈供應商銷售人員工作滿意量表之建構〉，《人力資源管理學報》。臺北：中華民國人力資源發展學會，第5卷第3期，頁49-74。

吳孟玲、林月雲（2002）。〈主管管理才能對員工滿意度之影響——以某非營利機構為例〉，《輔仁管理評論》。新北市：輔仁大學管理學院，第9卷第2期，頁35-58。

李英明（2002）。《社會衝突論》。臺北：揚智文化出版。

周永新主編（1998）。《社會工作學新論》。香港：商務印書館。

林春只、曾月明（2005）。〈照顧服務員工作滿意度及其相關因素之探討〉，《長期照護雜誌》。臺北：中華民國長期照護專業協會，第9卷第4期，頁349-360。

姚瀛志（2004）。《社區工作——實踐技巧、計劃與實例》。香港：益信國際出版。

姚瀛志，收錄於張振成、許臨高、蘇景輝、羅秀華主編（2006）。〈澳門社區工作——同學實踐之轉變〉，《華人社會社區工作的知識與實務》。臺北：松慧文化公司出版，頁37-51。

張兆球、蘇國安、陳錦漢（2006）。《活動程序——計劃、執行和評鑑》。香港：香港城市大學出版。

梁祖彬，收錄於甘炳光編（1998）。〈社區工作的歷史源流及發展〉，《社區工作理論與實踐》。香港：中文大學出版社。

許傳盛（2004）。〈從社區總體營造的觀點談我國社區工作之願景——以彰化縣為例〉，《社區發展季刊》。臺北：內政部社區發展雜誌社，第107期，頁

213-224。

陳正男、曾倫崇（2001）。〈顧客就醫行為、工作人員滿意度與醫院行銷之研究〉，《中華管理評論國際學報》。香港：香港公開大學李兆基商業管理學院，第4期第1卷，頁67-82。

惠調豔（2006）。〈組織分配制度對工作滿意度與績效相關性影響實證研究〉，《商業經濟與管理》。浙江：浙江工商大學商業經濟與管理編輯部，第174卷第4期，頁32-36。

黃源協（2004）。〈社區工作何去何從：社區發展？社區營造？〉，《社區發展季刊》。臺北：內政部社區發展雜誌社，第107期，頁78-87。

楊森（1983）。《社會政策與社會運動》。香港：廣角鏡出版社。

管郁君、林淑瓊（2004）。〈高科技產業投資成立研發中心與組織績效之關係──以資源基礎理論觀點探討〉，《中華管理評論國際學報》。第7卷第3期，頁1-21。

蔡坤宏（1999）。〈工作滿足與離職意圖關係之回顧：Meta分析〉，《輔仁管理評論》。新北市：輔仁大學管理學院，第6卷第1期，頁21-36。

藍采風、廖榮利著（1998）。《組織行為學》。臺北：三民書局。

羅家德、朱慶忠（2004）。〈人際網絡結構因素對工作滿足之影響〉，《中山管理評論》。高雄：中山大學管理學院，第12卷第4期，頁795-823。

蘇景輝（2003）。《社區工作──理論與實務》。臺北：巨流圖書。

二、外文部分

Abdalla, Ikhlas A. (1995). "Arab business administration students: Attributes and career decision making self-efficacy expectations," *The International Journal of Career Management, 7(6)*: 27-35.

Adams, J. S. (1963). "Toward an understanding of inequity," *Journal of Abnormal and Social Psychology, 67*: 422-436.

Allport, Gordon W. (1947). "The genius of Kurt Lewin," Read at the Kurt Lewin memorial meeting, American Psychological Association, September, 1947.

Aranda, Maria P. (2008). "Relationship between religious involvement and psychological well-being: A social justice perspective," *Health of Social Work, 33(1)*: 9-21.

Ashford, Jose B., Craig Winston LeCroy, & Kathy L. Lortie (2001). *Human Behavior in the Social Environment: A Multidimensional Perspective*, Thomson Learning.

Bandura, A. (1977). *Social Learning Theory*, New York: General Learning Press.

Batten, T. R. (1967). *The Non-Directive Approach in Group and Community Work*, London: Oxford University Press.

Betts, L. R., & Ken J. Rotenberg (2008). "A social relations analysis of children's trust in their peers across the early years of school," *Social Development, 17(4)*: 1039-1055.

Blau, P. M. (1964). *Exchange and Power in Social Life*, New York: John Wiley & Sons.

Burt, Ronald S. (2004). "Structural holes and good ideas," *American Journal of Sociology, 110(2)*: 349-399.

Campo, R. A., B. N. Uchino, A. Vaughn, Reblin, M, T. W. Smith & J. Holt-Lunstad (2009). "The assessment of positivity and negativity in social network: The reliability and validity of the social relationships index," *Journal of Community Psychology, 37(4)*: 471-486 .

Cary, Lee J. (1975). *Community Development as a Process*, University of Missouri Press.

Chak, Amy (2002). "Understanding children's curiosity and exploration through the lenses of Lewin's field theory: On developing an appraisal framework," *Early Child Development and Care, 172(1)*: 77-87.

Coleman, J. S. (1990). *Foundations of Social Theory*, Cambridge: Harvard University Press.

Compo, Rebecca A., Berr N. Ychino, Allison Vaughn, Maija Reblin, Timothy W. Smith & Julianne Holt-Lunstad (2009). "The assessment of positivity and negativity in social networks: The reliability and validity of the social relationships index," *Journal of Community Psychology, 37(4)*: 471-486.

Conway, Tony & Stephen Willcocks (1997). "The role of expectations in the perception of health care quality: Developing a conceptual model," *International Journal of Health Care Quality Assurance, 10(3)*: 131-140.

Cook, K. S. & J. M. Whitmeyer (1992). "Two approaches to social structure: Exchange theory and network analysis," *Annual Review of Sociology, 18*: 109-127.

Corley, Aileen & Ann Thorne (2006). "Action learning: avoiding conflict or enabling action," *Action Learning: Research and Practice, 3(1)*: 31-44.

Daly, Desmond & Brian H. Kleiner (1995). "How to motivate problem employees," *Work Study, 44(2)*: 5-7.

Durkheim, Émile (1951). *Suicide: A Study in Sociology*, The Free Press, Glencoe, USA.:

Illinois.

Farley, O. William, Larry L. Smith, & Scott W. Boyle (2006). *Introduction to Social Work,* Boston: Pearson Education.

Gerald, L. B., C. A. Martha, & R. H. Moorman (2005). "The moderating effects of equity sensitivity on the relationship between organizational justice and organizational citizenship behaviors," *Journal of Business and Psychology, 20(2)*: 259-273.

Goodwin, Glenn A., & Joseph A. Scimecca (2006). *Classical Sociological Theory: Rediscovering the Promise of Sociology,* USA: Thomson Wadsworth.

Granovetter, M. S. (1973). "The strength of weak ties, " *American Journal of Sociology 78 (6)*: 1360-1380.

Granovetter, M. S. (1985). "Economic action and social structure: The Problem of Embeddedness," *American Journal of Sociology 91 (3)*: 481-493.

Hardcastle, David A., Patricia R. Powers, & Stanley Wenocur (2004). *Community Practice- Theories and Skills for Social Workers*, NY: Oxford University Press.

Henderson, Paul & David N. Thomas (2005). *Skills in Neighbourhood Work.* 3rd edition, Routledge, Taylor & Francis Books Ltd.

Hintermair, Manfred (2009). "The social network map as as instrument for identifying social relations in deaf research and practice," *American Annals of the Deaf, 154(3)*: 300-310.

Hitt, M. A., H.-U. Lee, et al. (2002). "The importance of social capital to the management of multinational enterprises: Relational networks among Asian and western firms," *Asia Pacific Journal of Management, 19*: 353-372.

Homans, G. C. (1958). "Social behavior as exchange," *The American Journal of Sociology*, pp. 597-606.

Huntoon, L. (2001). "Government use of nonprofit organizations to build social capital," *Journal of Socio-Economics, 30(2)*: 157.

Jayaratne S. & Chess W. A. (1984). "Job satisfaction, burnout, and turnover: A national study," *Social Work, 9/10*: 448-453.

Kadushin, G. & R. Kulys (1995). "Job satisfaction among social work discharge planners," *Health and Social Work, 20(3)*: 174-186.

Knapp, Peter (2003). "Hegel's universal in Marx, Durkeim and Weber: The role of hegelian ideas in the origin of sociology," *Sociological Forum, 1(4)*: 586-609.

Korte, Russell F. (2007). "The socialization of newcomers into organizations: Integrating learning and social exchange processes," *Academy of Human Resource Development*, Indianapolis, IN.

Kramer, Michael W. (2005). "Communication and social exchange processes in community theater groups," *Journal of Applied Communication Research, 33(2)*: 159-182.

Lawson, Tony & Joan Garrod (2000). *The complete A-Z Sociology Handbook,* London: Hodder & Stoughton Educational.

Lee, Seongsin (2007). "Vroom's expectancy theory and the public library customer motivation model," *Library Review, 56(9)*: 788-796.

Lee, So Young (2006). "Expectations of employees toward the workplace and environmental satisfaction," *Facilities, 24(9/10)*: 343-353.

Marr, Bernard & Chris Adams (2004). "The balanced scorecard and intangible assets: similar ideas, unaligned concepts," *Measuring Business Excellence, 8(3)*: 18-27.

Marriott, A., L. Sexton, & D. Staley (1994). "Components of job satisfaction in psychiatric social workers," *Health & Social Work, 19(3)*: 199-205.

Marx, Karl (1955). *The Poverty of Philosophy*, Progress Publishers.

Marx, Kurt (1887). "Capital: A critique of political economy," Volume I, Book One: *The Process of Production of Capital*, Moscow, USSR, Progress Publishers.

Miliband, Ralph (1977). *Marxism and Politics*, UK: Oxford.

Molm, Linda D., Jessica Collett, & David Schaefer (2006). "Conflict and fairness in social exchange," *Social Forces, 84(4)*: 2331-2352.

Mondal, A. H. (2000). "Social capital formation: The role of NGO rural development programs in Bangladesh," *Policy Sciences, 33*: 459-475.

Passey, A. & M. Lyons (2006). "Nonprofits and social capital: Measurement through organizational surveys," *Nonprofit Management and Leadership, 16*: 481-495.

Payne, Malcolm (2005). *The Origins of Social Work- Continuity and Change*, N.Y.: Palgrave MacMillan.

Portes, Alejandro (1998). "Social capital: Its origins and applications in modern sociology," *Annual Review of Sociology, 24(1)*: 1.

Putnam, R. D. (1995). "Bowling alone: America's declining social capital," *Current, 373*: 3.

Requena, F. (2003). "Social capital, satisfaction and quality of life in the workplace, "

Social Indicators Research, 61: 331-360.

Rotter, J. B. (1945). *Social Learning and Clinical Psychology*, New York: Prentice-Hall.

Schneider, G., T. Plümper, et al. (2000). "Bringing Putnam to the European regions on the relevance of social capital for economic growth," *European Urban and Regional Studies 7(4)*: 307-317.

Skinner, B. F. (1953). *Science and Human Behavior*, New York: Macmillan.

Spencer, Herbert (1896). *The Study of Sociology*, USA.: D. Appleton and Company.

Ted, H. S. (2004). "Equity sensitivity theory: Do we all want more than we deserve?" *Journal of Managerial Psychology, 19(7)*: 722-728.

Turner, Jonathan H.(1990) "Emile Durkheim's theory of social organization," *Social Forces, 68(4)*: 1089-1103.

Turner, Val D. & Elisha A. Chambers (2006). "The social mediation of a moral dilemma: appropriating the moral tools of others," *Journal of Moral Education, 35(3)*: 353–368.

Vroom, V. H. (1964). *Work and Motivation,* New York: John Wiley & Sons.

Wheeler, Kenneth G. (2002). "Cultural values in relation to equity sensitivity within and across cultures," *Journal of Managerial Psychology, 17(7)*: 612-627.

Wong, Joe & Eddie Hui (2006). "Research notes – power of expectations," *Property Management, 24 (5)*: 496-506.

Wong, Wan-Chi (2001). "Co-constructing the personal space-time totality: Listening to the dialogue of Vygotsky, Lewin, Bronfenbrenner, & Stern," *Journal for the Theory of Social Behaviour, 31(4)*: 365-381.

Yamaguchi, Ikushi (2003). "The relationships among individual differences, needs and equity sensitivity," *Journal of Managerial Psychology, 18(4)*: 324-344.

三、網路部分

世界銀行（2006）。The Word Bank, http://web.worldbank.org，檢索日期：2006年11月7日。

南華大學應用社會學系暨社會學研究所（2006）。網絡社會學通訊期刊，http://www.nhu.edu.tw/~society/，第52期，2006年1月15日。檢索日期：2010年10月2日。

第三章

組織工作模式

前言

　　社區組織工作由早年的社會工作者在貧困地區推展各類救助服務，從而發展出一套與個案工作、小組工作有異的社區工作方法。這方法於1962年被美國正式接納為社會工作專業的第三種方法。在技巧運用方面，發展出不同模式，如Batten（1967）的直接法和非直接法模式，目前被稱之為二分法；Rothman於1968提出地區發展（locality development）、社會策劃／社會計劃（social policy/ social planning），及社會行動（social action）三大模式，這模式被稱之為三分法，而Jeffries（1996:115）的居民意識提升（capacity and awareness promotion）、合作提升（partnership promotion）、非暴力的直接行動（nonviolent direct action），及社會競爭（social campaigns）模式，稱之為四分法，筆者於2004年在《社區工作——實踐技巧、計劃與實例》一書則提出了包括檢討及跟進工作部分的四階段模式。這些模式成為目前組織工作者技巧運用的主要參照。本章只針對上述各模式，逐一介紹。

第一節　Batten的二分法

　　T. R. Batten於1967年的*The Non-Directive Approach in Group and Community Work*一書提出直接法和非直接法（directive and non-directive approaches）的觀念，這方法又被稱為二分法。莫邦豪（1994：49）稱之為直接干預法與非直接干預法。Batten（1967）認為，社區工作員對居民存在一定程度影響，如居民的價值觀、思維、態度、關係、行為等，從這角度而言，直接帶領居民建立正確觀點，因此不少機構以直接帶領方式為組織成員提供協助。直接法強調由機構或工作員主導，以居民所需作考慮，為相關居民作合適的決定，帶領居民解決問題（Batten, 1967: 4-5）。
這模式不少社區中心均曾應用於居民組織的活動中。它強調社區問題由機
構帶領居民進行討論，居民參與可視為「演員」（莫邦豪，1994：49）；
這是以目的取向的模式。直接法的優點包括：目標較易達致、協調動力較
強、資源獲得較易。缺點方面則由於居民只是一個跟從者，在整個工作過
程難起著主導作用，故有居民參與力弱、關注層面易受其它因素影響、決
策難滿足居民需要、教育助人自助的功能低、促進鄰舍互動關係網絡建立
動力弱等。

　　非直接帶領模式存在參與自由，工作員較難控制居民取向與決定
（Batten, 1967: 16），居民的決策未必會與機構理念及取向配合，造成機
構的監控困難，同時居民參與背後動機為何？工作員與其他居民均難以察
覺，若居民組織存在這類參與者，對居民改善生活質素可能帶來負面作
用。

　　現今，社區工作進入有系統、有計劃及專業性要求的發展階段，市
民對社會問題的參與，變為較主動及積極，直接主導模式所帶來的負面影
響漸被非直接法取代。Batten（1967）的非直接模式強調由居民主導，這
模式並不強調由工作員為居民設定目的及方向，而是以居民自助自決的思
維推展社區工作，協助居民推動組織、計劃及行動的合理方案，來改善居
民生活質素（Batten, 1967: 11），這模式被現今社區工作員較多取用。由
於它強調居民參與，在參與過程中學習，形成一種教育與培訓環境，同時
在參與時，居民間產生互動，易建立互助網絡，產生資源互補作用，這理
念正迎合社會工作專業的要求。

　　Batten的二分法在社區組織工作中經常被取用，直接法的運用較多在
組織初期，當居民參與力不足時，由機構或社區工作者主導召開會議及帶
領的工作，引領居民思考其他所需，並由工作員或機構向有政府部門表達
居民所需。

　　非直接法的運用當與居民關係建立後，並掌握居民的能力及主動

性，然後以非直接法引領居民進行組織工作。尤以在成立居民關注組後，工作員的角色由主導層面轉為協助層面，協助居民組織及策劃各類相關活動，包括召開居民大會、聯絡政府相關部門、陪同及協調社會行動的工作等。

　　由於居民的參與及對社區問題的關注度，經常受社會環境影響而轉變，運用直接法與非直接法觀念，激發居民對問題的關注與投入改善社區生活質素是有需要。因此社區工作者可將這觀念與其它社區組織工作模式結合使用（**表**3-1），在合適的情況下運用Batten（1967）的二分法提升居民參與的動力，在居民能力許可下工作員轉化為協助角色。

表3-1　Batten直接法與非直接法的理念與應用

方法	理念	應用
直接法	1.強調由機構或工作員主導 2.為相關居民作合適的決定 3.帶領居民解決問題 4.為居民建立正確的觀點	1.召開及帶領居民座談會 2.帶領居民出席相關會議 3.向社會大眾布告結果 4.發新聞稿作倡導工作
非直接法	1.強調由居民主導 2.不強調由工作員為居民設定目的及方向 3.以居民自助、自決的思維推展社區工作 4.協助居民為他們所需作出組織、計劃，及行動的合理方案，來改善居民的生活質素	1.關係建立及倡議工作 2.組織及出席居民關注的會議 3.協助組織及策劃工作 4.行動策劃會議 5.協助居民大會推行 6.協助居民主持座談會 7.聯絡相關部門的工作 8.陪同及協調對話／社會行動等工作 9.工作檢討及跟進

■ 第二節　Rothman的三分法

Hardcastle、Powers與Wenocur（2004：52）指出，社區工作的傳統方法以Rothman在1968年提出的三分法為主導。Rothman（1968）的社區工作模式是被香港、澳門、臺灣等地的社區工作者引用較多的工作技巧模式之一。甘炳光等（2005）的《社區工作理論與實踐》一書對Rothman的三分法在多章的篇幅說明。臺灣不少學者如徐震、黃源協、蘇景輝等亦對Rothman的社區工作方法作深入討論，可見Rothman的觀點深受業界重視。

Rothman（1968）的三分法包括社會營造／地區發展（community building/locality development）、社會計劃／社會策劃（social planning/social policy）、社會行動（social action）。三分法在香港、澳門及臺灣有不同的取向；香港與澳門的社區工作三分法觀念以地區發展、社會策劃及社會行動為主；臺灣則以社會營造、社會計劃及社會行動取向為主。

一、社會營造與地區發展

香港及澳門兩地的居住情況，均為人口密度高的地區，臺灣與中國的人口大多集中於城市。在高密度居住的地區，社區問題非常複雜，因而在考慮社會發展上，有宏觀與微觀的安排。徐震（2004：28）在〈臺灣社區發展與社區營造的異同——論社區工作中微視與鉅視面的兩條路線〉一文中表示，臺灣近年社區總營造的推展，其工作性質取向於宏視思維，進行整體性的地域發展計劃。在臺灣陳水扁政府曾有一段時期選用來自日本的「社區營造」一詞取代以往所用的「社區發展」一詞，其實「社區營造」與「社區發展」的意思是相同。

許傳盛（2004：215）視地域發展模式為社區發展模式（community development model），認為經由擴大社區居民的參與可促成社區改變，也就是讓社區居民共同解決問題。此一模式強調民主的程序、建立社區共識、志願發展的合作、培養社區領袖以及居民的自助互助。Hardcastle、Powers與Wenocur（2004：52）對社區營造解讀為以地域發展為主，以地域發展推展至社區整合。徐震與Hardcastle、Powers及Wenocur的觀點則是「社區營造」可由宏視與微視等層面推展。

　　無論從微觀層面或宏觀層面看，它的工作方向主要以地區上某一特定的區域範圍內推展社區組織工作，以該區的問題及居民參與為主要工作重點，鼓勵居民參與去解決共同問題。這種地域發展工作策略強調居民共識：透過和平的方法，使區內居民及各利益團體互相溝通、互相討論以達成共識，解決問題（周永新主編，1998：143）。

　　根據Rothman（1968）的界定，地區發展是在特定的地域內鼓勵居民透過自助及互助來解決區內問題；工作重點是促進居民民主動參與地區事務及發展地區領袖，採取集體行動來改善情況（周永新主編，1998：143）。這種觀念採用的手法，著重於推動社區內的居民參與，改變社區。工作方法涉及兩個不同目標取向，馮偉華與李昴偉在《社區工作理論與實踐》（甘炳光等，1998：119）中表述Rothman的工作目標分為兩類：

1.事工目標（task oriented）：包括完成一些實質的工作，或解決一些特定的社區問題。

2.過程目標（process oriented）：多涉及較長久的制度或組織的建立，以及一些非實質的轉變。

　　這兩類目標與參與居民的能力及期望有關，但在地區發展模式當中，過程目標的地位及重要性是超越於事工目標，主因是它能提升社區居民解決問題的能力以達致自助目的（甘炳光等，2005；蘇景輝，2003；姚瀛志，2004）。

　　事實上，社區工作是綜合運用各種技巧方式，在任何地域及任何層面，協助有需要的居民推展組織工作。它的方式可從小社區進行，亦可在大社會作整體性推動，其目的是一致的。Cary（1975: 9）從經濟發展的考慮認為，社會發展是地區機構連結地區資源、地區行動是作有系統轉變的運動。因此，不論地域發展或社區營造均是以一特定的地域為本（locality-base）。

地域發展與社區發展相似，它是一種整體思維的發展過程（Cary, 1975: 9），是社區居民聯合地區上的政府部門，合力改善社區的經濟、社會及文化的處境，促進社區與整體社會的溶合，鼓勵與激勵社區居民對社會有所貢獻。曾華源（2004：64）認為，「社區總體營造」融合了本土文化與風格作主要思維。此一觀念強化地域發展以當地本土特色為基本的中心思想，讓地域發展進一步增加社區居民對社區的認同和肯定。

二、社會計劃與社會策劃

Hardcastle、Powers與Wenocur（2004: 52）引述Rothman的觀點，認為社會計劃是根據基本資料作問題解決取向的一種方法，並透過資深的相關人士推展。許傳盛（2004：215）在其文中以社會計劃取向，介紹臺灣社區發展的情況。他認為此模式強調以問題解決的過程，來發展社區意識，因為當前社會環境相當複雜，有賴學有專精的社區規劃人才來參與瞭解問題，提出解決問題策略。社會計劃取向的模式較不重視結合社區資源，因而或會促成劇烈的社會變遷。社會計劃取向的模式存在著居民直接參與決策與間接參與決策的問題，根據Rothman（1968）的社區發展觀念，專業社區工作是培育及發掘地區領袖，向政府相關部門表達居民所需，此謂之為直接參與決策。Hardcastle、Powers與Wenocur（2004: 52）指出，Rothman的社會策劃或社會計劃主要以問題解決為取向。梁祖彬（甘炳光等，2005：183）認為，社區工作可從社會策劃取向推展，為居民決問題。

臺灣近年強調社區的整體發展，在各地深入探討規劃地區發展工作，八〇年代初期，由於當時國家主政者號召對於土地親近與認同，配合若干專家學者及行政部門的集體運作，加上民間組織的共同參與，透過對於人民與土地的關係，作重新的瞭解與定位。其基本的運作概念乃繫乎於民主參與，由下而上的行為模式（內政部社區發展雜誌社，2004：3）。這模式可謂直接參與決策，但基於參與者為政府委任，成效上受到政府的牽引較大。社會策劃可說是直接參與決策的有效途徑，梁祖彬將社會策劃解釋為未採取實際行動前所進行的計劃工作，把目前的情況與將來的理想連結起來，有如一張籃圖，帶領個人或組織向理想的方向邁進（甘炳光等，2005：171）。近年不少地區人士參與地區事務後，獲政府委任或市民投票支持進入政府決策局，直接參與決策工作，如香港民選立法會議員、澳門民選立法議員及臺灣民選立法議員。中國現在並未以民選方式產生議員，大多為委任制進入決策局。

梁祖彬認為，策劃不是一種直接與群眾工作的手法，基本上它是由上而下的改變及介入（周永新主編，1998：144），透過專家的知識、科學決策的能力及其權威，推動及策劃改變。策劃並不單是去解釋現狀及問題，而是需要指導及指引行動，所以策劃本身的意識形態影響其決定的取向甚巨（甘炳光等，2005：173）。策劃本身是有價值取向的活動，決策結果明顯地會使一些人獲益，另一些人要付出代價，所以它涉及的事項對居民民生較具影響，由基層居民參與直接決策時應具有受支持的群體中心理念，也因此各類不同理念群體進入決策局後，往往因各自利益，形成另一類的政治角力問題。

三、社會行動

社會行動是社會工作的一種方法，它有別於一般的社會運動（social movement），所謂社會運動是指市民針對政府某政策或問題不滿，以推翻現有政府為目的的群體行為。這目的明顯與社區組織工作目的不同。

　　社會行動對社會進展有一定影響力，它是對「當權者」或「既有利益者」作出公然挑戰 （楊森，1983：186）。社區工作的其中一個重要目標，是組織居民參與集體行動，合力解決社區問題，爭取所需資源，改善社區環境及生活素質。

　　由於要達致改善社區生活質素，居民透過意見表達往往未能令政府決策有所改變，很多時候需要採取較強烈的表達方式，影響決策，如召開記者招待會、遞信行動、示威請願等，向公眾表達問題及困境，引起社會關注，給有關當局施加壓力，要求做出適合行動者所期望的解決措施，這類方式可稱為社會行動。

　　社會行動與社區組織工作相似之處，兩者的關注點大多是民生和民權問題，強調市民透過組織和集體行動爭取居民合理權益（楊森，1983：180）。Karl Max的衝突理論指出，社會上有兩個主要陣營，壓迫者和受壓迫者。壓迫者擁有強大的權力和勢力，左右社會的發展方向；受壓迫者則是一般無權無勢之市民，尤其是低下階層市民，常會受到有權勢者壓廹。如資本家在社區進行投資時，會運用其特權及影響力，千方百計獲得最大利益，往往忽視低下階層的基本權益。因此，社區工作者應協助弱勢群體表達需求，將他們組織起來，向既得利益團體爭取資源，改變既有制度與政策，並透過行動讓居民瞭解社會公義（social justice）及居民應有的權利（Hardcastle, Powers, & Wenocur, 2004: 52），培養他們爭取權益及建立自助的理念，使社會資源得以較公平地分配。

　　社會行動並不是社會運動，兩者不同之處為社會行動沒有一套清晰的社會意識形態，亦沒有廣泛的動員；社會運動是希望帶來深遠和持久的社會影響，而社會行動只會為社會帶來有限的轉變，目的是為一小撮貧乏群體爭取利益，改善社會的不公平制度。楊森（1983：188-189）認為，社會行動是重視群眾權力、群眾組織和行動策略，楊森將社會行動定義為：「一種以市民權力為依歸，透過集體的行動和策略去爭取市民應有權益。」社會行動從這觀點出發,去保障及提高市民的權益,爭取市民權益和決定政策的權力。市民團結而成的組織是力量的泉源,而行動則是組織動力。透過集體行動和運用適當策略,是可以爭取到某種程度上之權力,去改善其生活質素。在行動過程中,強化互相溝通,群策群力,發揮解決困難之能力,將問題解決。

周永新(1998:143-144)指出,對於一些問題,居民並不能有效地透過自己的力量去加以改善,亦未能得到有關當局的關注,社會行動成為自發性,從下而上的群眾活動。溫和式的社會行動,用意是引起社會人士的注意及同情;激進式的社會行動,用意是使政府感到尷尬或蒙受損失。因此,社會行動本質並不是要推翻整個社會制度,或是改革整個政治、經濟及社會結構,也不是要進行社會革命,最終目的是希望透過行動改善居民生活質素。

社會行動是社區工作技巧之一,它必須與社區工作理念相配合,透過行動過程,提升參與者的社會意識,改變他們的無助感及解決問題的能力。在爭取程中,社區工作者與居民一起需不斷反省面對的問題,認識社會的不公平現象,明白自己應有的權益,並學習組織爭取行動的技巧。

並不是所有社會行動都需要採用對抗性(opposability)及非建制的途徑,在可能的情況下,應儘量運用非暴力性及社會接納的方法去進行。衝突的策略是希望廹使當權者展開對話,使爭取權益的群眾有機會透過談判,妥協爭取讓對方讓步。若對方願意展開對話及作出讓步,根本不需要運用對峙的策略。

近年社會運動份子常利用對抗性社會行動,組織市民以激烈及暴力方式表達意見,這方式在成效上較一般社區工作模式快,但是否達致社會工作的目的及被社會大多數人所認同值得深思。

■ 第三節　Jeffries的四分法

　　Ann Jeffries於1996提出了社區實踐四分法模式（**表3-2**），此模式包含了Batten與Rothman的觀念，以Batten（1967）的非直接法帶領居民參與社區問題，並運用直接法引導參與者以非暴力及合作方式爭取權益。Jeffrie的部分理論與Rothman相似，將社區計劃名為居民的能力提升階段，視為組織工作的第一階段；第二階段為促進相關人士與團體的合作關係；第三階段是以強調非暴力取向的社會行動；最後階段為社會競爭（Jeffries, 1996: 115）。

表3-2　Jeffries社區實踐四分法模式與應用

階段	理念	應用
居民能力提升 （capacity & awareness promotion）	1.強調居民參與 2.提升居民意識 3.能力有機會發揮	1.家訪 2.問卷調查 3.為居民成立組織 4.給予參與組織機會 5.培訓 6.鼓勵居民協助意見資料收集工作
合作關係 （partnership promotion）	1.強調合作機制 2.結合各方資源 3.促進參與者與相關人士建立合作關係	1.建立與居民組的合作伙伴理念 2.給予居民組自主性 3.邀請外界人士出席相關會議（座談會／討論會等）
非暴力直接行動 （nonviolent direct action）	1.用暴力解決問題往往使問題更加複雜 2.在和諧環境下持續改善 3.與社工理念結合	1.和平式對話會 2.簽名運動 3.遞信行動 4.和平式遊行請願
社會競爭 （social campaigns）	1.社區間不斷發展 2.人民生活質素需不斷改善 3.鼓勵社區間的正向成長	1.工作檢討及跟進 2.持續的監察工作

　　在第一階段Jeffries（1996）相信機會的給予有助居民能力的提升，這階段主要強調居民參與，讓居民對社區問題投入關注，促使居民的能力有

機會發揮,因此工作者應運用直接法的技巧。

社區組織工作主要是協助弱勢居民以合理表達方式改善生活質素,這類社區的居民在能力上、參與上及表述上一般來說會較被動,工作員在推動早期工作的階段,以主動取向的技巧運用較多,如採用Batten(1967)的直接法去帶領居民,以家訪、社區需求調查等方式瞭解居民情況。除此之外,必須主動組織居民成立各類的居民小組,提升居民對社區問題的認識及參與社區事務的機會,並給予居民工作小組成員適當的培訓,提升他們的能力及表述需求。

第二階段是為促進相關人士與團體合作關係的階段,利用合作機制讓弱勢群體結合資源爭取合理權益。由於在爭取合理權益過程中,一旦關係破裂將會使社區問題更加複雜,甚至可能對社會造成不必要的影響,因此工作員是否能使參與者與相關人士建立合作關係是非常重要。

建立合作關係必須相互間的理念相同才能真正發揮合作力量及互惠作用(Requena, 2003: 332),因此工作員必須強化參與者的合作觀念,接納社會上各類相近的資源,爭取支持與認同。社會上的組織與社會人士並不一定認同與支持居民的訴求,居民需透過各類活動,邀請相關人士表達意見,如座談會、論談等,瞭解他們的看法,也讓他們瞭解居民的實況,增加彼此認識及瞭解的機會。

由於關係的建立與認知反應息息相關,在這階段工作員的工作取向宜由早期的直接法轉為非直接法,給與居民自由自主決定合作伙伴,當中的主要合作伙伴(partnership)是工作員的所屬單位,因此工作員需具備指導及橋樑的角色(Putnam, 1995),在有需要時提供指導及協助。包括出席及記錄會議、聯絡及借用場地等。

第三階段,Jeffries(1996)強調在表達意見的過程應用非暴力直接行動,要改善社區問題,往往涉及各類利益關係,暴力解決問題往往使問題更加複雜,而與社會工作的精神背道而馳,Jeffries(1996)提倡的非暴力直接行動具實質性,並且與社會工作的助人精神相配合,讓社會在和諧環境下持續改善，這是社區工作的最大目標。

　　理性及非暴力行動可讓社會大眾認同與支持，同時可客觀地理解問題與他人的處境，包括政府相關部門的能力與困難。因此以和平方式相互尊重的對話會議可讓雙方明白相互的情境。大部分解決問題的方案是可以理性地進行，適當運用非暴力行動表達居民的意見是可取的，如簽名運動、遞信請願，甚至遊行請願等行動都可納入行動方案，但工作員推動這類行動方案時，應留意及重視暴力行為的出現，而如何防止暴力行為出現是工作的重點。

　　最後，第四階段是以社會改善的持續發展為觀點，社區不斷發展，因而形成相互的社會競爭，社會有競爭才有進步，人民生活質素才會不斷改善，所以推動者應以這觀念鼓勵社區間的正向成長（Hardcastle, David A., Patricia R. Powers, & Stanley Wenocur, 2004: 54），只要是良性的競爭、公平的競爭，社區便會健康發展。

　　組織工作不宜以個別性及短暫性作考慮，另外生活水平是否受到了相互比較的影響（Wheeler, Kenneth G., 2002: 613）也是需要考慮的，社會不斷改變，現在滿意並不表示日後滿意，因此應注意社區的持續競爭發展。這亦是Jeffries所強調的第四個階段。

　　Jeffries（1996）強調社區工作者在處理社區問題時，除了使用Batten（1967）的直接法外，還強調以非暴力取向解決社會問題。模式的運用無疑重要，但是更值得注意的是，如何權衡居民參與、居民自決，及機構的客觀性與中立性的問題？如何讓居民真正得到自由表達意見及所需？如何讓居民在參與過程中學習成長及自助的目的？這需要社區工作者自行反思。

■ 第四節　姚瀛志居民組織四階段

姚瀛志（2004）在《社區工作——實踐技巧、計劃與實例》一書提出了四個居民組織模式，認為社區組織項目（community organization project）需要考慮到與居民的參與，他提出了社區組織工作四個發展階段：(1)建構階段（relationship build-up phase）；(2)策動階段（organization phase）；(3)居民參與階段（participation and action phase）；(4)檢討、評估與跟進階段（evaluation and follow-up phase）。

一、建構階段

在建構階段，目的是與社區居民建立關係，它以收集居民對社區問題的意見及參與度等為主要工作，透過各類活動吸引區內居民對社區問題的關注，以靈活的活動安排，運用一次或多次的社區層面式活動，吸引居民參與社區事務。

建構階段包含了Jeffries的合作關係理念，這階段強調與居民建立專業的合作伙伴關係。如Farley等（2006）認為，社區工作或居民組織工作的基本要素是社會關係建立。Leaper（1971: 8）亦認為好的社會關係有助居民解決社區問題。

如何運用活動帶動居民參與社區組織工作是建構階段的主要部分，這階段的運作理念如圖3-1所示，各類相關的活動推展並不是一次便能引發居民對問題關注及願意投入居民組織工作，因此建構活動可能需要多次的推動，才能達至建構目的，所以活動施行可能會出現多次情況，形成循環現象，直接達到居民參與的目的，如圖3-1所示。

在這階段，如何以活動及倡導結合引發出居民對問題的關注是重要的技巧。在不同地區有不同方法，如在鄉郊區（sub-urban area）或農村地區（rural area），可透過一連串獎勵式活動開始，吸引居民參與，例如問

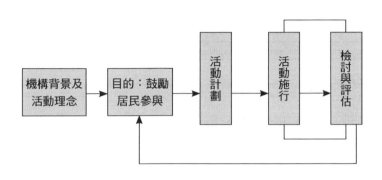

圖3-1　建構階段

資料來源：姚瀛志（2004：44）。

答遊戲、社區探索活動等，然後進行各類論談，引發居民對問題深入討論表達意見的興趣。

姚瀛志（2004：45）表示，透過建構期的活動推廣作用，可將來自區內各個不同的居民，結合在一起，引導居民共同關注地區事務，並成立地區居民關注組，進一步為社區服務，這時期可運用Batten（1967）的直接法觀念給與居民直接指引，如召開講解會，由工作員帶領會議。

在建構階段，工作員與居民的關係尚未建立，初期的計劃不宜層次太深。技巧是以一般興趣小組的形式，推行具有社區工作目的的活動，當居民有所認同及表達要提升小組影響力時，才是成立居民關注組的好時機。

工作員在建構階段除了要推展各類活動外，其工作重點以與居民建立關係為本，因為只有在關係建立後才有可能利用各種機會與居民交換意見，探索他們參與事務的動因及不參與的問題所在，以使日後的組織工作能順利推展。

二、策動階段

　　姚瀛志（2004：46）指出，策動階段是建基於已有居民關注組織的情況下開始的。它強調建立討論及分享的環境，並以探討區內問題為主題，期間透過計劃多次小組聚會，給與組員對問題作較深入的瞭解及討論居民所需（Leaper, 1971: 117），然後策動能提升組員能力的活動，鼓勵組員提出可行的、以改善社區居住環境的行動方案，策動階段明顯的是以解決問題及組織作導向，因此亦可稱之為組織階段。（圖3-2）

　　徐震（2005：10）認為，社會問題（social problem）的發展需經過三個階段：(1)孕育與揭發的過程；(2)廣播與爭議的過程；(3)決策與行動的過程。工作員亦可以這三個階段在區內醞釀對問題解決的氣氛。由揭發社區問題過程，讓居民參與機會，深入瞭解社區的問題為何會出現？其真實的問題所在是什麼？

　　其次為訂定共同目標的過程，此一過程強調公開將問題讓大眾居民得知，給予居民討論的機會，達致共同目的。這過程涉及公平性及合理性，工作員可在這階段引導居民學習及建立理性的規範，如避嫌制度，當

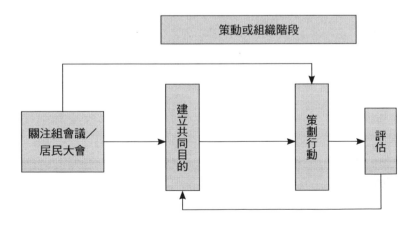

圖3-2　策動／組織階段

參與決策的居民遇決策議題與個人利益相關時，應在表決前表達其利益關係，並暫時離席或放棄表決權，由其它參與者作最後決定。

姚瀛志（2004：47）指出，策動計劃可分兩方面進行：一方面透過小組會議確定探討社區問題及小組的初級目標；另一方面，透過活動過程給與組員能力提升的培訓機會，如學習收集資料的方法、溝通技巧、主持會議技巧等。提升組員能力，為推動小組策動社區組織行動作好準備。這與Jeffries模式的第一階段目的相同，針對組員能力，設定活動內容，如提升能力之講座或訓練（Batten, 1967: 67）。例如第八章**案例二**中，工作員強化了組員與房屋局職員對話主題的重要性，使行動目的更明確。

策動期的方案可分兩大主要方向：一、由居民關注組開始策動；二、由居民大會開始策動。前者與社區工作的居民參與理念較配合，居民大會召開可由關注組負責，由居民經商議及決定行動方案，給予居民在過程中參與的機會。反之是以居民大會為開始的介入點，直接以特定主題吸引居民關注，然後組織居民成立關注組，這類介入策略較為簡易，但工作員與居民關係薄弱，較難掌握背後參與的動機。

三、居民參與階段

第三階段是社會行動取向的階段，藉由多次與居民討論及決定後，做出行動計劃。有居民參與的組織工作，可帶出居民力量，故在此階段係以動員居民的力量為主（Farley, Smith, & Boyle, 2006: 10），針對居民的回應，鼓勵及促使居民參與，為自己所需作決定（Batten, 1967: 11）。藉著擴大居民參與的力量，爭取合理權益是這一階段的主要理念。

姚瀛志（2004：49）強調，社會行動應以公平、合理及符合大多數居民利益的方案作為行動目標，所以組織及行動過程必須透過多種途徑，收集其他居民對有關問題的看法和要求，如舉辦居民大會、社區意見問卷調查等，才可決定行動方案。不少社區問題沒法解決，是因為居民對解決問題的要求有錯誤瞭解及期望過高，以致因有關部門權力所限，與居民無法達成協議或解決方法，引致問題更加嚴重，如澳門倫敦街輕軌事件。澳門政府在興建輕軌路線計劃時，原先的方案是在新口岸部分行經觀音像，也就是說是在社區外圍興建，但後期的方案則建議輕軌路線行經倫敦街，導致該區居民非常不滿，引發當地居民的抗爭行動；另外尚有香港高鐵事件的例子，本例係香港政府需要發展高速鐵路，因工程需收地興建，產生了賠償及安置問題，引發受影響的菜園村居民不滿，多次在香港立法會抗議。這類社會行動，對社會造成某種程度的影響。故工作員在協助居民時，需瞭解有關部門的能力及又有哪些部門能處理該問題，這樣對解決社區問題才有助益。所以在計劃社會行動時，工作員必須清楚瞭解有關政府部門的工作範圍、執行能力、在事件中誰有權力作決定解決問題等；亦需同時瞭解問題能否進行協調，誰可作為協調者，是單一還是涉及多個部門及人士，又有哪個政府部門能促使它們進行協調等，這些問題都必須涵蓋在內。

倘若居民組織決定採用激烈的行動方案，工作員必須注意激進的社區組織行動，及所有可能發展成參與者以過份強烈的行為表達訴求，導致偏離原有行動計劃，如在遊行、示威請願行動中出現自殘行為、暴力衝突行為、個別人士不依主辦單位原有遊行路線安排等等情況；所以考慮行動時，工作員亦需考慮激烈行動對居民及社會的影響。當這些不理性行為發生時，工作員及組員能否控制及處理，均值得工作員作深入考慮（姚瀛志，2004：50）。因此，在決定採取激烈組織行動時，應先引導居民考慮Jeffries（1996）非暴力方法解決問題的觀念。

在圖3-3的模式中顯示，居民參與階段是建基於已吸納一群社區居民，並已建立共同目標（common goal），進行研究行動方案。並針對行動方案進行檢討及跟進工作。過程中工作員涉及如何與居民達成共識及行動一致性。

為取得行動目的的共識，工作員可透過在區內進行各類相關活動收

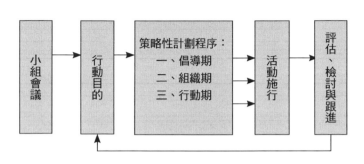

圖3-3　社區組織活動設計

資料來源：姚瀛志（2004：51）。

集居民意見，如社區需求問卷調查、居民大會、居民座談會、居民分享會等，促使居民交流意見，達致共識。在行動一致性方面，工作員應注意實質性與理論性的問題，當居民決定社會行動後，在心理上會期望更多的居民參與其中，因此有可能在不知不覺間吸納一些對社區問題不清晰或未符合資格的人士參與行為，導致部分人士對行動目標不一致，使用以個人目的取向的爭取行動；甚至某些參與者以激進的表達方式爭取所需，與原有的目標相違背，因而破壞工作員與居民的合作關係。

工作員於推展社會行動階段時，宜強化維繫居民間的關係，團結居民力量，特別是核心成員的共識感及團隊感，在行動期內可望能抑制個別人士的激烈行為，讓表達行動依計劃進行。

行動後，檢討及跟進工作是必須的，內容包括評估組織行動策略是否恰當、行動過程是否順利、過程中有哪些問題出現、哪些問題並未列入考慮的情況、居民是否接納有關行動的回應、日後監督及跟進工作如何安排等（姚瀛志，2004：50），均是工作員在評估、檢討及跟進階段的主要工作。

四、檢討、評估與跟進階段

社會不斷發展與改變，社區問題亦不斷出現，要長久改善居民生活質素，就要教育居民建立持續的觀念，因此社區組織的檢討工作非常重要，每一個環節都會影響爭取的結果，失敗後亦可經過檢討，修改行動方法及策略（張兆球等，2006：53），作為日後工作的借鏡，將成功與失敗作為經驗所得，反省工作情況，使工作不斷有所進步。

姚瀛志（2004：51）的居民組織工作第四階段為檢討、評估與跟進階段。檢討可分為個別性及整體性。個別性檢討是指組織工作由初始階段的每一個環節，均進行檢討，讓組織者及參與者掌握每個環節的特性，從而進行反省，具教育功能；這方法一般是在各項活動後進行檢討，缺點是所花時間較多及吸引性較弱，參與者未必有興趣參與各環節的檢討工作，因此個別性檢討在組織工作較難運作。由於居民組織工作較受活動結果所影響，參與者也較重視整體結果，故本文主要介紹整體性檢討及評估的方向。

整體檢討主要是針對問題探索是否明確？醞釀或推展工作是否恰當？行動時是否與計劃相配合？目的是否達致？行動後有哪些事情可作跟進等等為整體檢討的重點工作內容。根據這類問題，工作員應在檢討工作中引導居民參與討論。姚瀛志（2004：52）認為整體性檢討應注意：

1.問題探索：社區問題的出現及解決方法可能涉及多個情況，哪些問題出現偏差，在收集資料時出現錯誤的情況，影響行動計劃制訂及行動成效，工作員需在檢討時分析。

2.醞釀或推展工作：不少社區行動要依賴居民參與，醞釀工作直接影響居民參與情況，在推展行動過程中若出現嚴重錯誤或偏差，會導致決定爭取目的時做出錯誤判斷，直接影響行動理據。

3.行動是否配合預先計劃：行動的基礎建基於居民需求及能力，若行動過程中未能配合計劃安排，可能出現與預期目標不符的結果，而影響後續的安排。

4.目的達致：行動結果是否與目標一致，行動的結果居民能否接納，
　是否需要作另一波行動等。

　　部分問題會因政府部門的行政規則，導致未能即時解決，故工作員
有需要為居民建立對問題跟進的行動方案。跟進工作（follow up）主要是
監察政府部門的承諾事項是否有進行。跟進目的是希望有關人士或部門真
正解決社區問題，改善生活質素。也許某些社區問題不能在行動後便即時
改善，某些工作需要時間安排，因此社區行動在後階段需設立監督或跟進
小組，跟進有關部門是否履行承諾。

　　跟進工作可分正式與非正式進行，正式的跟進行動是成立監察行
動小組，定期召開會議討論改善工作進展情況，並與有關部門作相關回
應。正式的跟進工作較具監察作用，可迫使有關部門依承諾辦事。

　　某些社區改善行動會造成居民分化的情況，如居住遷移安排，導致
居民組成員數量減少；情況改善後組員的參與動力減退；組員的生活情況
轉變等均會影響參與工作的人數，此時可採取非正式監察方法進行跟進工
作；所謂非正式跟進行動，乃在非特定時間由居民成員跟進行動工作進
展。在這階段工作員應持續保持與居民接觸，並建立一套合適的紀錄系
統，記載各類相關的事項，如報章的報導、實質的改善工程等，以便日後
如有需要再次推動組織相關工作。

結語

　　社區組織理念強調改善居民生活質素，行動方式直接影響社區以至
整個社會，非暴力及理性的行動是首選，因為任何非理性及暴力的要求
與行為會造成更多社會問題，也使社會成本增加、社會和諧風氣被破壞
等，與社區工作是為建造和諧社區的根本理念相違背。

不論Jeffries、Rothman及姚瀛志的組織模式，主要都是提倡引導居民以和平理性的方式爭取權益。不同學者所提出的不同組織工作模式或理念主要是提供組織工作時的參考指引，組織工作者宜依服務區域的特性考慮運用哪種模式。

參考書目

一、中文部分

王思斌（2004）。《社會工作導論》。北京：北京大學出版社出版。

內政部社區發展雜誌社（2004）。〈社區發展與社區營造之植基土地與關照人民的省思〉，《社區發展季刊》。臺北：內政部社區發展雜誌社，第107期，頁1-4。

甘炳光、梁祖彬、陳麗雲、林香生、胡文龍、馮國堅、黃文泰（1998；2005）。《社區工作理論與實踐》。香港：中文大學出版社。

余泰魁、黃識銘（2005）。〈供應商銷售人員工作滿意量表之建構〉，《人力資源管理學報》。臺北：中華民國人力資源發展學會，第5卷第3期，頁49-74。

吳孟玲、林月雲（2002）。〈主管管理才能對員工滿意度之影響——以某非營利機構為例〉，《輔仁管理評論》。新北市：輔仁大學管理學院，第9卷第2期，頁35-58。

李英明（2002）。《社會衝突論》。臺北：揚智文化出版。

周永新主編（1998）。《社會工作學新論》。香港：商務印書館。

林春只、曾月明（2005）。〈照顧服務員工作滿意度及其相關因素之探討〉，《長期照護雜誌》。臺北：中華民國長期照護專業協會，第9卷第4期，頁349-360。

姚瀛志（2004）。《社區工作——實踐技巧、計劃與實例》。香港：益信國際出版。

姚瀛志，收錄於張振成、許臨高、蘇景輝、羅秀華主編（2006）。〈澳門社區工作——同學實踐之轉變〉，《華人社會社區工作的知識與實務》。臺北：松慧文化公司出版，頁37-51。

徐震、李明政、莊秀美、許雅惠（2005）。《社會問題》。臺北：學富文化事業有限公司。

徐震（2004）。〈臺灣社區發展與社區營造的異同——論社區工作中微視與鉅視面的兩條路線〉，《社區發展季刊》。臺北：內政部社區發展雜誌社，第107期，頁22-31。

張兆球、蘇國安、陳錦漢（2006）。《活動程序——計劃、執行和評鑑》。香港：香港城市大學出版。

梁祖彬，收錄於甘炳光編（1998）。〈社區工作的歷史源流及發展〉，《社區工作理論與實踐》。香港：中文大學出版社。

許傳盛（2004）。〈從社區總體營造的觀點談我國社區工作之願景——以彰化縣為例〉，《社區發展季刊》。臺北：內政部社區發展雜誌社，第107期，頁213-224。

莫邦豪（1994）。《社區工作原理和實踐》。香港：集賢社。

陳正男、曾倫崇（2001）。〈顧客就醫行為、工作人員滿意度與醫院行銷之研究〉，《中華管理評論國際學報》。香港：香港公開大學李兆基商業管理學院，第4期第1卷，頁67-82。

惠調豔（2006）。〈組織分配制度對工作滿意度與績效相關性影響實證研究〉，《商業經濟與管理》。浙江：浙江工商大學商業經濟與管理編輯部，第174卷第4期，頁32-36。

曾華源（2004）。〈衝突或和諧優先：都市社區總體營造規劃之省思〉，《社區發展季刊》。臺北：內政部社區發展雜誌社，第107期，頁64-77。

黃源協（2004）。〈社區工作何去何從：社區發展？社區營造？〉，《社區發展季刊》。臺北：內政部社區發展雜誌社，第107期，頁78-87。

楊森（1983）。《社會政策與社會運動》。香港：廣角鏡出版社。

管郁君、林淑瓊（2004）。〈高科技產業投資成立研發中心與組織績效之關係——以資源基礎理論觀點探討〉，《中華管理評論國際學報》。香港：香港公開大學李兆基商業管理學院，第7卷第3期，頁1-21。

蔡坤宏（1999）。〈工作滿足與離職意圖關係之回顧：Meta分析〉，《輔仁管理評論》。新北市：輔仁大學管理學院，第6卷第1期，頁21-36。

藍采風、廖榮利著（1998）。《組織行為學》。臺北：三民書局，再版。

羅家德、朱慶忠（2004）。〈人際網絡結構因素對工作滿足之影響〉，《中山管理評論》。高雄：中山大學管理學院，第12卷第4期，頁795-823。

蘇景輝（2003）。《社區工作——理論與實務》。臺北：巨流圖書有限公司出版。

二、外文部分

Abdalla, Ikhlas A. (1995). "Arab business administration students: Attributes and career decision making self-efficacy expectations", *The International Journal of Career*

Management, 7(6): 27-35.

Adams, J. S. (1963). "Toward an understanding of inequity", *Journal of Abnormal and Social Psychology, 67*: 422-436.

Allport, Gordon W. (1947). "The genius of Kurt Lewin", Read at the Kurt Lewin memorial meeting, *American Psychological Association*, September, 1947.

Aranda, Maria P. (2008). "Relationship between religious involvement and psychological well-being: A social justice perspective", *Health of Social Work, 33(1)*: 9-21.

Ashford, José B., Craig Winston LeCroy, & Kathy L. Lortie (2000). *Human Behavior in the Social Environment: A Multidimensional Perspective*, Thomson Learning.

Bandura, A. (1977). *Social Learning Theory*, General Learning Press.

Batten, T. R. (1967). *The Non-Directive Approach in Group and Community Work*, London: Oxford University Press.

Betts, L. R., and Ken J. Rotenberg (2008). "A social relations analysis of children's trust in their peers across the early years of school", *Social Development, 17(4)*: 1039-1055.

Blau, P. M. (1964). *Exchange and Power in Social Life*, New York: John Wiley & Sons.

Burt, Ronald S. (2004). "Structural holes and good ideas", *American Journal of Sociology, 110(2)*: 349-399.

Campo, R. A., B. N. Uchino, A. Vaughn, M R, T. W. Smith & J. Holt-Lunstad (2009). "The assessment of positivity and negativity in social network: The reliability and validity of the social relationships index", *Journal of Community Psychology, 37(4)*: 471-486 .

Cary, Lee J. (1975). *Community Development as a Process*, University of Missouri Press.

Chak, Amy (2002). "Understanding children's curiosity and exploration through the lenses of Lewin's field theory: On deveoping an appraisal framework", *Early Child Development and Care, 172(1)*: 77-87.

Coleman, J. S. (1990). *Foundations of Social Theory*, Cambridge: Harvard University Press.

Compo, Rebecca A., Berr N. Ychino, Allison Vaughn, Maija Reblin, Timothy W. Smith, & Julianne Holt-Lunstad (2009). "The assessment of positivity and negativity in social networks: The reliability and validity of the social relationships index", *Journal of Community Psychology, 37(4)*: 471-486.

Conway, Tony, & Stephen Willcocks (1997). "The role of expectations in the perception of health care quality: Developing a conceptual model", *International Journal of Health Care Quality Assurance, 10(3)*: 131-140.

Cook, K. S., & J. M. Whitmeyer (1992). "Two approaches to social structure: Exchange theory and network analysis", *Annual Review of Sociology, 18*: 109-127.

Corley, Aileen, & Ann Thorne (2006). "Action learning: Avoiding conflict or enabling action", *Action Learning: Research and Practice, 3(1)*: 31-44.

Daly, Desmond, & Brian H. Kleiner (1995). "How to motivate problem employees", *Work Study, 44(2)*: 5-7.

Farley, O. William, Larry L. Smith, & Scott W. Boyle (2006). *Introduction to Social Work*, Boston: Pearson Education.

Gerald, L. B., C. A. Martha, & R. H. Moorman (2005). "The moderating effects of equity sensitivity on the relationship between organizational justice and organizational citizenship behaviors", *Journal of Business and Psychology, 20(2)*: 259-273.

Goodwin, Glenn A., & Joseph A. Scimecca (2006). *Classical Sociological Theory: Rediscovering the Promise of Sociology*, USA: Thomson Wadsworth.

Hardcastle, David A., Patricia R. Powers, & Stanley Wenocur (2004). *Community Practice- Theories and Skills for Social Workers*, NY: Oxford University Press.

Henderson, Paul, & David N. Thomas (2005). *Skills in Neighbourhood Work* (3rd ed.), Routledge, Taylor & Francis Books Ltd.

Hintermair, Manfred (2009). "The social network map as as instrument for identifying social relations in deaf research and practice", *American Annals of the Deaf, 154(3)*: 300-310.

Hitt, M. A., H.-U. Lee, et al. (2002). "The importance of social capital to the management of multinational enterprises: relational networks among asian andwestern firms", *Asia Pacific Journal of Management, 19*: 353-372.

Homans, G. C., (1958). "Social behavior as exchange", *The American Journal of Sociology,* pp. 597-606.

Huntoon, L. (2001). "Government use of nonprofit organizations to build social capital", *Journal of Socio-Economics, 30(2)*: 157.

Jayaratne S., & Chess W. A. (1984). "Job satisfaction, burnout, and turnover: a national study", *Social Work*, September-October, 448-453.

Jeffries, Ann (1996). "Modelling community work: An analytic framework for practice", *Journal of Community Practice, 3(3/4)*:101-125.

Kadushin, G., and R. Kulys (1995). "Job satisfaction among social work discharge planners", *Health and Social Work, 20(3)*: 174-186.

Knapp, Peter (2003). "Hegel's Universal in Marx, Durkeim and Weber: The role of hegelian ideas in the origin of sociology", *Sociological Forum, 1(4)*: 586-609.

Korte, Russell F. (2007). "The socialization of newcomers into organizations: Integrating learning and social exchange processes", Academy of Human Resource Development, Indianapolis, IN.

Kramer, Michael W. (2005). "Communication and social exchange processes in community theater groups," *Journal of Applied Communication Research, 33(2)*: 159-182.

Lawson, Tony, & Joan Garrod (2000). *The complete A-Z Sociology Handbook*, London: Hodder & Stoughton Educational.

Leaper, R.A.B. (1971). *Community Work*, London: The National Council of Social Service.

Lee, Seongsin (2007). "Vroom's expectancy theory and the public library customer motivation model", *Library Review, 56(9)*: 788-796.

Lee, So Young (2006). "Expectations of employees toward the workplace and environmental satisfaction", *Facilities, 24(9/10)*: 343-353.

Marriott, A., L. Sexton, and D. Staley (1994). "Components of job satisfaction in psychiatric social workers," *Health & Social Work, 19(3)*: 199-205.

Miliband, Ralph (1977). *Marxism and Politics*, Oxford.

Molm, Linda D., Jessica Collett, & David Schaefer (2006). "Conflict and fairness in social exchange", *Social Forces, 84(4)*: 2331-2352.

Mondal, A. H. (2000). "Social capital formation: the eole of ngo rural development programs in Bangladesh", *Policy Sciences, 33*: 459-475.

Passey, A., & M. Lyons (2006). "Nonprofits and social capital: measurement through organizational surveys", *Nonprofit Management & Leadership, 16*: 481-495.

Payne, Malcolm (2005). *The Origins of Social Work- Continuity and Change*, N.Y.: Palgrave MacMillan.

Portes, Alejandro (1998). "Social capital: its origins and applications in modern sociology", *Annual Review of Sociology, 24(1)*: 1.

Putnam, R. D. (1995). "Bowling alone: America's declining social capital", *Current, 373*: 3.

Requena, F. (2003). "Social capital, satisfaction and quality of life in the workplace", *Social Indicators Research, 61*: 331-360.

Rothman, J. (1968). "Three models of community organization practice" in *Social Work Practice 1968*, New York: Columbia University Press.

Rotter, J. B. (1945). *Social Learning and Clinical Psychology*, Prentice-Hall.

Schneider, G., T. Plümper, et al. (2000). "Bringing Putnam to the European regions on the relevance of social capital for economic growth", *European Urban and Regional Studies, 7(4)*: 307-317.

Ted, H. S. (2004). "Equity sensitivity theory: Do we all want more than we deserve?" *Journal of Managerial Psychology, 19(7)*: 722-728.

Turner, Jonathan H. (1990). "Emile Durkheim's theory of social organization," *Social Forces, 68(4)*: 1089-1103.

Turner, Val D., & Elisha A. Chambers (2006). "The social mediation of a moral dilemma: Appropriating the moral tools of others", *Journal of Moral Education, 35(3)*: 353–368.

Vroom, V. H. (1964). *Work and Motivation*, New York: John Wiley & Sons.

Wheeler, Kenneth G. (2002). "Cultural values in relation to equity sensitivity within and across cultures", *Journal of Managerial Psychology, 17(7)*: 612-627.

Wong, Joe, Eddie Hui (2006). "Research notes – power of expectations", *Property Management, 24(5)*: 496-506.

Wong, Wan-Chi (2001). "Co-Constructing the personal space-time totality: Listening to the dialogue of Vygotsky, Lewin, Bronfenbrenner, and Stern", *Journal for the Theory of Social Behaviour 31(4)*: 365-381.

Yamaguchi, Ikushi (2003). "The relationships among individual differences, needs and equity sensitivity", *Journal of Managerial Psychology, 18(4)*: 324-344.

三、網路部分

The World Bank（2006）。http://web.worldbank.org，檢索日期：2006年7月11日。

網絡社會學通訊期刊（2006）。南華大學應用社會學系，http://www.nhu.edu.tw/，第52期，檢索日期：2010年2月10日。

第四章

社區工作的歷史源流及發展

前言

　　社區工作的發展與社會問題的出現是相互關連的，在社會發展的過程中，因產生不協調現象，導致民生出現問題，需要外界協助。社會問題在世界各國的發展進程中均有出現，各國根據不同國情、經濟能力、文化、宗教等方式處理這些問題，若以各國的歷史來討論社區工作源流，較難評論哪一個國家是推行社區工作的先驅，源頭亦難以界定。Payne（2005a: 14）曾嘗試從不同地區，如歐洲區、美洲區、亞洲區等討論社區工作發展的起源，但亦只能從英國及美國等地作較明顯追尋與社會工作相似的社區發展史。從他的探索能明確看到，社區工作的發展大多因社會經歷重大變遷，導致民生上出現各種問題，弱勢的百姓需要不同層面的協助，如歐洲的工業革命、美國的南北戰爭、中國的新政府成立等均影響社會民生的轉變，這類變化使人民需要各種不同協助，在這環境下，有助社區工作的發展。

　　社區工作被確認是社會工作其中一種專業助人技巧的觀點，由追溯社區發展可知道是源自歐美等地。社區工作的理念與宗教及中國的社會倫理概念十分相近，正如絕大部分的宗教教義及中國的道德觀念中，均倡導救貧扶弱，倫理互助。而許多早期推展類似社會工作的社團都有著宗教團體背景或街坊互助社的影子，如香港明愛、澳門各街坊會等。早期的歐洲社會，社區被共同的宗教信仰和封建的社會關係聯結在一起（Ashford, LeCroy, & Lortie, 2001: 151）。它的工作模式也影響中國的社區救助方式，如澳門早年的仁慈堂是由天主教會創立（王巧瓏，1999：91），以宗教信仰作動力，為貧民提供援助。因此若要探究社區工作發展的起源，可從歐美的教會救助歷史開始。

▊ 第一節　社區工作歷史源流與發展

　　社區發展的源起可追溯至羅馬帝國公元前五百年的大遷移運動，歐洲的工業革命，以及西歐基督社會（Western European Christian societies）（Payne, 2005b: 14）。

一、濟貧法對社區工作的影響

　　由於教會的資源豐富，歐洲國家早期的貧民救濟工作多由教會介入，稱之為「教區救濟」（parish relief）（徐震，2004：22）。法國工業革命，城鄉發展的轉變，導致農業經濟競爭力較工業發展差，工業發展產生大量工作需求，農民紛紛向都市移居，在未找到工作時，形成大量的貧困問題，原有城市失業的勞工，加上湧入的農工，城市失業率大增，造成各種社區問題，如貧民窟的出現、醫療失衡、小孩失學問題等。另外，基於當時的政府受商人所控制，1351年所制訂的勞工法（Statute of Labourers）限制工人工資（Payne, 2005b: 21），這制度帶來了不少社會問題，貧困人士漸增，工人就業機會減少，造成整個國家的周邊地區內更多貧窮問題。英國的工業革命發生後，於1388年制訂了濟貧法（Poor Law Act 1388）保障原居民財產。可惜法案並未為貧民帶來實質協助，而城鎮的貧民問題亦未能得到解決，社會問題持續出現，並影響至全國。1601年英國修定「濟貧法案」（Poor Law Act 1601）明確訂定一套政府救助貧民的系統，這是直接為貧民救助工作制度的開始。1601年的濟貧法對社會福利救助發展，明顯產生巨大的影響（Payne, 2005b: 31-34），此時社會福利工作於早期由家族自行負責，至教會慈善團體參與到由政府作政策規劃。這法案帶出了地域分區的明確觀念，以每一教區為一個社區，每一教區向政府繳稅舉辦社會救濟活動；貧民救濟由地方分區辦理，每一教區設立各級監察員，監督社會救濟事務；凡有工作能力的貧民必須參加工作，以工作換取救助，強制貧民加入勞動行列，否則以監禁處罰（Payne, 2005b: 21）；減少及防止行乞行為（begging behavior），同時因應當時大量乞丐的出現，設立收容院為無家可歸的婦孺提供住所。這種明確規範各地區為貧民提供各種協助或監察的制度，被現今學者認同「濟貧法」為社區工作的源起（王思斌主編，2004；徐震，2004；Payne, 2005b; Farley, Smith, & Boyle, 2006）。

「濟貧法」一百多年以後於1834年進行了少量的修訂（Farley, Smith, & Boyle, 2006: 20; Payne, 2005b: 25），新法令對貧民救助更具系統化，其後有關法案經過了多次修改，如1909年的改革法案（the Reform of the Poor Laws 1909）（Payne, 2005b: 25）。法案使地區教會對社會福利救助有明確指引，教會救濟服務方法經過時間的發展，漸建立起一套模式，形成早期社會工作中社區發展的基本元素及服務理念。

二、「慈善事業會社」創造社會工作環境

英國的工業革命，令都市發展迅速，原有的社會制度發生巨大改變，由於農村與都市制度的差異，造成往市鎮工作的農工對制度的不適應，產生各類社會問題。而這些問題趨向更特殊及更複雜的情況，已不能單靠政府稅收及教會救助可以解決及滿足所需，在這種環境下，政府的行政效率對社區問題的反應失去效力，社會需要更具靈活性及資源豐富的組織，進行協調及解決問題，這種需要促成了非政府的社區自願服務組織的產生，1870年倫敦「慈善事業會社」（Charity Organization Society）成立，針對貧苦家庭推出「友誼訪問方式」（Friendly visiting method），對有需要人士進行深入瞭解，然後提供協助。這類以探訪方式瞭解服務對象的需要是社區工作方法的起源。這方法對政府而言並不需要大量金錢處理貧民問題，又可減少政府與民間的衝突。社會福利從政府為貧民

提供救助的理念系統漸推展至由慈善組織提供服務，並發展成慈善組織運動（charity organization movement），其後這項運動席捲全美（Payne, 2005b: 38）。並將原有的社區分區的模式帶進了各式各樣的救助運動，造就了社區工作環境。

　　1884年是社會工作及社區工作的發展里程碑，倫敦東區猶太教牧師Canon Samuel Barnett（巴力）與牛津大學講師Arnold Toynbee（湯恩比）率同教友及大學學生在貧民區（poor dockland area），組織及教育居民爭取環境改善及改變窮人文化。此種改善貧民生活之方式，被稱之為「社區睦鄰組織運動」（Social Settlement Movement）（Payne, 2005b: 38；徐震2004：22-23），這類用非個案及小組形式，以社區為中心，服務貧民的方法，讓當事人直接激發其動力，透過社區的特有資源，協助服務對象解決問題，達致助人自助作用，對近代社區工作方法技巧及策略具有極大的影響。

　　受英國的湯恩比館所影響，美國芝加哥大學的Jane Addams在1889年於芝加哥內成立Hull House（赫爾館），她視教育乃民主的基本，為當地社區的貧民提供教育服務，在區內為居民提供協助，發揚了英國的睦鄰運動。睦鄰運動的特點是，以社區為本，在區內深入參與社區生活，與區內貧窮人士一起，發掘貧窮人士的自助能力，並運用各種社會資源為居民提供服務。Addams的服務精神，使她於1931年獲得諾貝爾和平獎（Smith, M. K. 2004）。這類以社區為本的服務中心，於1886及1892在美國各地迅速發展（Payne, 2005b: 38；徐震，2004：22-23；Farley, Smith, & Boyle, 2006: 22）。他們的工作方法開創了社會工作新的一頁，為社會工作建立社區工作技巧基本法則。

三、社區工作方法被確認

　　美國南北戰爭（The American Civil War, 1861-1865）導致人民出現各

類的傷亡，亦造成不少家庭、兒童等的醫療需求，當時的醫院未能為有需要的人士提供全面住院服務、提供有效的照顧，醫務社工隨之興起，為配合醫務社會工作的需要，工作員嘗試以院外照顧、社區照顧等社區工作的方式為病人提供服務，大大減輕醫院工作的壓力，這也驅使社區工作的進展。1914年社會工作正式破確認（Payne, 2005b: 39），1920年美國社會工作人員協會成立（American Association of Social Workers）（Payne, 2005b: 188），該協會積極推展社會工作專業的理念及發展專業助人技巧，使專業社會工作進入新的里程碑。這期間不少社會工作專業團體紛紛成立，如The British Federation of Social Workers於1935成立；Association of Psychiatric Social Workers於1930年成立。同時為社會工作的技巧做出了明確的定義及道德要求（Payne, 2005a: 188-201）。美國在1950年期間，各地的社會工作人員組織成立了全美國社會工作人員協會（National Association of Social Workers）。到了1939年Robert P. Lane（蘭尼）於全國社會工作會議中提出報告，通過將「社區組織」列為社會工作的三大方法之一（徐震，2004：23）。自此社會工作者在社區運用社區工作技巧成為社會工作方法的一種主流。

世界銀行（The World Bank）與世界貨幣基金（The International Monetary Fund）於1944年成立，為社會福利制定了目標（Payne, 2005b: 50）。聯合國（United Nation）於1948年成立，以維護世界和平及協助二次大戰後世界經濟復興為目標，為世界各地推展助貧政策及推展救助行動。這些政策對社區工作創造了有利的發展環境，實施社區工作技巧，讓社區工作持續發展，帶出了社區工作另一層次新思維。社區工作不單只在社區內以中心服務為本，還開始考慮組織技巧，為社區內進行建設工作。1951年，聯合國經濟社會理事會（U.N. Economic and Social Council）通過議案，企圖運用社區組織工作中的社區福利中心（Community Welfare Center）作為推動全球經濟社會建設的基本途徑，並要求聯合國秘書長對此一中心目標及工作方式作調查，然後定案。經調查結果，認為推動全面性的地區建設，必須由政府機構與民間團體通力合作。於是聯合國經濟社會理事會擴大前議題，加入許多國家在民間的教育、農業推廣及鄉村建設之經驗，另以「社區發展」一詞，作為此工作方式之命名（徐震，2004：23）。

1952年，聯合國成立「社區組織與發展」小組（U.N. Unit on Community Organization and Development in Secretariat），1954年改為「聯合國社會事務局社區發展組」（Section of Community Development, U.N. Bureau of Social Affairs）。設立社區工作專責部門，全力在亞洲、非洲、中東及南美等非發展或發展中國家或鄉村，及經濟落後區推動社會改造運動。1955年，聯合國出版《社會進步經由社區發展》（*Social Progress Through Community Development*）一書，為社區發展理論，奠定基礎。並編印《社區發展與有關服務》（*Community Development and Related Services*）、《都市地區中的社區發展與社會福利》（*Community Development and Social Welfare in Urban Areas*）及《社區發展與國家發展》（*Community Development and National Development*）等書，至此，一種世界性的社區工作方式，得以形成（徐震，2004：23）。並推動世界不同地區的專業教育投入以社區工作方法為社會工作專業訓練之趨勢。

60年代美國在「反貧窮戰爭」的浪潮下，政府實施社區行動計劃，希望可以改善對貧窮人士的福利服務，可讓這些居民有參與決定政策的機會。但由於目標過大，推展上政府受到不少批評，因而停止了有關計劃。為配合社區工作在60年代的急劇發展，1962年，社區工作在美國被正式接納為社工專業的第三種基本方法。在這個時期，社會工作界出版了不少有關社區工作的書籍，對理論發展有很大貢獻，使社區工作亦與社會策劃結合成一種新的方法。

1968年，英國的高漢本基金（Gulbenkian Foundation）進行研究所提出的報告，給予了社區工作明確的定義。報告提出鼓勵居民參與地區事務的重要性，而社區工作亦被視為一種可以補充福利國家制度不足的地方工作（梁祖彬，1998：65）。這類以社區為本的服務形式，被世界各地的社工專業服務所接納，並要求社會工作課程，必須包含這一專業技巧。

第二節　中國社區工作發展

中國的社區工作發展史可追溯自因社會改變所造成的各類民生問題。若從歷史角度看中國的社區工作發展，只能以服務性質與政策的基本理念作查證。

一、中國助人服務

中國的社會福利思想與實踐可追溯至孔子大同篇所闡述的思維，如《禮記禮運·大同篇》謂：「大道之行也，天下為公」（王思斌主編，2004：44），但這種說法與現行社區工作理念仍有較大的差異，孔子的大同思維只能稱作一種政策，難以稱之為一種助人技巧。

中國的義倉、社倉制及鄉約制度，實質是一種保障人民在困境中得到協助的方案。如隋文帝設義倉，把政府徵糧或由富戶義捐的糧食儲存到倉庫裡，由官府派人管理，荒年或青黃不接時，出倉以賑濟難民。此外還有社倉，社倉是由人民自行組織或由政府推動人民自行辦理的類似一種農貸合作組織的救濟設施，由各地人民捐集糧食或由政府貸給糧食，在各鄉設倉儲存，遇凶年或青黃不接時用以救濟鄰里貧戶，倉務的管理由社倉參加人或設立者推選管理人員自行負責（王思斌主編，2004：47）。這類以救民為本的政策，尚未明確涉及各類的居民需要，為居民解決問題，但這制度已明確道出福利的觀念。

以社區為本的救助制度，可推中國早年的「鄉約制度」，它是中國古代社區組織的創舉。此制度始自於北宋「呂氏鄉約」為藍田（故又稱藍田鄉約）呂大鈞及其兄弟、鄰里親友所發起。所謂「鄉約」即住在鄰近地區的人，共同遵守的規約。後經南宋朱熹加以增減，推行全國（王思斌主編，2004：47-48）。雖然中國歷史上出現與社會福利相似的制度與政策，但當時社會工作觀念並不明確。而社會工作的誕生，大多學者均認同是在西方發起（王思斌主編，2004：1）。鄉約制度的觀念和執行技巧與現行的社區工作存在一定差異。雖然如此，中國的社會福利發展在明代較趨於有組織及有系統。

明代楊東明於1590年在河南虞城創立的同善會是一非宗教性質的民間組織，用來推動慈善濟世工作，同善會因應不同的災難成立不同的名稱，協助有需要的人士，如廣仁會、育嬰社、藥局等不同的善會（冼玉儀、劉潤和，2006：4）。這類組織與早年在歐洲及美洲由志願人士所組織的福利團體相似（蘇景輝，2003；甘炳光，1998）。它們的運作模式均是由民間人士組成的救助團體，為其所屬地區裡有需要的人士提供協助（Payne, 2005a; Farley, Smith, & Boyle, 2003），這可謂社會工作的先驅。

明清時期的保甲制與現代社區工作的觀念也很相似，保甲制以每里一百一十戶，設里長十人，它負責維持鄉里的社會秩序和保安管理（冼玉儀、劉潤和，2006：5）。這模式讓居民在所屬區內的人士獲得安全的保障及互助的支援制度，比現行社區制度更明顯。

二、中國的社區工作發展

從20世紀30年代起「社區」的概念被社會學家引入中國（關信平，2006：104），這時代主要有晏陽初領導的華北平民教育運動，被視為中國社區工作的發端，這亦是中國的社區社會工作的源起（王思斌，2006：3）。晏陽初、漱溟等人的鄉村建設是這個時代最具代表性者（蘇景輝，2003：99）。這運動模式直接影響80年代臺灣所推行的「社區發展」觀念。

晏陽初於1920年代至1940年代，在中國各地開展鄉村建設（rural

development）工作，他的工作方法與現代社區工作有許多相似之處。
1926年晏陽初與「平教會」工作人員以河北省作為鄉村改造的實驗研究中
心，運用平民教育運動解決鄉村的愚、窮、弱、私四種基本缺點。1929年
「河北省定縣實驗」正式開始，並制訂「定縣實驗十年計劃」後因日本
侵犯中國東北行動擴大，而將計劃改為六年，1935年定縣實驗獲致好的結
論。平教會後於中國多地開展實驗計劃，如長沙、成都、四川等地。1938
年，湖南地方行政幹部學校開學，晏陽初任教務長，這是政府正式以省單
位作實驗。1940年晏陽初在巴縣成立鄉村建設育才院，1945年該校改名鄉
村建設學院；1946年在四川第三行政區十縣作為華西實驗區，進行中國平
民教育運動（蘇景輝，2003：99-102）。晏陽初的鄉村建設工作方法的特
點是著重教育工作、組織民眾、事前調查、表證等，對中國的社區工作起
著重大的啟示（蘇景輝，2003：107）。晏陽初的先瞭解後施行的觀念與
社區工作所強調的社區探索手法理念近乎相同。

　　中國的聚居結構以城、鄉形式組成，鄉村建設的成敗，直接影響國
家的發展，鄉村建設政策成為國家發展的一個重要里程。中國的鄉村建設
工作在20至40年代發展迅速，而梁漱溟在鄉村建設方面的貢獻主要是有系
統地闡述鄉村改革的思想，提升人民自救的能力。1921年成立的南京臨時
國民政府設有內務部，掌管民政事業；1928年，國民政府設立社會部代替
內務部行使社會工作行政方面的工作（王思斌主編，2004：48）。1929年
梁漱溟接受王鴻一等人邀請，參加河南村治學院的籌備工作，學院於10月
正式成立，梁漱溟除了在學院工作外，還在北京村治月刊擔任工作，他開
始有系統地闡述他關於鄉村改革的思想。1930年7月創辦《鄉村建設》雜
誌，對鄉村建設工作進行多角度的分析與討論（蘇景輝，2003：120）。

　　1931年6月梁漱溟擔任山東鄉村建設研究院研究部主任，撰「山東鄉村
建設研究院設立旨趣及辦法概要」。7月鄒平實驗區開辦，梁漱溟於1933年
擔任院長直至1937年抗日戰爭全面爆發為止。期間於1936年出版了《鄉村
建設大意》，及1937年出版了《鄉村建設理論》等著作，以社會角度深入

討論鄉村建設工作，讓這工作有系統地推展（蘇景輝，2003：120）。

　　1928年後，中國各級政府設立了民政機構，中央內務部民政司主管賑災、濟貧及慈善等事務，也直接或間接地推展與民生相關的服務工作。地方則根據內務部頒發的有關條例，成立各種救濟機構及慈善團體；此外還根據不同情況設立臨時機關具體辦理救濟事宜，如1931年在淮河流域設置救濟水災委員會（王思斌主編，2004：49），這時期的助民模式仍處於救助方向，以最少時間，讓災民得到協助。

　　1938年政府成立了賑濟委員會，並在國民黨中央委員會內設立了社會組織部，該部於1940年改為社會部並隸屬於行政院，其職責範圍包括社會救濟、社會福利、社團組織、社會運動、社會服務、勞工及合作行政等。行政院於1942年頒布省社會處組織大綱，規定各省政府設社會處、縣市設社會科，從而建立起較為完備的社會行政體系（王思斌主編，2004：48-49）。這階段是內戰未發生前進行，其後中國面對中日戰爭、國共內戰、文化大革命等時期，社會福利制度在此時段難以查證。國民黨遷臺後，中國的社會服務分別由兩個執政黨在中、臺各自推展。

三、社區工作的三個發展階段

　　在專業教育訓練（professional education training）方面，1931年中國有十一所院校設立社會學系，部分社會學系內分設社工組課程，如燕京、金陵、復旦等院校（王思斌主編，2004：49）。但是社會工作課程及專業訓練在20世紀後才得到急速的發展。

　　中國內地的經濟自80年代後期發展迅速，城市發展亦帶來不同的社會問題，城市社區問題由兩類不同又相關的部分組成：一類是民生問題即城市居民如何能獲得必要的服務，包括一般民眾日常生活中的服務，如老人、兒童、殘障人士等；另一類是社區組織和管理模式轉變所產生的問題，城市實施改革，市場的力量逐步擴大，社區居民和各種社會群體的利益表達明顯加強,原先靠工作單位進行的行政整合逐漸失效,因而兩者間產生相互衝突(王思斌,2006:6)。為平衡城市發展帶來對貧窮人士的影響,中國大陸在80年代之後,積極推展社區發展工作。社區發展活動主要有兩方面:一是農村扶貧;二是城市服務和社區建設。這階段主要以社區服務為主。隨後90年代中期實施的以農村社區為對象的經濟社會發展專案則具備了社區發展的某些特徵,這階段主要以社區建設為主,雖然社區服務、社區建設開始源於社會管理體制變革的要求,但是後來的發展則融入了社區工作理念,也吸收及使用了一些社區工作的方法(王思斌,2006;4-5)。

1987年民政部在武漢召開的一次會議上,集中討論了社區服務的問題,這標誌著中國城市發展社區服務的全面展開。1989年的「居民委員會組織法」正式採用了「社區服務」的概念,提出「居民委員會應該向居民提供社區服務」(關信平,2006:108)。關信平(2006)將中國社區發展分為三個階段:第一階段以直接服務模式(direct service approach phase)為主;第二階段以政策與建設結合的發展階段(planning and development phase)為主;第三階段以專業培訓(professional training phase)為主。

(一)中國社區服務發展第一階段

這階段社區服務主要由民政部門推動實施。80年代後期到90年代前期,城市社區服務主要包括兩類服務專案:一類是面向一些特殊群體的福利性服務;第二類是為普通居民提供的服務,包括為社區居民日常生活的「便居利民服務」、娛樂、環境衛生、治安服務、兒童照料和老人服務等。社區組織在實際運行中對營利性的服務投入了更多的資源(關信平,2006:108-109)。這時期的社區服務在中國「社區服務」是一個普遍使用,但存在不同理解的概念。即以一個社區為基礎而設立的,是社區居民服務的所有社會服務機構和活動的總和,其內容包括面向社區居民的

日常生活服務、衛生服務、教育、公共治安、就業服務，以及文化娛樂服
務等。其次，在很多情況下，社區服務的概念只是指為社區居民提供日常
生活服務（關信平，2006：105）。

(二)第二階段：90年代的發展

90年代大部分時間最重要的變化是於1992年開始的新一輪改革和對
外開放的擴大，在建立社會主義市場經濟口號的鼓動下。新的社會經濟環
境推動著社區服務朝兩個方向發展：一是規模的擴大；二是商業化特點的
進一步突出。這一時期社區服務的一個重要發展是政府提出了「社區服務
產業化」的口號，這一提法最早正式出現在1993年中央政府十四部委聯合
發佈的「關於加快社區服務業發展的意見」，表明當時中央政府關於社區
服務的政策（關信平，2006：109-111）。

這時的社區服務政策漸與社區建設結合，中國社區建設的口號最初
是由民政部在90年代提出，目的是要在城市中構建基層自治的管理和服務
的職能。在2000年，中共中央辦公廳和國務院辦公廳聯合轉發「民政部關
於加快城市社區建設的意見」文件，掀起了社區建設的高潮。社區服務被
納入到社區建設的行動體系中，它被看成是社區建設重要的一環（關信
平，2006：115-117）。

在社區建設的過程中，政府一直強調應該發揮非政府組織在社區建
設和社區服務活動中的作用。非政府組織的角色是直接提供服務的「服務
者」，亦是籌集和分配資源的「仲介機構」（關信平，2006：122）。

(三)第三階段：從1990年後至今

在90年代後期，中國政府推出了一系列社會保障改革措施，政府希
望透過加強社區組織的公共職能，取代過去企業曾經扮演過的角色（關信
平，2006：114）。在20世紀，大學亦積極推展社會工作專業培訓，透過
與香港及臺灣各大學的社會工作學系進行交流及督導導師的互動，促使社

工專業急速發展。

四、結語

　　直至近年，中國上海首先推出社會工作人員專業註冊制度，由上海市社會工作人員協會負責成立專業註冊制度，該專業資格由上海市人事局和市民政局頒發，註冊社工人數於2007年2月2日有二千三百六十七人（上海社工網，2007），社區工作為其工作方法其中一個重要環節（上海市職業培訓指導中心組織，2006），這亦表示社區工作在中國的正式展開。

■ 第三節　香港的社區工作發展

　　香港的社區工作發展主要受到英國殖民地管制政策所影響，由於殖民地的關係，它與英國的接觸較為密切，與英國的社會福利制度雖然沒有一致的同步發展，但是深受到英國對殖民地管制的社會福利政策影響，同時受到二次世界大戰大量難民紛紛逃至香港，形成一個供需的環境，推動了社區工作的發展。

一、香港的社區工作發展

　　英國於1841年開始治理香港，其統治政策主要以商貿為主，管制策略較強調代議制的居民參與，讓小部分人士向管治者表達意見。這種策略目的是組織既有勢力的領袖，鼓勵他們參與地區事務，讓他們成為區內民意的發言人，政府在行政架構及地方政府上亦作若干修改，提供適當途徑來引導民情。

政府的民政制度在這方面擔當一個重要的角色，民政官員一手策劃提拔地區領袖，另外，在地區力量的背後做出種種牽引操縱，控制這些地區組織及領袖，免於激進政治滲透（馮可立，1986：14）。這種以原居民治理原居民理念，讓香港培育了居民參與的意識，同時亦育成香港社區工作建立起一套自我完整的發展系統。

　　在英國統治香港前，香港已有民間互助團體為有需要的居民提供救助，如東華三院、同鄉會及廟宇等。而第一次及第二次世界大戰後，大量民眾由中國移入香港，使社會出現重大的轉變，正如Payne（2005b: 14）所言，社會改變、政治更替產生大量的社會福利需求。基於人口激增所造成的社會救助問題，1937年緊急救濟會團體成立（即現今的香港社會服務聯會的前身），協調社會上不一致的救助組織，有序地為有需要的人士提供救助服務，減低重複性，這開始了社會福利合作的協調制度。

　　自1941年12月25日第二次世界大戰港督楊慕琦（Mark Young）投降，至1945年8月15日日本投降為止，香港被日軍占領了「三年零八個月」。由於當時香港環境較中國各地區安定，大量難民從中國遷移香港，使香港人口激增，根據鄧樹雄的資料顯示，香港1949年的人口為一百八十六萬，1950年已達二百三十萬人，到了1959年人口達三百萬（香港中文大學教育學院，2009）。香港的人口結構大大受到移民潮的影響，不少志願機構接納先進國家和海外救濟組織資助，為難民提供衣、食、住的救助。這亦可說是外國的福利理念與本地社會服務正式互動的初期發展，不少外國社工先驅在此期間進入香港推展社會福利服務。

　　人口大量的增長，此乃英國政府所意料不及，因此英國為有效治理香港，英國殖民地部於1944年成立了一個「香港計劃小組」，專事研究戰後香港重建問題（馮可立，1986：14）。亦開始了香港社區發展的全盤計劃考慮，處理因人口聚居可能造成的社會問題，甚至成為政治問題。

　　香港曾被日軍占領顯示了英國未能有效地保護香港市民，居民對被管制的期望有所轉變，同時民族意識對中國管制要求漸增，這促使英國不得不在香港推行比較開明的統治,以疏導不滿情緒(馮可立,1986:14)。在這環境下,英國政府需為香港作有秩序的社區發展安排,同時對香港的社會福利政策作新思維。

二、社區發展的開始

第二次世界大戰後英國於1947及1948年,在殖民地部召開的擴大會議討論中,社區發展首被提及,殖民地內的社區發展強調以政府的政策為主(馮可立,1986:13)。它的社區發展理念主要著重基礎建設的考慮,為居民直接解決所需,如1950年開始,政府允許志願團體為貧民興建公共式房屋(public house),解決居住問題。

1948年以後,香港的工會公開分裂為右派的港九工團總會,及左派的工會聯合會,從此群眾政治有了鮮明的黨派立場。1951年,東頭村大火,災民被左派領導的組織所左右,進而與香港政府交涉,引起1952年3月1日的政府鎮壓群眾事件,導致九龍十三鄉組織的成立。十三鄉組織的親左形象,令港府對北九龍龐大的居民組織,深感擔憂。大火後,中國派代表團慰問,更使社區事件捲入國際政治的漩渦,激化中英矛盾(馮可立,1986:14)。雖然,楊慕琦復任港督後,曾努力提出了從地區中選舉議員管理地區政府的構思,表示了行政權是在某種程度下得到下放,但軍權、治安及外交權等都仍然操縱於英國政府手中。該計劃公佈後,因受到香港國民黨及共產黨勢力的反對而告終。此計劃對香港的地區管制制度是一個啟蒙階段,讓日後香港的社區發展除了只重視基本建設之外,還考慮到殖民地居民參與地區發展的機會。

三、社區工作的三個階段

麥海華(1986:25)將香港戰後的社區工作發展歸納為三個階段,

包括50、60年代的發展階段、1967年香港暴動後的蓬勃階段，及代議政制階段。代議政制後，香港社區工作專業經過多次檢討，發展出一套鄰舍式的推展策略，讓政府接納社區工作的工作手法，對社區工作的專業發展具重要意義。

(一) 第一階段

　　50、60年代，政府鼓勵各區成立街坊會，1949年香港街坊福利會（Kai-Fong Welfare Association）成立，他們在戰後的香港華人社會中，曾一度肩負起福利服務之責任（許賢發，1976：2），為區內居民提供教育、醫療、福利及救濟等服務，當時在華民政務司屬下社會福利局職員的積極推動下，港九多個地區的街坊福利會紛紛成立（莫邦豪，1986：1），以補政府福利政策不足之處。這時期香港政府已有明確的社會福利開支項目，在50年代初，社會福利占總開支的1%，以應急救濟為主（鄧樹雄，2009）。政府在人口眾多的低下階層地區設立社區中心提供各項社會服務。至60年代，社區工作進入穩步發展時期。各種社區服務透過社區中心（及後期的社區會堂、社區福利大廈）展開，受到湯恩比館的睦鄰運動所影響，香港政府在民政署設立民政主任及社區發展主任推廣基層及地區性的組織，較有系統地推展社區工作。

　　1949年國民黨政府遷徙臺灣，大量移民湧港，香港政治關係轉變，香港政府利用街坊福利會將社會福利工作作為政治工具，對街坊會的工作大力支持。形成了區域性的地區社會福利服務，如旺角街坊福利會、香港仔街坊福利會等。在華人政務司的協助下，街坊會組織演化成一股社會運動，到60年代中期已達五十多個街坊會（馮可立，1986：14-15）。社會的迅速發展，同樣帶來各種政治的要求與危機。

　　早年的社區工作發展，可追溯至港大社工系在60年代於秀茂坪推行基層發展計劃開始，當時的港大實習學生積極培養和組織大廈內居民參與社區事務，成立委員會，同學的積極投入，推動了居民的參與，改變了政府對居民需求的看法。60年代初期，香港政府為安置因天災而喪失家園的災民，大量興建簡陋的多層混凝土大廈，稱之為「徙置區」。而社會署開始在徙置區內設立社區中心。第一批社區中心由聯合國捐建，是聯合國援助發展中地區的社區發展計劃的一部分。社區中心建立的目標是提供居民一個互相溝通聯絡的集中點，以培養居民互助及公民責任感。另一方面，鑑於當時由內地湧來大批移民，他們一般居住於徙置區內，因此政府希望透過這些設施、服務使這些新移民能夠加快與香港社會融合，適應新環境（王卓祺，1986：34）。使新移民的問題不會演變為政治問題。這類社區中心的服務著重於提供性，而非參與性，這與社區工作的原意並未相符。王卓祺於〈社區中心服務策略的選擇〉一文引述李志（Graham Riches）對此類社區中心的看法，認為這時期香港的社區中心被政治控制，只提供居民一些福利、康樂及自我需要服務，並未有給予居民一個自主及民主參與過程。他期望社區中心能夠扮演一個促進社會民主化的角色，即居民透過社區中心的活動，培養自主及自助的精神。雖然如此，社區工作已正式在香港展開，並於70年代開始，政府推出鄰舍式服務，鼓勵居民參與的組織工作服務。

不平衡的福利政策導致香港1956年「雙十暴動」，引發起一場因群眾行動的社會危機，引致中國政府向港府抗議，並將社區事件國際化（馮可立，1986：14）。街坊會的睦鄰工作變得政治化，服務往往被政治環境所影響，關係良好時衝突較易化解，但當利益衝突出現而沒有適當疏導橋樑時，問題更趨嚴重。1957年，黃大仙竹園村拆遷，親左派的居民組織介入，令港府處理時承受著巨大壓力。街坊會就是在以上的政治環境中，在港府的協助下催生。

街坊會這類自發性組織在香港存在一百多年，但一向沒有政治地位，亦不受到重視。但到了1957年，華民政務司改組，將福利的工作交給社會福利署（Social Welfare Department），專責處理民政事務，並任命政府官員去協助街坊會成立。街坊會自此脫離華民政務司的福利小組的統轄，正式受政治部門的「支持」（馮可立，1986：14-15）。因此而形成另一股新的政治勢力，對理性的社區發展而言是一個變數。

(二)第二階段

　　早年英國政府對殖民地的統治政策，是培植當地領袖及組織，吸納他們進入行政架構，以增加政府與普通市民的溝通，從而提高政府管制的合法地位。1965 年港府首次發表《香港社會福利工作之目標與政策》白皮書，並積極推展社區發展工作，70年代是社區工作最蓬勃的一段時間，各種工作方法由基層組織、社會策劃、社區關係，至社會行動推陳出新，呈現百花齊放景象（莫邦豪，1986：1）。而第一所社區中心於1960年建成，該中心的工作由社會福利署屬下的青年福利部管轄，1967年，該福利部改名為社區及小組工作部。從1967年開始，社會福利署亦在一些較新的徙置區（resettlement area）內成立社區福利大廈（甘炳光，1998：66-67）。自從1968年秀茂坪第八座發展計劃由香港大學社會工作系和社會福利署共同實驗，成為第一個有系統的大廈發展工作，社工員開始注意到社區工作方法的效用（陳孚西，1976：20），愈來愈多志願機構以社區工作手法協助居民解決問題，香港社會服務聯會成立社區發展委員會，策動及協調志願機構的社區工作。

　　70年代初期，香港的社區中心和當時被稱為社區福利大廈（即現時之屋村社區中心）內的社區工作單位，努力推展好鄰居計劃，在屋村大廈內每一層樓物色層代表，聯絡該層居民，發揮守望相助精神（袁李潔心，1986：36）。這設計與早年發展的街坊福利會制度有所不同，帶出了社區組織工作依社區發展而設計的新領域，突破過分依賴街坊會組織的居民服務工作。

　　1966年港督戴麟趾（David Trench）在港府官員及立法局非官守議員的冷淡反應下，推動地方政制改革，成立「狄堅信工作小組」草擬報告建議取消市政局，成立區域議局，負責市政管理工作。其次，要將全港的市政局選舉改為區域選舉，建立地方政制，鼓勵人民參與地方管理事務（馮可立，1986：15）。這政策的改變，提供市民參與政制的機會，促使民間社團對參與政治的興趣，激勵居民參與的動力，更形成社區運動滋生成長的環境。

1967年暴動，政府得到六百多個組織支持，這些組織包括街坊會、小販組織、多層樓宇管理委員會、鄉事委員會（Rural Committee）等等，在華民政務司的協助下，街坊會的工作，在60年代達到空前的規模及發展。

街坊會得以發展，因為它是以民間團體為主導的獨立團體，有相當的自主性，亦有相當獨立的財政來源，與華民政務司有密切的關係，亦得到政府的資料輸送。它提供實質的福利服務，令居民的民生問題得以改善。由於其親政府的形象，及成員大多是老一輩的居民，思想比較保守，引致街坊會很快脫離群眾，甚至成為社會發展的阻礙（馮可立，1986：15）。街坊會的工作方法與社區工作專業手法不同，市民參與的方針，過分集中於小部分的組織負責人上，未能有效代表居民意願，而且街坊會的工作取向過於政治化，與香港政府早期的支持原意有所不同。

香港1967年暴動後，官方調查報告指出政府與一般市民存在著極大的鴻溝，政府開始檢討問題所在及制定對策，積極發展地區工作，以緩和社會衝突及穩定社會。1968年，政府在市區各區域成立民政處，負責成立地區組織，訂定地區組織的職權範圍，管理它們的財政，引導它們的意見，有解散組織的權力，以前由街坊、居民或是志願機構成立的地區組織，不再受到以往的尊重。

1967年暴動後，政府意識到官民間的鴻溝以及市民對生活質素的不滿。一方面成立民政主任制度加強地區聯絡，另一方面推行各項宣傳活動及組織互助委員會，疏導民憤，吸納地區精英分子；同時社會福利署進行基層社區發展工作，自1978年起資助志願機構推行鄰舍層面社區發展計劃（neighbourhood level community development project）（麥海華，1986：

25），目的是為貧乏的社區提供服務，組織居民互助，改善他們的生活環境，減低民憤。

　　80年代初期，香港政府成立了地區三層諮詢架構（地區委員會、分區委員會及互助委員會），積極介入地區事務，1971年11月港督麥理浩（Baron MacLehose）上任，於1972及1973年相繼推出「清潔香港運動」及「反暴力運動」，藉此鞏固民政署的基層推展工作，在各區組織互助委員會策動居民參與改善環境及治安等工作。為使互助委員會在制度上得到銜接，政府成立「民政區委員會；分區委員會；互助委員會」的三重架構，使基層的互委會得到制度上的支持，及有一個政治階梯讓成員提升至圈內系統（馮可立，1986：15）。其後，西方國家社會運動經驗開始傳入香港，大專學生陸續採用抗議及集會手法表達政見（甘炳光，1998：68）；同時亦提供了社區組織方法的訓練機會，同學以地區上出現的社會問題，透過激化方式鼓勵居民參與，形成當時的主流推動方法。

　　1973年香港社會福利署發表了五年計劃，除了以人口比例興建的社區中心、福利大廈及社區會堂外，還建議志願機構可以在一些人口較少及有特別需要的地區內進行社區工作。第一個社區工作計劃是香港明愛於1973至1976年在秀茂坪推行；第二個是由中華基督教青年會在屯門安置區的計劃（陸漢斯，1976：25）。1974年，社會福利署及志願機構發表了一份在特別地區進行社區工作的立場書，建議社區工作應集中在一些環境惡劣的地方（如一、二型徙置區、木屋區及臨屋區等）進行，這份政策文件對社區工作做出定義，鼓勵居民自助及自決地解決社區問題，並以改善居民關係為重點。1975年10月在環境惡劣的油蔴地展開「非公營多層大廈社區發展計劃」（陳孚西，1976：20）。自此，社區工作便與環境惡劣地區連結起來，可惜其工作原意不是以解決急切的居住、環境及貧窮等問題為出發點（甘炳光，1998：69）。此時不少鄰舍層面社區發展計劃紛紛在服務較少、生活環境較差的地區設立，使社區工作得到較大的空間發展。

(三)第三階段

　　踏入80年代，隨著地方行政的推行、代議政制的發展，以及香港回歸中國，九七過渡期的開始，政府有計劃地動員市民參與政治事務，開放政府架構，70年代活躍於社區的人士，透過各種渠道紛紛進入議會。社區工作經歷了這些發展，無論在服務模式、工作手法，以至成效都有所轉變和擴大（麥海華，1986：25）。

　　1980年3月香港政府發表了「地方政制綠皮書」，新的社區發展動力再度產生，「綠皮書」（green paper）確立地方行政，推展全民的地區選舉，成立區議員及地區管理委員會，將地區的發展帶到史無前例的高潮，無數的社區組織及互助委會成員或領袖，紛紛參與區議會的選舉，推動社區發展。社區政治的變化已經不是由街坊會、互助委員會及區內的居民組織所帶動，而是由政制改革所引發出來的政治團體及政治人物（馮可立，1986：16）。此時香港社區工作與政治結合，關係難以分割，香港政府亦明白到這關係的存在，故極力改變社區工作的服務模式。

　　1985年6月1日，原隸屬香港政府社會署的十一間社區中心，十四間屋村社區中心和二十四間社區會堂，全部由政務署接管（袁李潔心，1986：36；莫邦豪，1986：1）。無疑此時的社區工作明顯在政府考量上有所轉變，但基於專業同工的堅持，社區工作雖在管轄權上由政務署負責，督導仍由社會福利署擔任，使社區工作得以持續專業地發展。

四、鄰舍層面社區發展計劃的發展

　　早期香港的社區發展工作，主要是由各志願機構在自行選定的地區（如木屋區、艇棚）推行，並無整體既定政策指引或協調，由於資源及人手不穩定，成效亦有落差。直至政府及志願機構正式制定「鄰舍層面社區發展計劃」政策後，社區發展工作在香港才有較具規模的發展（區初輝，1986：18）。香港政府在1977年開始資助鄰舍層面社區發展計劃的工作，有系統地在市區的臨時房屋區、木屋區等設立，後期推展到新界鄉郊區及離島區，政府希望透過資助這些計劃，增加政府與環境惡劣地區居民的溝通，減低壓力團體在這些地區的動員能力。由於服務地區存在的問題往往與公共政策相關，在協助居民改善各項社區問題的過程中，社區發展工作很早便與「政治」結下不解之緣（區初輝，1986：18）。因此，計劃開展了兩、三年之後，政府認為這計劃的成效有需要作深入瞭解，在1982年進行了全面的工作檢討，檢討報告中認同鄰舍層面社區發展計劃在邊緣社區內的福利服務角色。1984年發表了檢討報告書亦確立了這個服務角色，同時也肯定了政府對鄰舍層面社區發展計劃工作政策的支持及資助（甘炳光，1998：71）。

在這階段，因有政府對地方行政計劃開放參與政制的機遇，社區工作著重組織居民參與社區事務的推展。1983年香港前途問題成為全港市民關注的焦點，其後中英聯合聲明具體地提出九七年後「港人治港」的目標，這目標加速了香港政制開放的步伐（梁錦滔、李志輝、莫慶聯，1986：25）。同時政府亦對社區組織工作持開放的態度，讓社區工作者發揮其專業技能，鼓勵居民參與社區事務，培育了一群關心社會政治的人士。

1984年起，以民生關注組為名的團體，或以關注地區民生問題為目標的組織如雨後春筍，紛紛成立。其中包括青衣關注組、深水埗民生關注組、沙田民生關注組、石梨民生關注組、屯門關注民生協會、柴灣關注民生聯委會、油蔴地研究社、中西區研究社等等。這些組織在促進地區問題上扮演著積極的角色，如青衣關注組關注青衣油庫問題，深水埗民生關注組關注籠屋問題，柴灣關注民生聯委會關注東區走廊巴士票價問題等。除此以外，他們當中有多位成員參與八五年區議會競選，並以大多數勝出，地區領袖得以參與政府的政策制定工作，反映出這些以關注民生問題為目的之組織已普通為居民所接受，並在未來政策發展扮演著一個重要角色（梁錦滔、李志輝、莫慶聯，1986：25）。這類組織對政府的政策制定有重大的影響力。街坊會及互助會卻未能發揮居民參與的動力，反之民生關注組吸納不少專業人士參與，當社區問題湧現，原有的傳統組織很多時候未能有效地代表及反映居民面對的民生問題，爭取居民權益，它們所關注的問題、工作手法、工作技巧都追不上時代的需要，未能有效地協助居民解決問題（梁錦滔、李志輝、莫慶聯，1986：25）。而新興的民生關注團體是來自居民，代表了地區的民意民情。唯部分關注組的工作手法較為激進，主要透過社會行動方式向政府施加壓力，造成與政府關係緊張，這與社區組織工作的目的不同，社區工作者的組織方法開始受到政府的誤解，政府對社區服務做出不少策略上的改變。

鄰舍層面社區發展計劃再被認同

1985年，香港政務署為了加強地區工作，接管了社會福利署所管轄的社區中心設施。社區中心內的社區工作單位被解散集中發展小組工作。這個轉變使社會福利署失去了對社區工作的決策權，也停止了提供直接的社區工作服務。

由志願服務機構管理的社區中心則嘗試向多方面發展提供高素質的服務，提供吸引中產階級為對象的服務，或發展類似社會福利署舉辦的自助小組及社區照顧活動，亦有服務中心主動與區內的大廈業主合作，進行改善地區環境（甘炳光，1998：70-72）。因應社會發展，政府開始進行舊型公屋的重建及社區舊樓重建，社區繁衍的問題再次成為關注點。1987年後，政務署對社區工作的態度有了改變，鄰舍層面的社區發展計劃工作擴展至三至六型公屋。政務署更聘用私人調查公司，檢討鄰舍層面社區發展計劃的服務角色及效果，其工作包括公民教育、社區需要調查、自助小組、中心活動、康樂活動及義工訓練等。整體來說，政務署似乎漸趨重視對鄰舍層面社區發展計劃的重要性，對社區工作的功能十分支持（甘炳光，1998：73）。

這段期間社區組織工作乃是一個實踐階段，社區工作的居民組織技巧更趨成熟、更有系統。梁錦滔、李志輝、莫慶聯（1986：26）認為，社區工作者在民生關注組的功能，是能鼓勵組織參與及促進組織發展方面，能兼顧組織員的參與興趣及投入感，逐步提高其參與程度。社區工作者熟識各政府部門的功能，在社會行動上有經驗及知識，能夠靈活運用不同的策略及有效地動員居民參與，帶來問題的改善。這表示社區工作在組織工作上具重大作用，若政府與民間社團能運用其專業技巧，有助各部門與組織間建立良好的關係。

　　在1990年期間，香港的鄰舍層面社區發展計劃隊伍共有五十二隊，其後於2001年減至三十五隊，2007年更減至二十隊，但隨之而起的是各類型的鄰舍式工作隊在各地區展開，如1998年展開的綜合鄰舍計劃（Integrated Neighbourhood Project），到1999年已有六隊，至2001年增至十二隊。屋宇署設立駐屋宇署支援服務隊，於2008年共有八隊。除此之外，與市區重建有關的工作隊在2007年亦有七隊（資料庫-家庭及社區、女青年會網上資料，2009）。

　　社區工作亦被引用於各地區針對特定的對象提供服務，如天水圍房屋諮詢及服務隊，專為天水圍準公屋居民服務。由此可見，香港政府對社區工作的專業性已給予肯定，社區工作亦發展各類不同的服務，開展以社區為本的計劃。根據社會福利署2009網上資料所示（社會福利署下載區，2009）以地區方式推展的服務包括殘疾人士社區支援計劃、長者地區中心、長者鄰舍中心、社區照顧服務隊、日間社區康復中心、精神健康綜合社區中心、社區精神健康協作計劃、社區精神健康照顧服務、提供青少年社區支援服務計劃、長者社區中心等。

五、結語

　　香港社區工作發展經過多次的檢討均得到正面的評價，對社區工作服務的社會工作者而言是值得讚賞的，這種被肯定的工作，來之不易，社區工作者必須堅守信念，持續為社區內居民以合理、合法、符合專業道德的要求，展開居民組織工作，使他們能在過程中成長，為自己爭取權益，達致助人自助的目的。

第四節　臺灣的社區發展歷史

　　臺灣社區發展的思維與架構可追溯自國民政府在中國推動的鄉村建設觀念，基於國民政府於1949年遷臺時的政策側重於農業建設層面，直至近年臺灣甫才開始積極推展與社區工作理念相近的社區發展政策，促使社區工作急速發展。但是在推展社區工作初期，經驗上仍吸取了中國大陸的鄉村建設理念（蘇景輝，2003：78）。

一、統治臺灣初期的社區發展

　　臺灣在1960年代仍然是一個農業社會。當時政府正全力推行「三七五減租」，實施「耕者有其田」，並由農復會（Joint Commission on Rural Reconstruction, J.C.R.R.，農業發展委員會的前身）提供農業技術援助，及在臺北木柵、桃園龍潭、宜蘭礁溪三地區試行「基層民生建設」工作，以改善農民生活。其中「基層民主建設」一項是由國民黨地方縣市黨部協助地方熱心公益人士組成基層建設委員會，自行推動社區中之農業生產、公共衛生與社會福利等工作。實施以來，全省約有三十多個鄉鎮響應此一工作方式（徐震，2004：5）。這些建設工作可分三個主要因素：(1)投放較多資源安撫原有農民的情緒；(2)透過政策將土地再分配，以免形成地方勢力產生；(3)應因應地方上及人民的基本食物需求而做出考慮。由於這方面的政策因未能做到真正與社會福利服務理念結合，受到不少人士批評，因此臺灣政府考慮做出改革。

1965年，行政院頒布「民生主義現階段社會政策」，是臺灣首次將社區發展列為正式的政策（蘇景輝，2003：82）；並將「社區發展」列為社會福利措施七大要項之一（黃源協，2004；徐震，2004）。臺灣省政府（現已取消省級制）乃建議中央將「基層民生建設」工作改由臺灣省政府自行主辦。恰好在此一時機，聯合國亞洲暨遠東地區經委會（U.N. Economic Commission for Asia and Far East, ECAFE）派其社區發展顧問張鴻鈞前往臺灣推展社區發展工作。建議政府以「社區發展」一詞，取代當時之「基層民生建設」，並歸於社政單位主其事，此為臺灣引進「社區發展」工作之開始（徐震，2004：25）。雖然如此，臺灣政府實質上仍未完全依從社區工作的理念，將發展的權力完全接納居民參與的觀念，但張鴻鈞的思維對臺灣當局存在一定影響。

1966年，臺灣省政府社會處將原有之「基層民生建設」與「國民義務勞動」合併，加入聯合國世界糧食方案之經費補助，擬定「臺灣省社區發展八年計劃」後改為「十年計劃」，以社區基礎建設、生產福利建設、精神倫理建設為主要內容展開工作（徐震，2004：26）。這種以建設理念為基礎的概念，成為臺灣日後社區工作的根基。

二、臺灣社區發展的四個時期

臺灣社區工作發展也可以從賴兩陽（2006：55）根據臺灣將社會福利政策納入社區發展，把發展分為四個時期來瞭解：

1.社區發展工作綱要時期（1968至1983年）。
2.社區發展工作綱領時期（1983至1991年）。
3.修正社區發展工作綱要時期（1991至2002年）。
4.社區營造條例草案及社會行動時期（2004年迄今）。

(一)社區發展工作綱要時期（1968-1983）

　　社區發展工作綱要時期，社區發展工作是藉由政府行政指導之下加以推動，重點地區以農村地區為主，工作項目主要是公共工程建設，人力則注重社區志工及童子軍（賴兩陽，2006：59）。

　　1968年行政院頒布「社區發展工作綱要」（徐震，2004；蘇景輝，2003；汪憶怜，2004），社區發展成為臺灣重要的社會福利工作的一環。開始全面推動社區發展。當時所謂社區範圍即是村里行政區域。全臺灣各地紛紛成立社區發展協會，並推動社區公共設施、生產福利和精神倫理等三大建設（楊孝濚，2004：32）。社區發展工作由社區內之戶長選舉九至十一人組織社區理事會來負責辦理基礎工程建設、生產福利建設及精神倫理建設（蘇景輝，2003：82-83；黃源協，2004：78）。而與社區工作觀念較為相關的是精神倫理建設，泛指興建社區活動中心、社區圖書室、推行國民生活須知、提倡正當娛樂等（蘇景輝，2003：83），此時期的社區工作基本上是以提供服務為主，仍未發展到居民參與政策的領域。

　　1973年政府修訂「社區發展工作綱要」，及1981年5月再修訂此措施採人民團體型態運作，其中規定社區發展主管機關應輔導社區居民依法設立社區發展協會（汪憶怜，2004：428）。成為當時臺灣的社區工作新路向，在各地區推動社區發展。

(二)社區發展工作綱領時期（1983-1991）

　　1983年行政院將「社區發展工作綱要」改為「社區發展工作綱領」。實際內容、作法與綱要並無大異（蘇景輝，2003：82-83），規定省、縣市、鄉鎮，各自成立社區發展委員會，負責策劃工作，將推動與協調此項業務之行政責任歸屬於各級社政單位；其後，以小康計劃、家庭副業、媽媽教室、農業托兒所、社區產業道路、社區排水工程、簡易自來水工程、社區守望相助等為初期之工作內容（徐震，2004：26）。社區工作的施行仍著重於基礎建設，對於社區工作強調居民參與、領袖培育，及充權（empowerment）功能等的基本概念仍未能與政策結合。

　　在這時期社區工作上有較大的改變，如對社區的劃定不但提出具體的條件，而且對社區的範圍更有彈性，另外劃定社區的權責除了綱要所規定由政府主導之外，亦特別規定需經該地區內居民過半數同意之條款（賴兩陽，2006：55）。這項規定大大提高了居民的影響力及參與機會，對臺灣的社區工作發展起著重大作用。

　　社區發展工作綱領時期正值臺灣在1987年解除戒嚴，由蔣經國在國民黨中常會宣布「解除戒嚴」，結束了臺灣長達三十八年的戒嚴時期。帶動起政治社會的轉變。政治的自由化與民主化，使積蓄已久的社會動力勃興起來，此時期，民間社會福利團體以社會運動方式，要求政府資源重新分配，對執政當局產生相當的政策壓力（賴兩陽，2006：62）。1987年新港鄉成立一個發自民間的「新港文教基金會」，為該區推動各類的文娛康體及改善環境等活動；1988年的「理想國」社區，是第一個由民間力量所推動的社區更新案例（蘇景輝，2003：86-89）。隨著政策開放，社區行動在1990至1993年間相繼出現，如1990年開始的舊庄社區抗爭事件；1993年開始的萬芳社區抗爭事件；1993年開始的芝山岩社區抗爭事件（蘇景輝，2003：85）。政治解嚴意謂著過往臺灣的政策將有明確轉變，人民對社會或政府政策的轉變的瞭解，亦隨著對世界的瞭解加深，及本身社區發展結構的改變，民眾力量導致政府不得修改有關法令配合社會需要。

(三)修正社區發展工作綱要時期（1991-2002）

　　1991年行政院又將「社區發展綱領」修定為「社區發展工作綱要」與1968年同名。但這階段之不同在於以往政府規定社區理事須由社區內所有家戶組成，但此階段則是循人民團體組織法的方式，只要社區內三十位以上的居民連署即可發起組織社區發展協會，可說是一種志願性組織（voluntary organization）。這與歐美各地的社區發展，透過志願人士組織服務團體的建設階段相似，這時期已出現一些自主性、自發性的社區發展協會，他們皆不再只受政府由上而下的指導，而能自動自發的關懷自己的社區事務，並以社區的力量從事各類社區行動（蘇景輝，2003：84-85）。

此階段內政部社政業務正面臨解嚴之後的急速轉變。社會福利運動的蓬勃發展，業務重心轉移至身心障礙及老人福利，社區發展工作淪入邊陲業務。但從1993年開始，文化建設委員會（文建會）的社區工作——「社區總體營造」却又如火如荼的展開。內政部在1995年召開「全國社區發展會議」，會中建議推行「社會福利社區化」（賴兩陽，2006；徐震，2004），這方案施行不到兩年，又漸趨平淡（黃源協，2004：79）。

1996年12月，內政部核定「推動社會福利社區化實施要點」，將「社會福利體系」與「社區發展工作」相互結合，以整合社區內、外資源，而建立社區的服務網路，並以「有效照顧社區內之兒童、少年、婦女、老人、殘障及低收入者之福利」為目的。另於臺北市、宜蘭縣、彰化縣、臺南縣、高雄縣各選定一個地區進行實驗，以推行社會福利機構之小型化與民營化（徐震，2004：26），利用社區居民的網絡關係，推展各類福利服務的組合。

■「社區營造」推動社區工作

1994年行政院文建會提出「社區總體營造」計劃，透過縣市各種文化團體與專業團體，直接間接地以推動社區實質環境的改善及持續發展工作，確立社區總體營造施政方針（徐震，2004：26；蘇景輝，2003：90；黃源協，2004：79）。這計劃興起了社區營造風潮，臺灣各地推動社區營造方案如雨後春筍般出現，政府也在這時間投放資源，結合民間社區自發性的力量，共同推展政策。

文建會自1994至2000年間提出多類社區總體營造計劃，在這段時間，內政部、衛生署、教育部等相繼提出與社區營造相關的政策，如1996年內政部提出的「社會福利社區化實施要點」；1999年衛生署提出的「推動社區健康營造三年計劃」；1999年教育部提出的「學習型社區行動方案」（蘇景輝，2003：91）。1999年臺灣921地震災後也運用了社區營造方式進行社區重建工作，如文建會提出的「921永續家園社區再造方案」；南投縣政府社會局也成立「社區家庭支援中心」等（蘇景輝，2003：92）。

2002年，文建會組成四個社區營造中心，作為專業輔導管理單位：第一區社區營造中心由臺灣藝術發展協會負責；第二區由財團法人跨界文教基金會負責；第三區由中山大學管理學院都會發展與環境規劃研究中心負責；第四區由財團法人仰山文教基金會負責，並組成縣市輔導團，由全國社區營造學會負責。以推動各縣市之社區營造工作（徐震，2004：26-27）。由此可見，文建會對社區發展的推動不遺餘力，但負責單位並不是由社會工作專業的團體營運，與社區工作的理念存在差異。

(四)社區營造條例草案及社會行動時期（2004年以後）

臺灣社區工作在社區發展的推動下，由早年以政府權威式的管治，漸漸轉變為由民、政、團體結合推動的社區發展。近年的「社區總體營造」運動強調結合行政、專業與社區居民的自發性，實踐由下而上的居民參與和規劃，採取跨部門的總合型發展模式，成為各級政府部門和民間團體有關社區工作的主流方向（楊孝濚，2004：32）。至2003年為止，臺灣地區已成立的社區發展協會共五千九百三十五個，在社區發展協會之下，又分別有社區守望相助隊一千七百四十七隊、社區媽媽教室四千零二十六個及社區長壽俱樂部三千五百六十二個，從這些數據可以看出，臺灣的社區工作目前透過社區發展協會，在社區中辦理婦女及老人健康活動，透過社區居民共同付出與參與守望相助，達成敦親睦鄰，促進社區居民互動的目標。（汪憶怜，2004：428）。

「社區營造條例」（草案）於2004年2月4日在行政院第二八七六次院會通過，送立法院審議後，成為經由內政部主導規劃之法律（楊孝濚，2004：32），成為社區發展的法律基礎，這是臺灣有史以來第一次立法授權社區團體居民可以由下而上，依一定程序，比照「公寓大廈管理條例」的定位，訂定適合自己社區的「社區協定」，解決了十年來社區營造運動所面臨的困境（徐震，2004：27-28）。這政策以公民社會理論以及社區發展對社區公共事務之參與權，來落實社區民主自治理念，這與社區工作所強調的公民參與精神相配合，而與早年之「社區發展工作綱要」的施政理念有很大差距，與現今推動社區工作地區的專業技巧及理念相似，對居民自助來改善其生活質素有一定的幫助，可惜條例最終被退回。

三、結語

2009年8月8日水災激發團體的動力，由臺灣原住民族行動聯盟推動的2009年12月30日抗議政府重建不力與部落權益的行動，以居民參與社會行動表達社區需要，推展社區發展的模式漸又再被採用。

社區工作在臺灣經歷數十年的演變及發展，是全世界華人地區具系統性發展的先驅。而臺灣社會的自由民主亦使社區工作的理念得以發揮及運用於社區工作的各個領域。

第五節　澳門社區工作發展史

澳門的社會工作可分為三類：一類為政府直接為有需要的人士提供服務，如戒毒綜合服務中心；一類為間接資助形式，政府提供財務資助由志願服務團體開辦，為有需要人士提供服務，如社區中心；另一類由志願團體全權提供服務，如仁慈堂、議員辦事處等。澳門社區中心的發展與過往歷史具有密切的關係，它可追溯自四百多年前的慈善救助，及至今的居民互助。

一、澳門社會福利政策的轉變

澳門作為葡萄牙殖民地近四百多年，早年的社會福利服務大多是以慈善事業形式興辦社會的福利服務，如1568年由天主教會創辦的仁慈堂、近百年歷史的鏡湖慈善會及同善堂等（王巧瓏，1999：91）。姚瀛志（2010）認為，澳門社區工作發展可分為四個階段：(1)發展初期；(2)地區組織參與期；(3)政策改革期；(4)專業發展期。

(一)發展初期

澳門政府推動社會福利服務可參考自1938年的救濟及慈善委員會，政府向開展救濟服務的社會團體提供資助，同時亦為貧民發放救濟金服務，監管所有收容孤兒、棄嬰和貧民的社會服務機構（拉杰斯、高斯達、安棟尼斯、塞魯爾，1999：94）。

1947年，政府改組部門架構成立了公共救濟總會，在革新的章程當中，載有總會所推行之救濟事業，救濟對象包括貧窮人士、麻瘋病人、孤兒、棄嬰、不幸青年、孕婦和嬰兒等，為普羅市民提供覆蓋面更廣的救濟服務，亦包括發放救濟金給予貧窮人士和家庭。同時，政府設立了社會救濟證系統，向所有申請援助的貧困家庭或人士進行經濟和社會調查，經調查核準後發出社會救濟證，成為有系統方式進行的福利服務工作。

第二次世界大戰期間，由於澳門未受到戰爭的直接影響，不少在中國大陸及香港等地的居民紛紛往澳門避戰禍，他們大多集居在北區，如青洲木屋區、台山等地。戰亂期間，人民的生活較為貧困，居住地方簡陋，居民間以互相幫忙、相互照顧及包容等方式生存，並維持基本生活需要（Payne, 2005a: 14）。在這些環境影響下需要救助人士大增，因而激發自助團體的出現（Payne, 2005a: 32-33），居民間自發性的援助組織紛紛成立。

(二)地區組織參與期

　　1955年1月青洲區木屋大火造成二千多貧民無家可歸，中華總商會、工聯會、鏡湖慈善會、同善堂等四大社團協助重建災區及救助災民的工作。之後澳門多次災禍，如1957年9月的颱風襲澳，菜農損失慘重；1964年3月，台山牧場街火災，三十間木屋被燒毀；1976年，青洲石仔塘大火，燒毀木屋百間等（劉克剛，1999：79-80）。均由地區團體參與，雖欠缺社區工作專業技巧，但社區工作的理念已在萌芽。

　　澳門早期以社區為本的居民組織在1956年期間成立（澳門街坊會聯合總會網頁，2009），包括澳門街坊福利會、台山坊眾互助會、青洲坊眾互助會及望廈坊眾互助會等。當時葡國政府雖與臺灣仍維持邦交國的關係，但當時的居民大多來自中國大陸，與大陸的關係較為密切，因他們的生活地緣關係，與內地較為密切，同時大陸政府協助居民推動坊會工作亦較為積極，因此不少坊會的工作除了協調居民的互助外，在區內並提供居民所需的服務，包括中醫服務、教育、康樂等工作，還強調愛國愛澳的政治色彩。

　　1960年，澳門政府的公共救濟總會重組為公共救濟處，其服務不斷發展，相繼出現更多不同類型的社會服務，如膳食服務、災民服務等。同時亦逐步推行澳門社會服務設施的建設，如飯堂、災民中心、復康中心、盲人中心等。並為居民在居住上提供援助，如社會房屋及經濟房屋，利用多類的社會福利服務，減低居民因生活上的不滿而造成的社會矛盾。政府並將福利制度擴展到其它領域，其中最為重要的社區發展工作在於房屋政策，直接將生活貧困的木屋區居民，遷移至較新的地區，這亦帶動了人口遷移的行動。

　　與此同期，澳門各地區居民紛紛以聯誼會、互助會名稱成立以社區為本的組織，部分組織的成立是因區內發生重大的民生問題，觸發區內熱心的居民因關注和關懷民生問題組織而成，如新馬路區坊眾互助會因澳門1966年12月3日事件（又稱澳門123事件）而於1967年成立。該會早期的工作強調三防：防火、防風、防盜。發動商戶及居民成立保安隊伍在區內巡邏，並購置救火設備，建立救火網絡。同時在區內進行洗街、滅蚊等工作。這類服務組織的成立與當時的社會政治環境有關，基於當時澳門的政府管制策略與居民所需有異，令居民紛紛自行成立組織，爭取資源解決所需[1]。這時期的坊會活動非常活躍，動員居民能力強勁。例如，居民期望其子女日後有較多的就學機會，因此氹仔坊眾學校自行擴建，但受到海島市行政局阻止，引發居民與政府的衝突，更激發居民成立互助組織，來自行進行救助工作。

1960至1970年期間，有紀錄的資料顯示共有十六間坊會成立，為居民提供各類康樂及與民生相關的服務，填補當時葡國政府服務的不足，如治安、醫療、教育等（澳門街坊會聯合總會網頁，2009）。此時期澳門的自助福利服務，已以分區型式建立，社區發展形態漸具雛形。

1967年公共救濟處又再重組，改稱為社會救濟處。所提供的服務亦有很大的轉變，加強對盲人及聾啞者提供教育和康復服務；繼續參與抗貧工作，為市民提供財政援助；除此以外，社會救濟處亦全數負責有關貧民的保健費用，為清貧學生提供學費或膳食費半數費用的資助；亦協助戒酒、戒毒的工作，和為市民解決其他社會問題。

其後澳門各地的老人院舍、殘疾者之家、幼兒院亦陸續出現。社會救濟處提供了各類服務，如食堂為學生供應免費膳食；為貧困的家庭發展和興建住屋等。救濟處所開展的工作已不再是單一的救濟服務，這時期的服務對社區工作要求並不明顯，但已朝向多元化的社會服務的方向發展。

---

[1] 這與聯合國於1956年將「社區發展」一詞界定為「一種過程，由人民以自己的努力與政府當局聯合一致，改善社區的經濟、社會、文化環境，把社區與整個國家的生活合為一體，俾其對國家的進步克盡其最大的貢獻。」的居民自發性參與改善生活質素取向相似，但不同之處是居民組織與政府的治理曾發生敵對情況。

(三)政策改革期

80年代中期以後，特別是澳門進入過渡時期，澳門的社會福利服務才有一定程度的發展（王巧瓏，1999：91）。拉杰斯、高斯達、安棟尼斯、塞魯爾（1999：103-107）指出，澳門政府於1979年社會救濟處透過27-C/79/M號法令，改組為社會工作司。這改變廣泛地包含其職責及多項目標。根據第52/86/M號法令，社工司的主要職權包含救助、協助處理及解決社會問題、向社會服務的私人機構提供協助，特別在技術及物資支助等。這法令並未明確說明與社區工作的關係，但其活動則包含組織與參與社區活動，這意味著社工司的工作已具社區理念。

1986年，社工司進一步改組，清晰地載明社工司的服務宗旨是透過提供金錢、物質或技術支援，向經濟貧困的人士及團體提供社會援助，推廣個人及家庭社會福利事業，進行社區發展工作。政策的改變推動了政府與民間合作解決社會問題的關係，民間由原有的居民自助作用，漸漸發展至政府與民間組織共同合作，藉由地區組織施行的模式，為地區上有需要的人士提供協助。這類的政府資助社會服務團體的社區工作模式正式於1989年施行。

■社區中心的成立

由政府資助的民間社區中心於1989年由街坊總會於望廈區開設了首間社區中心（澳門特別行政區政府-社會工作局，2005）。當時的街坊總會是由街坊會於1983年12月30日由早年二十五個街坊會和居民聯誼會結合而成的志願團體（王巧瓏，1999：84），在區內舉辦文康活動，提供多元化的社區服務。望廈社區中心亦以類似目的為區內居民提供作為聚會、休閒及發展人際關係的場所（拉杰斯、高斯達、安棟尼斯、塞魯爾，1999：99）。1989至1999年期間，由社工司資助的社區中心共八間，大多集中在花地瑪堂區設立（見**表**4-1）。

表4-1　澳門各堂區社區中心數目

年代 社區中心	2000	2001	2002	2003	2004	2005	2006	2007	2008	2009
花地瑪堂	5	6	6	6	6	7	7	8	8	8
聖安多尼堂及望德堂	1	1	1	1	1	1	1	1	1	1
風順堂及大堂	1	1	1	2	2	3	3	3	3	3
氹仔及路環	1	2	2	2	2	2	2	2	2	2
總數	8	9	10	11	11	13	13	14	14	14
總社會福利服務設施	181	181	188	185	171	182	187	189	192	186

資料來源：澳門特別行政區政府-社會工作局（2010）。澳門社工局00-08年報資料
　　　　　及2010年6月統計資料，http://www.ias.gov.mo，檢索日期：2010年6月
　　　　　29日。

　　澳門管治權回歸中國後，澳門經濟及社會均出現重大的變化，賭權
的開放帶動了經濟及人口急速發展。人口方面，從2000年的四十三萬七千
多人增至2008年的五十四萬九千多人（見**表4-2**）。而社工局資助民間機
構費用亦由2000年的1億600多萬元增至2008年的2億7,000多萬元，增幅達
兩倍多（見**表4-3**）。

(四)專業發展期

　　1999年6月21日澳門政府頒佈了第24/99M號法令，確立了社工系統及
社會工作司的組成（研究暨計劃廳，2000：84）。澳門社會工作司再次重
組內部架構，除調整原有的行政架構外，還把已試行多年卻未能正規化的
社工部門予以正式編制，明確地將社區服務納入家庭暨社區服務廳負責監
管。1999年12月20日澳門主權回歸祖國後，澳門社會工作司改名為社會工
作局（澳門特別行政區政府-社會工作局，2009）。並將社區工作納入家
庭暨社區服務廳管轄。

　　回歸後的社區中心發展速度明顯，由回歸前的八間社區中心增至
2009年的十四間，比率增幅達75%，這證明政府當局對社區工作的重視。
由於花地瑪堂區的人口以新移民及勞工階層較多，在資助的地區看出，政

表4-2　澳門各堂區人口

堂區	2000	2001	2002*	2003*	2004*	2005**	2006*	2007**	2008**
花地瑪（台山及青洲）		180,499				191.4	205.6	211.9	219.2
聖安多尼堂		104,217				110.7	115.4	122.1	122.7
望德堂		26,914				30.9	31.6	32.8	33.4
風順堂		42,841				48.0	49.4	51.0	51.9
大堂		34,176				41.2	41.5	43.3	43.8
氹仔		41,786				56.7	64.7	71.6	72.8
路環		2,904				3.6	3.4	3.6	3.6
水上區域		1,898				1.9	1.8	1.8	1.8
總計	437,903	436,686	441,637	448,495	465,333	484,000	513,400	538,100	549,200

註：*表示該年統計年鑑並無說明各堂區人口資料。

　　**表示該年份的各堂區人口資料以千為單位。

資料來源：澳門統計暨普查局（2009）。《統計年鑑》（2001-2007）。澳門：澳門統計暨普查局。DSEC-統計資料（2009）。http://www.dsec.gov.mo/App_Themes/DSECWebPrototype/Image/end.gif，檢索日期：2009年5月15日。

表4-3　社會工作司／社會工作局資助民間機構費用統計

年份	金額
1998	90,104,387
1999	127,364,927
2000	106,598,539.60
2001	109,455,076.70
2002	116,914,283.30
2003	126,219,090.30
2004	140,393,847.40
2005	161,398,698.30
2006	201,149,429.90
2007	236,966,236.20
2008	270,391,774.40
2009	300,002,023.50
2010（第一季）	78,517,149.00

資料來源：澳門特別行政區政府-社會工作局（2010）。社會工作局1999至2007年年報及網上2009及2010年資料整理而成，http://www.ias.gov.mo/stat/2008/q4/，檢索日期：2009年6月29日。

府對發展花地瑪堂區的工作較為重視，在十四間社區服務中心中有8間位於這區。

1977年以前，澳門社會工作的專才大多主要接受臺灣及香港的教學團體的訓練。澳門本地的社會專業訓練發展始自1977年由澳門明愛開辦之社工學院，為澳門社會福利組織訓練社工專才，此乃澳門最早的社工專業教育，以有系統及專業的理念，推行社工的理論及實習訓練。

1991年政府對社會工作漸漸重視，由政府授權澳門理工學院負責開辦社工專業課程。開辦初期，理工學院在東亞大學（現為澳門大學）試辦社工文副學士課程，在1991年正式成立社會工作證書、文憑，及三年的高等文憑，並於2000年開辦學士學位課程。

目前澳門共有三所開辦社會工作課程的高等院校，包括澳門理工學院的高等專科學位（澳門政府公報，1993）及學士學位補充課程（澳門特別行政區政府公報，2000）；由澳門理工學院與香港理工大學合辦的社會工作文學碩士課程（澳門特別行政區政府公報，2007）；聖約瑟大學（原名澳門高等校際學院）的社會工作學學士（澳門特別行政區政府公報，2009）、臨床社會工作學碩士學位課程（澳門特別行政區政府公報，2009）；及亞洲（澳門）國際公開大學的社會工作高等專科學位課程（澳門特別行政區政府公報，2006），其中由亞洲（澳門）國際公開大學開辦的社會工作高等專科學位課程為葡文學制課程。

社區工作的重大專業發展是在回歸後展開的，而社區工作的專業推展不少動力來自畢業於社工課程的同學。在學校培訓期間，學校安排同學在各社區中心進行實習，以專業社工的手法，開展居民組織工作。2001至2003年期間，實習同學在導師的帶領下成功地組織居民關注及參與社區事務，帶動社區中心推展居民組織工作的動力，影響服務單位對社區工作的方法觀念，驅使近年澳門社區組織工作的興起。

二、實習項目對社區工作發展的激發

　　早年的社區服務工作大多為康樂式或組織主導的居民服務工作模式。較明顯以社區組織工作方法組織居民參與社區事務的例子，可追溯自梁耀波導師在2001／2002年度帶領實習同學在祐漢區推展官民合作更換大廈電線的居民組織工作；姚瀛志在2002／2003年度帶領實習同學在台山新城市花園組織居民關注組工作，推動成立大廈管理委員會（姚瀛志，2004：58-102）；蘇文欣老師在2002／2003年度帶領實習同學在黑沙環廣華新村，組織居民推展大廈管理服務（姚瀛志，2010：271）。

　　自此以後，居民的社區組織工作漸被社區中心管理層及居民接受，組織工作願意交由中心的社會工作員或實習同學，在他們的努力下，不斷地成功組織居民成立互助自助的居民關注組，關注社區問題及參與社區事務，使社區發展工作往前推動了一大步。

三、社區工作實習面對的困境

　　作為推動社區工作的重要力量，姚瀛志（2009a）歸納出過往十年社工實習同學在社區中心實習中所面對的問題，包括社區中心地域服務界定問題、資源問題、居民參與問題、單位指導問題，及居民組織的持續性問題。

(一)社區中心地域服務界定方面

　　當同學決定針對某地域推展組織工作時，才發現有不同社福組織介入同樣的居民組織工作的問題。原因是，目前澳門的社區中心的服務區域範圍並沒有一個明確的界定，部分區域出現多過一個機構，或是由外區的服務機構提供居民組織工作，對有時間限制的實習同學，造成一定程度的影響（姚瀛志，2006）。他們不可能全面瞭解已被介定及準備進行的工作，是否有其他機構已在進行居民組織工作。

(二)資源問題

正如系統理論視社區為一個體系，中心員工、居民與實習同學均存在相互的影響，而居民組織工作除了與居民建立關係外，其它資源對工作推展工作有直接的關係（Farley, Smith, & Boyle, 2006）。由於居民組織工作與地區問題關係密切，要解決社區問題，需要運用中心資源，外界的輔助資源，例如機構間的人脈關係，甚至是活動經費的協助，這類資源的掌握及獲取途徑的透明度一旦不足，亦造成實習同學在資源上的缺乏。

(三)居民參與問題

社區組織工作的主要動力源自於居民的參與（Payne, 2005a; Leaper, 1971），因此若要鼓勵居民參與社區組織事務，推動的事項必須是居民認為有其需要（felt-needs）（Leaper, 1971）。而過往幾十年區內的問題大多透過社區中心或機構代表居民向有關部門表達意見，成功地為居民改善生活質素，這種無需居民參與的表達模式往往影響居民的參與意願，造成鼓勵居民參與行動的阻礙。

(四)單位指導問題

專業社區工作在澳門推展時間只有短短的十數年[2]，服務中心負責社區組織工作事務的員工對推展居民組織工作的能力不一，對給予實習同學指導常存有不少的困難。這反映實踐社區工作專業指導仍有待改進。

(五)居民組織的持續性問題

地區問題隨時發生，在許多情況下，實習同學能把握問題，成功地組織居民參與，並展開居民組的活動，與居民共同推展行動方案（Watson, David, & Janice West, 2006），惜往往因同學的實習時間已近尾

---

[2] 從社工局網頁資料所示，1989年首間社區中心於望廈區成立。

聲而受到影響，在跟進階段較難由同學持續協助。然而居民的行動是否能延續，是社區工作成功的至要關鍵，因此居民組織的持續性問題，亦是社區工作面對的考驗之一。

四、結語

澳門社工局於2007年委託香港樹仁大學承辦「服務質素持續改進機制」的研究及機制確立之工作，開始對社會工作的專業作全面的探究，並作出多次的相關性討論會及諮詢會，與資助團體就服務質素進行討論。這顯示政府對社會工作專業的重視，期望研究能使政府建立完整的社會服務質素及社會工作人員的架構，令社會服務得到實質的支持與發展。

毫無疑問，享有悠久歷史的澳門民間團體對地區發展有很大的幫助，但對專業的發展存在著間接及直接的影響，目前澳門社區工作便是處於這種情境，日後的發展尚有待專業人士的努力推動。

■ 參考書目

一、中文部分

上海市職業培訓指導中心組織（2006）。《社會工作者》。北京：中國勞動社會
　　保障出版社。

王巧瓏（1999）。《澳門的社會與文化》。北京：新華出版社。

王卓祺（1986）。〈人際網絡結構因素對工作滿足之影響〉，收錄於《社區發展
　　資料彙編》（1985-1986）。香港：社會服務聯會社區發展部出版。

王思斌主編（2004）。《社會工作導論》。北京：北京大學出版社。

王思斌，收錄於張振成、許臨高、蘇景輝、羅秀華主編（2006）。〈中國大陸社
　　區工作的知識與實踐〉，《華人社會社區工作的知識與實務》，臺北：松慧
　　文化公司出版。

甘炳光、梁祖彬、陳麗雲、林香生、胡文龍、馮國堅、黃文泰（1998；2005）。
　　《社區工作理論與實踐》。香港：中文大學出版社。

汪憶怜（2004）。〈社區志願組織發展歷程之探討──以臺中縣東海村社區志工
　　隊為例〉，《社區發展季刊》。臺北：內政部社區發展雜誌社，第107期，頁
　　426-448。

冼玉儀、劉潤和（2006）主編。《益善行道》。香港：三聯書店出版。

拉杰斯、高斯達、安棟尼斯、塞魯爾（1999）。《澳門社會工作機構結構的評
　　估》。澳門：澳門社會事務暨社會預算政務司辦公室出版。

姚瀛志（2004）。《社區工作──實踐技巧、計劃與實例》。香港：益信國際出
　　版。

姚瀛志，收錄於張振成、許臨高、蘇景輝、羅秀華主編（2006）。〈澳門社區工
　　作──同學實踐之轉變〉，《華人社會社區工作的知識與實務》。臺北：松
　　慧文化公司出版，頁37-51。

姚瀛志（2006）。〈平台共創、合作安居──社區鄰里共融服務〉，收錄於《澳
　　門社會福利發展：特點與趨勢》。澳門：澳門大學澳門研究中心，頁297-
　　305。

姚瀛志（2009a），收錄於澳門社會服務團體慶祝回歸十周年活動籌備委員會主
　　編。〈澳門社區工作回歸十年──從學生實習看展望〉，《澳門社會服務十年

　　回顧與展望》。澳門社會服務團體慶祝回歸十周年活動籌備委員會主編，頁
　　57-65。

姚瀛志（2010）。《澳門社區中心發展——革新與展望》。香港：社會服務聯
　　會，頁263-277。

研究暨計劃廳（2000）。《1999社會工作局年報》。澳門：社會工作局出版。

研究暨計劃廳（2001）。《2000社會工作局年報》。澳門：社會工作局出版。

研究暨計劃廳（2002）。《2001社會工作局年報》。澳門：社會工作局出版。

研究暨計劃廳（2003）。《2002社會工作局年報》。澳門：社會工作局出版。

研究暨計劃廳（2004）。《2003社會工作局年報》。澳門：社會工作局出版。

研究暨計劃廳（2005）。《2004社會工作局年報》。澳門：社會工作局出版。

研究暨計劃廳（2006）。《2005社會工作局年報》。澳門：社會工作局出版。

研究暨計劃廳（2007）。《2006社會工作局年報》。澳門：社會工作局出版。

研究暨計劃廳（2008）。《2007社會工作局年報》。澳門：社會工作局出版。

徐震（1985）。《社區發展——方法與研究》。臺北：中國文化大學出版部。

徐震（2004）。〈臺灣社區發展與社區營造的異同——論社區工作中微視與鉅視
　　面的兩條路線〉，《社區發展季刊》。臺北：內政部社區發展雜誌社，第107
　　期，頁22-31。

袁李潔心，收錄於社區發展資料彙編（1986）。〈社區中心從社會福利署移交政
　　務總署的啟示〉，《社區發展資料彙編》（1985-1986）。香港：社會服務聯
　　會社區發展部出版。

區初輝，收錄於社區發展資料彙編（1986）。〈社區發展工作「政治化」：社區
　　工作機構的課題〉，《社區發展資料彙編》（1985-1986）。香港：社會服務
　　聯會社區發展部出版。

梁祖彬，收錄於甘炳光（1998）。〈社區工作的歷史源流及發展〉，《社區工作
　　理論與實踐》。香港：中文大學出版社。

梁漱溟（1936）。《鄉村建設大意》。鄒平：鄉村書店。

梁漱溟（1937）。《鄉村建設理論》。鄒平：鄉村書店。

梁錦滔、李志輝、莫慶聯（1986），收錄於社區發展資料彙編（1986）。〈民生
　　關注組：社區工作者實踐園地〉，《社區發展資料彙編》（1985-1986）。香
　　港：社會服務聯會社區發展部出版。

統計暨普查局（2001）。《統計年鑑》。澳門：澳門統計暨普查局。

統計暨普查局（2002）。《統計年鑑》。澳門：澳門統計暨普查局。

統計暨普查局（2003）。《統計年鑑》。澳門：澳門統計暨普查局。

統計暨普查局（2004）。《統計年鑑》。澳門：澳門統計暨普查局。

統計暨普查局（2005）。《統計年鑑》。澳門：澳門統計暨普查局。

統計暨普查局（2006）。《統計年鑑》。澳門：澳門統計暨普查局。

統計暨普查局（2007）。《統計年鑑》。澳門：澳門統計暨普查局。

莫邦豪（1986）。〈社區工作概念與實踐的再探討〉，《社聯季刊》。香港：香港社會服務聯會，第98期，頁1-5。

莫邦豪（1994）。《社區工作原理和實踐》。香港：集賢社。

許賢發（1976）。〈街坊福利會與香港社會服務聯會之關係〉，《社聯季刊》。香港：香港社會服務聯會，第56期，頁2-7。

陳孚西（1976）。〈非營多層大廈社區發展計劃〉，《社聯季刊》。香港：香港社會服務聯會，第56期，頁20-24。

陳麗雲、羅觀翠主編（1994）。《社區工作──社區照顧實踐》。香港：香港社會工作人員協會出版。

陸漢斯（1976）。〈社區發展與睦鄰〉，《社聯季刊》。香港：香港社會服務聯會，第56期，頁25-27。

麥海華（1986）。〈從環境改善到政治參與？鄰舍層面社區發展計劃的檢討與前瞻〉，《社聯季刊》。香港：香港社會服務聯會，第98期，頁25-27。

馮可立，收錄於社區發展資料彙編（1986）。〈社區發展與政治〉，《社區發展資料彙編》（1985-1986）。香港：社會服務聯會社區發展部出版。

黃源協（2004）。〈社區工作何去何從：社區發展？社區營造？〉，《社區發展季刊》。臺北：內政部社區發展雜誌社，第107期，頁78-87。

楊孝濚（2004）。〈社區營造條例、社區法與社區發展實質運作〉，《社區發展季刊》。臺北：內政部社區發展雜誌社，第107期，頁32-41。

劉克剛（1999）。《澳門特首何厚鏵》。香港：天地圖書有限公司。

蔡宏進（2005）。《社區原理》。臺北：三民書局。

澳門政府公報（1993）。第184/93/M號訓令，1993年6月28日刊行。

澳門特別行政區公報（2000）。第60/2000號社會文化司司長批示，第38期第1組，2000年9月18日刊行。

澳門特別行政區公報（2006）。第119/2006號社會文化司司長批示，第52期第1組，2006年12月26日刊行。

澳門特別行政區公報（2007）。第6/2007號社會文化司司長批示，第8期第1組，

2007年2月22日刊行。

澳門特別行政區公報（2009）。第31/2009號社會文化司司長批示，第10期第1組，2009年3月9日刊行。

澳門特別行政區公報（2009）。第230/2009號社會文化司司長批示，第26期第1組，2009年6月29日刊行。

賴兩陽，收錄於張振成、許臨高、蘇景輝、羅秀華主編（2006）。〈臺灣社區工作法制化過程探析：兼評社區營造條例草案〉，《華人社會社區工作的知識與實務》。臺北：松慧文化公司出版。

關信平，收錄於張振成、許臨高、蘇景輝、羅秀華主編（2006）。〈中國大陸的城市社區建設與社區服務發展〉，《華人社會社區工作的知識與實務》。臺北：松慧文化公司出版。

蘇景輝（2003）。《社區工作——理論與實務》。臺北：巨流圖書。

二、外文部分

Ashford, José B., Craig Winston LeCroy, & Kathy L. Lortie (2001). *Human Behavior in the Social Environment: A Multidimensional Perspective*, Thomson Learning.

Barker, Robert L. (2003). *The Social Work Dictionary*, Washington, D.C., NASW Press.

Christine, Stephens (2007). "Community as practice: Social representations of community and their implications for health promotion", *Journal of Community and Applied Social Psychology 17*: 103-114.

Farley, O. William, Larry L. Smith, & Scott W. Boyle (2006). *Introduction to Social Work* (10th ed), Boston: Pearson/Allyn & Bacon.

Hardcastle, David A., Patricia R. Powers, & Stanley Wenocur (2004). *Community Practice- Theories and Skills for Social Workers*, NY: Oxford University Press.

Hernandez, Santos, & Ellen Dunbar (2006), "Social practice and education in Mezico", *Social Work Education, 125(1)*: 52-60.

Leaper, R.A.B. (1971). *Community Work*, London: The National Council of Social Service.

Mathie, Alison, & Gord Cunningham (2003). "From clients to citizens: Asset-based community development as a strategy for community-driven development", *Development in Practice, 13(5)*: 474-486.

McNeely, Joseph (1999). "Community building", *Journal of Community Psychology,*

27(6): 741-750.

Payne, Malcolm (2005a). *Modern Social Work Theory*, USA.: Chicago, Lyceum Book, Inc.

Payne, Malcolm (2005b). *The Origins of Social Work- Continuity and Change*, USA.: N.Y., Palgrave MacMillan.

Ruud Van Der Veen (2003). "Community development as citizen education", *International Journal of Lifelong Education, 22(6)*: 580-596.

Watson, David, & Janice West (2006). *Social Work Process and Practice*, US: Palgrave Macmillan.

Wright, Sarah (2004). "Child protection in the community: A community development approach", *Child Abuse Review 13*: 384-398.

三、網路部分

Smith, M. K. (2004). "Jane Addams and Informal Education," the Encyclopedia of Informal Education, www.infed.org/thinkers/coyle.htm.

YMCA。香港基督教女青年會，女青年社會工作三十年。http://cdforum30.ywca. org.hk/，檢索日期：2009年7月23日。

上海社工網（2007）。http://www.shsw.cn/jsp/index.jsp，檢索日期：2008年5月19 日。

社會福利署下載區（2009）。http://www.swd.gov.hk/tc/textonly/site_download/，檢 索日期：2009年7月24日。

香港中文大學教育院（2009）。部分資料來自http://www.fed.cuhk.edu.hk/，檢索日 期：2009年7月22日。

香港社會服務聯會。http://www.hkcss.org.hk/，檢索日期：2009年7月23日。

香港社會福利署。http://www.swd.gov.hk/，檢索日期：2009年7月24日。

資料庫-家庭及社區（2009）http://www.hkcss.org.hk/fs/er/Services/nlcdp.htm，檢索 日期：2009年7月23日。YMCA，香港基督教女青年會，女青年社會工作三十 年。http://cdforum30.ywca.org.hk/page4/4.2/page4.24.html，檢索日期：2009年7 月23日。

鄧樹雄（2009）。「香港公共財政史（1949╱50-1979╱80）」，http://net2.hkbu. edu.hk/~brc/WP200302.PDF，檢索日期：2009年7月22日。

澳門特別行政區政府一社會工作局（2005，2009）。http://www.ias.gov.mo/aboutus/

index.jsp，檢索日期：2005年11月1日、2009年5月14日。

澳門特別行政區政府－社會工作局（2008）。http://www.ias.gov.mo/，檢索日期：2009年5月19日。

澳門特別行政區政府－社會工作局（2010）。澳門社工局2010年6月統計資料，www.ias.gov.mo，檢索日期：2010年6月29日。

澳門特別行政區政府－統計暨普查局。http://www.dsec.gov.mo，檢索日期：2009年5月15日。

澳門高等教育輔助辦公室。http://www.gaes.gov.mo/，檢索日期：2010年9月21日。

澳門街坊會聯合總會。http://www.ugamm.org.mo/，檢索日期：2009年5月19日。

澳門街坊會聯合總會網頁（2009）。http://www.ugamm.org.mo/，檢索日期：2009年5月19日。資料同時顯示南灣西灣街區坊眾互助會於50年代成立，但在1968年才向政府註冊，故本文依註冊資料為基準。

澳門街坊會聯合總會網頁（2009）。http://www.ugamm.org.mo/，檢索日期：2009年5月19日；及整理自澳門街坊會聯合總會印製的小冊子。

第五章

社區組織工作技巧

前言

　　不論在農村或鄉區，民生問題不少受到社會及政府政策改變所影響，影響程度視乎居民的感受與認知而做出不同的行為反應，其中存在各類的變異數，蘇文欣（1977：22-23）認為，當一個市鎮發展起來，人們必須放棄他們的鄉村生活，適應都市生活時，在轉變過程中會產生多類問題，如鄉村原居民的心理適應問題、法律與規則問題、政治力量轉變問題等等。因此，要推動農村、鄉村或都市的居民組織工作需視乎不同情況運用不同技巧，但它仍存在一套特有的理念與技巧，協助居民解決問題，這是一門專業學問（王思斌，2006；姚瀛志，2004），尤以社區組織工作需面對社區小環境及社會大氣候所產生之無法估計的變化。無論是藝術或是一門專業學科，只要工作員能運用適當的專業知識（Watson & West, 2006）及各種技巧，如溝通（communication）技巧、同理心（empathy）技巧、聆聽（listening）技巧、時間管理（time management）等，與區內居民建立關係，便有機會成功地達到改善居民生活質素的目的。

　　專業學問或是藝術對從未實際推行過社區工作的工作員而言，是難以捉摸並構成無形的壓力（stress），甚至影響推展社區工作的自信心（姚瀛志，2004：1）。同時工作員在進入社區後，對社區的敏感度（sense of community）的反應也會影響工作員的工作決定（Pooley, Pike, Drew, & Breen, 2002）。在千變萬化的社會問題中，工作員如何界定社區？如何瞭解社區問題？如何確立特定服務對象？如何組織居民等等問題都可能影響居民組織工作的結果。因此，筆者嘗試由認識社區開始，依不同層次說明社區組織應考慮及注意的基本技巧。

第一節　如何界定社區區域

在組織工作中，工作員必須先瞭解組織工作的目標對象，那就是社區的所在地。現今都市的變化較過往複雜，都市內存在著多類型的結構。徐震、李明政、莊秀美、許雅惠（2005：121-122）指出，都市可分為多種不同類型的社區，如地緣社區（locality community）及事緣社區（task community）。所謂地緣社區，指居住在同一地區而形成者，或稱空間社區，並可分為鄉村類型及都市類型；事緣社區，指以超越空間社區的心理認同與共同利益或文化背景而形成，或稱非空間社區，如以種族文化為中心的宗親會、以職業利益為中心的社會福利界社團、以宗教信仰為中心的天主教社區等。這些類型的社區均有其共同的互動及相同的文化特徵，工作員在這類社區推展組織工作時，若能對它的文化及權力核心有所瞭解及進行正向的互動，將有利推展工作。

基於每個社區有不同之特性，如居住人口的背景、道路環境、生活習慣等，不同特性所使用的工作方法有所不同，因此在推展社區組織時，必須先瞭解所服務的社區區域，才能計劃瞭解區內的問題，從而進行較深入的社區工作服務。

社區是近代新興的名詞，是具有因人民的聚居而形成的互動關係（interaction relationship），他們受到互動的變化，影響他們的生活水平關係（Payne, 2005；Hardcastle, Powers, & Wenocur, 2004；蔡宏進，2005）。若工作員只依學者的社區定義介定社區範圍，如何能將社區劃分為如徐震等提出的事緣社區或非空間社區呢？一般社區劃分的主導權應由資助組織或政府部門作明確的區域劃分，如香港鄰舍層面計劃所服務範圍由資助者（香港社會福利署）決定，提案乃由香港社會服務聯會與志願服務機構共同探討，然後由該單位的負責人或主管機構作細分界定，以便做出工作計劃或安排，讓工作員依從工作範圍進行各類的探索及社區組織工作（蔣玉嬋，2004；姚瀛志，2004）。策劃者必須十分小心，因有可能存在劃分的服務範圍過小，導致組織工作區域不清，如澳門北區的青洲、台山、樂駿中心，三個中心的地理位置相隔不到500公尺。而祐漢社區中心、繁榮促進會綜合服務中心及黑沙環社區中心存在同樣規劃的範圍出現不清楚情況（姚瀛志，2002：204）。

為強化專業組織工作的成效，服務資助者或組織負責人需為社區服務區域作出合理及明確的界定，以便組織工作員有系統地收集及整理地區上的資料，讓執行者對服務範圍有所依據。若資助者及組織負責人對社區區域沒有明確指示，工作員可嘗試以步行路程、需求特定性（especially needs），及地域資源（locality resource）作為考慮居民工作的範圍：

1. 步行路程方面：可以服務單位為中心點，由中心可步行路程計20分鐘內的範圍，以便居民能參與中心所推展的居民組織活動，合理的路程有助提升居民參與的動力。

2. 需求特定性問題方面：現今社區工作並不單只提供康樂服務或資訊服務，香港的社區工作已發展至針對不同問題而設立社區或地區工作隊，如屋宇署設立駐屋宇署支援服務隊、天水圍房屋諮詢及服務隊等，針對特定問題設立社區服務。

3. 地域資源方面：工作員運用當地的地理情況，在居民所在地推展服務，如**案例二**的低層大廈居民組織工作（見第八章），數次的居民會議在居民家中進行。除了居民家中的資源外，還可考慮向當地的組織借用地方推展組織工作，如學校、商場或私人屋苑（private housing）的公共地方，此方法可突破地域限制。

上述的考慮可突破地域上的問題，在資源運用上，服務機構應注意服務區域是否已有同類的社區工作單位提供社區組織服務，以免出現服務重疊，浪費資源。

第二節　認識社區策略

　　社區工作一般以地域居民為對象，每個服務中心應有其特定的服務
範圍（service area）。一般而言，工作員所處理的工作區域便是其服務的
社區（Leaper, 1971），區內發生令居民所關注問題之事情，便是社區問
題，但這些問題是否足以令大部分居民關注（concern），及參與工作員
的組織活動，工作員必須瞭解問題的成因及居民的反應，也就是探索社區
動力（甘炳光，2006：5）。因此，工作員需多方面認識社區，尤以直接
從居民處所獲得的資訊，這資訊被稱之為直接資料（direct data）。

　　完整的社區資料是訂定有效工作計劃的基礎，有助於在該社區推展
服務時，建立正確的未來工作路向（Leaper, 1971; Payne, 2005）。若能
有計劃地收集社區資料，對於社區工作的組織、計劃及行動時起著重大
的作用。而直接資料的收集，在社區組織工作可以以其關係建立的目標
（Pooley, 2002: 7; Watson & West, 2006: 35）作考慮。

一、蒐集資料

　　社會是複雜的、價值是多元的、利益是衝突的。當地區居民對社區
問題不滿時，同樣存在各方團體的利益衝突，甚至形成對立，當對立變為
衝突時，社會問題因而產生（徐震、李明政、莊秀美、許雅惠，2005）。
若資料從間接途徑獲得，工作員較難得知問題的真實性及居民對問題的真
正看法，其間的誤差相對較大，因此在進行組織工作時，瞭解真正需要才
能為居民提出有利居民改善生活質的方案。晏陽初在中國推展鄉村建設的
首要工作是先瞭解地區上的真實情況，然後再針對居民所需作出興辦學校
的教育方案之決定（蘇景輝，2003）。所以深入瞭解獲取第一手資料是組
織工作的基本概念。瞭解社區除了可以以間接方法認識社區外，實地直接

接觸是組織工作的必要方法。

　　社區工作最重要是瞭解社區居民的需要，進入地區直接接觸居民是最有效且最可靠的方法（Payne, 2005: 224）。接觸方法有不同的種類，如家訪、問卷調查、街頭劇表演、街頭訪問、展板介紹等等。因此，推動社區組織時，社區探索是必須而且非常重要的環節，除了直接與居民接觸外，工作員還可透過多個不同方法進行社區探索（community exploration），瞭解區內居民的問題及居民對社區問題的取向。由於社區問題不斷因各種環境影響而變化，因此在推展社區工作的過程中，需不斷作社區探索，瞭解居民當時所需及掌握地區的轉變。

　　一般常被使用的直接收集資料方法為家訪（home visiting）、實地觀察（field observation）及問卷調查（research）等，其中問卷調查法所涉及事項較多，這方法需視乎機構情況、社區環境特性等作考慮。家庭訪視能較深入瞭解居民的需要，並可與居民建立及保持關係，建立明確目標（Payne, 2005: 224）有助日後工作推展時，發掘有潛質的居民，參與社區關注工作，對日後社區組織行動起著較大作用（蘇景輝，2003）。

(一)家訪

　　家訪又稱家庭訪視，是每個社區工作者應有的技巧，家訪在社區工作中是非常重要及有用的。家訪有助與居民建立良好關係（Hardcastle, Powers, & Wenocur, 2004），直接瞭解居民對社區的看法，使工作有所依據，日後推展活動時易被居民認同，並且可在家訪中發掘社區領袖。姚瀛志（2004：13）認為家訪須有計劃地進行，一般包括家訪前準備、家訪時注意事項，及家訪後紀錄等。

■前期準備工作

　　為加強家訪的功能與發揮互動的作用，以及引發居民表達的意欲，在前期工作上可分為服務單位方面，及與居民打開話題的準備。服務單位方面，由於地區工作存在著安全性問題，因此在進入社區家訪前應訂定一個可行的家訪路線，並知會單位負責人，以便在需要時與工作員接觸及給予支援。其次為配合服務單位一般工作上的要求，工作員應考慮中心人手需要及在居民合適的時段進行家訪。一般而言，當受訪者忙於家務或是就寢時段均不宜進行家訪，至於何時才是適合家訪的時段則需要工作員進行瞭解與掌握。

　　合適的話題才能吸引被訪者的回應，因此工作員在進行家訪前需先收集社區過往居民關注問題的資料及瞭解社區特質，如學校、街市、小販地區等。一般先以工作員所屬的服務單位內容作介紹，此有助工作員進行家訪時打開話題，其次是進入單位前先觀察附近環境，包括大廈管理、樓梯或電梯環境、嘈音等，以這類話題引發居民的共鳴，然後以引導技巧，引導居民表達他們對社區問題的意見。

　　與居民交談的內容以社區話題較宜，過分廣闊、不著邊際的內容使人感覺沉悶，甚至提不起勁，影響交談內容的準確性，工作員需留意。

■被訪者的反應

　　由於被訪者與工作員的關係尚未建立，在進行家訪時工作員的資訊及行為態度對被訪者而言非常重要，直接影響居民的參與，因此工作員在進行家訪時應考慮被訪者對工作員到訪的不安，工作員需主動處理，包括：

1. 減輕被訪者不安：工作員在進行訪問時應先向被訪者介紹及出示個人工作身分，如工作證及說明工作所屬單位資料等，讓居民減輕壓力及防衛機制。同時在交談中以誠懇的態度關心及聆聽居民的意見，若有需要時應為被訪者提供直接協助，如轉介輔導，直接開案作個案輔導等，並關心被訪者的情況。
2. 建立互動話題：無論被訪者是否需要協助，工作員可針對居民的情況打開話題，並掌握他們的談話重點，這時適宜運用溝通技巧，並觀察他們的表情與反應，作適時回應。但不宜給予主觀及決定性的答案，以免對其他人士不公平。

3.建立聯繫關係：社區工作需要掌握可信的資料來建立社區實貌
（Leaper, 1971: 21）。初次的家訪只可表面瞭解居民所關注的問
題，但這些問題的真實性與可信性需要進一步的瞭解，因此需要與
居民建立更深層次的關係，若能在訪問中運用中心活動介紹或資料
分享等作為建立聯繫橋樑，有助瞭解社區問題的真實性及可信性。

居民本身有接納或拒絕訪問的自由，在家訪時往往遇到拒絕訪問、
不應門等行為，工作員應正視他們的權利與自由，減低個人失落的情
緒。

■記錄工作

家訪並不是為被訪者進行輔導工作，因此家訪記錄（recording）的資
料著重於居民所關注的問題及工作員對居民的看法，如**表5-1**。家訪記錄
須包括下列資料：

1.**基本資料**：一般指家訪單位資料，包括座號、單位內主要交談者姓
名、聯絡電話，及訪問時間、由誰訪問與記錄等。這些資料係作為
日後查看之用。

2.**戶主所關心的問題**：這部分主要以點示式陳述住戶對哪類問題關
注。並以先後次序顯示住戶對問題的關注程度。

3.**對受訪者的分析**：在家訪對話中，不少居民只為打發工作員隨意表
達一些個人看法，這些內容是否屬實，工作員可從其表情、語調等
感覺被訪者，因此記錄內容需要工作員對被訪者的分析，包括參與
動機、表達能力分析，或是否適合作為居民小組的對象。

4.**工作員的建議**：社區工作的家訪並不像一般個案輔導或社區服務，
它的對象是工作員可能從未接觸過的人士，他們可能是不被社會服
務發現的少數群體，他們的問題可能在工作員進行家訪時才被發
現，或在交談話題中被工作員發現，並激發居民求助的動力，若遇

表5-1　家訪記錄表

記錄編號：_____　　記錄員：_____
日期：_____　　探訪時間：_____

受訪單位	_____ 街／道／路____號 _____ 大廈／花園 　　　　　　座_____樓_____室		
不成功 （原因及建議）		訪問員	
住戶姓名		住戶人數	
性　　別	____男／____女	職　　業	
年　　齡		聯絡電話	
受訪過程／摘要： 1. 2. 3.		對受訪者分析： 1. 2. 3.	
建議：			
報告員評論／感想：			

註：家訪可能會出現兩人或以上的員工進行，記錄工作可由一人負責。

　　上這類情況，工作員應在家訪記錄中作詳細建議（suggestion），以便日後跟進如何協助。在交談中所得的資料，工作員應對這類內容作出可行性建議。

5. 工作員對家訪的感受或評論：每個家訪歷程有不同的話題，亦有不同的反應，這些反應工作員宜做出評論表達對家訪的整體看法。

　　由於家訪的主要目的是與居民建立關係及瞭解社區情況，一天訪問的家庭可能達五至十戶，故家訪記錄不宜像個案記錄般詳細，部分內容可以寬鬆處理，如被訪者的全名、聯絡電話等。與交談者的內容及工作感受可以條例式方式記錄，但須注意的是條例式應以先後次序作強弱之區別。**表**5-1的第5項為工作員對被訪者的感受，因此在訪談時應注意被訪者的反應（reaction），尤其是非身體語言的表述。

(二)地區觀察

每個社區均有其特性，正如前文所述晏陽初在中國推行鄉村建設工作時，是先深入社區瞭解社區問題（蘇景輝，2003；關信平，2006），這方法有助於對社區問題以客觀的角度進行分析及印證。落區可掌握區內實際的環境，在與居民分享社區事務時，更易與他們建立共同關注點。若對居民看法持不同意見，亦可提出足夠理據支持自己的觀點。

有目的地實地觀察社區問題，有助瞭解問題的真偽（Watson & West, 2006: 32）。瞭解社區應進入社區收集實際資料，工作員將從不同途徑收集的資料與社區實際環境情況互相印證，加強工作員對問題的瞭解。工作員必須建立對社區的敏感度，在社區觀察時把握區內的細微變化及居民的正負面反應，做出客觀判斷。觀察除了針對瞭解社區問題外，還有助於與居民發展初步關係。由於社區是社會體系的一部分，不同社區有不同的互動方式，在整個體系相互影響（Payne, 2005），工作員對社區的瞭解可從互動的角度來觀察：

1. 社區環境對居民互動行為的影響：社區的基本設計是否會容易造成治安黑點、環境衛生問題、街燈照明不足等，影響居民的生活節奏及對社區的歸屬。

2. 商業情況對居民互動的影響：社區內的營商特性如何？以哪類商業活動為主？營商情況如何？生意興旺嗎？這類問題可分析居民生活習性。

3. 非法行為對居民互動的影響：區內非法行為的嚴重性為何？例如非法占用公共空間、聚賭、色情交易、毒品販賣等這類非法活動居民參與的情況。

4.區內的設施及資源情況：區內的設施及資源是否滿足居民的需要，社區設施不足表示居民需為這些資源競爭，它往往造成居民間衝突（Lahiri-Dutt, 2006）。

5.消費行為：區內銷售的物品大多以價廉為主，還是以優質豪華物品為主，或兩者兼備，家務助理（家庭傭工）是否經常進出該區等，這些情況均顯示出該區居民的生活水平及行為取向。

6.區內的人口結構對居民互動行為的影響：日間是否以長者及學童在區內活動較多、人口年齡情況等。

7.使用語言及文化特性對居民互動行為的影響：以家鄉語言為主、穿著家鄉服式？是否有居民組織推動改善社區生活質素的活動？如同鄉會、宗親會、業主法團、業主管委會等，若這種情況明顯則表示居民的關係良好，鄰里的凝聚力強。

社區是人群聚居的複合體，居民間相互影響，同時亦產生微妙的關係，若工作員在地區觀察中，掌握居民的習性與問題，對與居居建立話題很有幫助。當然要掌握社區關係並不是短時間便可，還要工作員投入時間，在區內觀察，感受社區情況。

(三)社區調查

姚瀛志（2004：4）指出，調查有助喚起居民對社區問題的關注，並可較全面地瞭解居民的觀點，工作員可利用調查結果作為日後與居民交談的話題。透過居民對研究話題的興趣，促使居民參與（Payne, 2005; Hardcastle, Powers & Wenocur, 2004；蘇景輝，2003）。王興周在《中國百科全書》（陳良瑾主編，1994）認為，社區調查是社區工作其中一項方法，社區調查是對社區內的情況，以客觀及科學性進行瞭解。另外，姚瀛志認為，社區工作者同樣可利用問卷調查方式來瞭解居民的情況及需求。問卷調查方法可作為進入社區所使用的工具，藉由問卷內容帶引出居民對區內問題的關注；因此，問卷調查也是進入社區的方法之一

（Payne, 2005；蘇景輝，2003；Leaper, 1971; Watson & West, 2006），姚瀛志（2004：14）指出，社區工作所採用的問卷調查方法可分正式及非正式兩種，如下所述。

■非正式調查方法

非正式調查方法（informality research approach），係指不設定調查內容及指定的被訪者，以非系統取樣方式進行，訪問者自行紀綠地區情況，在進行調查時，以開放式的方式，收集居民對區內問題的看法，這方法能在沒有足夠資料的情況下，廣泛收集居民的不同意見，較易引發居民的好奇，建立與居民的共通話題，從而瞭解居民需要（姚瀛志，2004：14-15）。

■正式調查方法

正式調查方法（formality research approach）是根據研究方法在社區內進行有系統的問卷調查（Watson & West, 2006：121），姚瀛志（2004：15）調查可以只針對某座居民或全區居民對某問題的意見，並作有系統的分析及向居民公佈結果。

正式的調查結果，可讓社會大眾及居民信服，陳永泰（1997：5）指出，運用社會學的理論架構來詮釋一個發展中的新市鎮社區特性，可對其實際形成有所瞭解及認識。因此服務單位可以中心的名義對所在社區進行正式的調查，並根據調查結果推展組織工作，使服務更切合居民需要，有助建立居民對服務機構的信任。但是正式的調查，對一般服務中心有較多限制，包括經費及人力資源、員工對調查方法的認知程度、收集問卷方式、分析資料能力等。因此，工作員可依中心及社區的特性自行設計及進行問卷調查，但需注意問卷調查的基本要求。Leaper（1971: 25）認為，社區工作者進行的調查需要一套有系統的方法。有系統的科學調查方法較易令有關人士信服，所收集得到的資料更有價值。姚瀛志（2004：15）指出，若在可能的情況下，使用科學的正式調查方法去瞭解居民需要，有學術支持可免除日後被質疑。

　　值得注意的是，社區調查在組織工作上可作為與居民建立關係的一種工具。工作員以調查作為與居民建立深層次關係的同時，透過合適的問題設計與工作分配，如分派與收集問卷、協助進行問卷訪問、分析問卷、公佈問卷結果等，再依居民的能力分配工作，給居民參與調查的工作。過程中建立家訪以外的話題與互動的關係，但要留意工作員並非將工作交由居民負責，而是與居民一起進行。

(四)與中心的參與者接觸

　　社區中心或鄰舍式的服務工作中心除了要推展社區組織工作外，還會為服務對象提供各類服務，因此可創造機會與居民接觸。這方法的優點是工作員較易被服務對象認同，其次是關係已存在，工作員可利用這優勢進行互動，發展專業關係。

　　所謂「創造機會」是工作員為特定居民設計與他們關注的問題之活動，如座談會、分享會等直接瞭解參與者的特性及問題關注取向。吸引地區居民參與，為工作員創造與居民互動的機會，亦可透過活動與居民建立初步的關係。這些活動可作為日後地區探訪的話題。

二、結語

　　基於社會工作的理念，解決社區問題需要居民參與，培養居民自行解決社區事務的自覺性，以達致助人自助的目的。社區會不斷出現各類與居民生活息息相關的問題，某些問題存在已久，某些問題正在出現。存在已久的問題是否居民關注及期望改善？正在出現的問題是否令居民察覺及感到不滿呢？社區工作員必須以直接或間接法掌握社區情況，抽絲剝繭，在眾多社區問題中找出居民最關切及可改善的主題，才能激發居民參與，改善居民生活水平。

收集居民資料方法，並無一定的格式與限制，但相關資料往往會涉及居民個人隱私及觀點，因此收集居民意見時，工作員需考慮保障居民的基本權益，在不損害社會工作尊嚴、不違背社會工作的基本理念及專業守則下，瞭解居民所需。

第三節　如何建立資料庫

居民組織工作往往涉及不少地域上的問題，這些問題與社會變化及社會政策存在著互動關係，政府政策的建立一般是回應社會人士的訴求。因此，政策是解決居民問題的一種途徑，若工作員能利用政府的政策資料，來協助居民處理社區問題，有利提升居民生活質素。如何掌握與居民相關的政策及資料？哪些資料是居民所關心？哪些資料可協助居民解決社區問題？值得工作員深入瞭解。

姚瀛志（2004：7）指出，一般情況下服務機構會保存過往區內或中心所發生的大事紀錄，並加以存檔保存，如刊物、社區小組會議紀錄、突發事件處理報告等，當搜集資料時，可以利用機構本身資源，作為瞭解社區行動的第一步。

政府統計資料（government statistic information）一般較為有系統及較具策略性與前瞻性，對社區未來的發展起著重大的影響，工作員有需要對地區居民作出引領，讓居民對政府的未來規劃做出合適的回應。因此工作員應有序地分析政府資料，以便發揮工作員對政府及居民間所起的協調作用（姚瀛志，2002：206）。

在收集資料時，值得注意的是，每間機構對資料處理的方法均不一樣，可能有部分服務中心未設有事件檔案系統或會員名冊（membership list）。工作員可直接向單位職員瞭解過往情況，根據員工所提供的資料加以整理（姚瀛志，2004：8）。

　　當初步瞭解社區情況後，工作員需作針對性的問題探討，在問題探討時，建立資料庫（data bank）；Leaper（1971: 21）強調，工作員所掌握的資料必須為可信性資料（reliable data），以便日後與居民交談、或與有關部門對話時，為所涉及的社區問題或資源提出足夠理據，例如**案例一**（見第八章）所爭取的大廈管理改善要求，工作員所收集的管理問題及設施的資料，必須正確，以根據相關資料向政府部門表達要求。這些資料可作為支持爭取合理改善要求的憑證，所以在任何行動前必須盡可能進行資料收集工作。

　　建立資料庫時，工作員必須緊記針對社區現象重新整理所收集的資料，讓自己有一個清晰的社區概略。工作員可要在區內進行多方面的探究工作，包括社區居民需求調查。Leaper（1971: 26）提出社區工作的調查所收集的資料應包括十大項目，調查內容的基本十大項目是：人口、年齡結構、就業結構、居住情況、移居情況、房屋情況、親屬關係、鄰里關係、衝突情況、區域特徵等，調查重點圍繞著居民間的人際關係，這顯示社區工作與人際關係息息相關。除此之外，筆者認為還應包含社區內過往發生過而令居民關注的事情、相關人士、相關部門、問題出現次數、區內較為活躍的人物等資料數據，作為對區內情況的掌握。

　　社會問題的形成往往涉及眾多方面，因此資料庫的內容除了社區情況外，還包括協助解決居民問題的途徑及資源，如哪些議員會較熱心地區事務？哪個團體的資源可為居民提供適當協助？哪個政府部門的工作可解決當地的社區問題？工作員在收集資料時還需掌握政府的政策及各主要部門／民間組織的功能。

　　資料庫更可作為日後與居民接觸時，建立共同話題的重要工具，它能引起居民的共鳴及給予居民對工作員的信賴，讓工作員較易與居民建立合作伙伴關係（partnership relationship）。

第四節　評估社區問題

　　社區組織工作雖並不是社區研究中心，但當工作員以直接或間接方法收集社區問題的資料後，必須進行評估（evaluation）作為日後進一步的工作計劃（Watson & West, 2006: 32）。社區組織工作主要是透過工作員的動員（Payne, 2005），凝聚居民力量，由居民以助人自助的方式解決社區問題，改善生活質素。因此若要鼓勵居民參與組織工作，工作員可先評估問題是否直接影響居民的生活？問題對居民生活影響越大，他們參與的動力越強，成功組織居民參與機會也越大，如垃圾問題，居住在垃圾箱附近位置的住戶應受影響較大，參與組織改善垃圾環境清潔工作的動力越強。當然，參與組織工作與否還受到其它多種因素所影響；因此，社區問題與組織工作並不單以居民受影響程度來分析，還有受居民其它條件所限，姚瀛志（2004：15-17）指出，工作員在評估社區問題時可以考慮下列數項情況：

1. 社區問題是否為居民所關心：每個居民對問題的看法不一，所以不應假設居民必定關心該社區問題，應客觀地深入接觸瞭解哪些問題是居民較關心。

2. 居民是否有意參與解決問題：居民表達意見，並不等於有意參與解決問題，所以需分析居民參與解決問題的動機，若居民對區內的問題非常關心及參與解決問題的動力強，可推動居民成立關注相關事務的工作小組參與解決有關問題。

3. 居民是否有能力解決問題：當然不是所有社區問題都能由居民解決，如政治問題、政府政策問題或全球經濟問題等。若遇上居民關心這類問題，可透過居民聚會，以理性的角度分析，引渡居民作理性的決策。若居民所關心的問題是因人為或相關部門疏忽所致，可鼓勵他們以理性的表達方式，爭取合理權益，例如改善區內環境衛生、區內基本設施改善、屋村管理等問題。

4.解決問題時要動用哪些資源：解決社區問題難免會涉及資源運用，
例如改善社區基本設施會涉及政府財政費用，所以必須瞭解有哪些
資源能夠被運用？哪些是難以獲得？這類分析是工作員建議給居民
使用何種策略的依據。

5.解決區內問題對社會有何影響：當推動社區問題解決方案時，需考慮
方案對社區日後的影響，區內居民日後會否接納，如基本設施改善
計劃，會否造成短暫的環境問題，這些問題是否為居民所能接受。

6.處理問題後能否改善生活質素：在考慮改善方案時必須務實，方案
不應只是口號，而應是真正能令居民改善生活質素的行動。

分析社區問題可運用統計方法處理，工作員將家訪紀錄內的資料進
行多項化分析，如居民對社區不滿的事項、居民所關注的問題、居民參與
組織工作的動力等等，以量化方式進行統計，並依被關注的問題多寡作先
後的排列，以圖表方式顯示，如**表**5-1、**表**5-2及**圖**5-1等方式。這些方式可

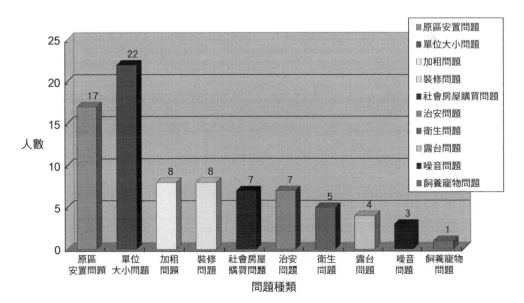

圖5-1　**居民關注的問題統計圖**

表5-2*　居民關注問題量化表

記錄編號	原區安置	單位大小	加租	裝修	社會房屋購買	治安	衛生	露台	噪音	飼養寵物
01		1	1	1						
02		1	1	1		1	1		1	
03						1	1			
04				1		1	1		1	
05				1						
06	1			1						
07				1			1			1
08			1	1		1				
09		1	1		1	1				
10		1	1		1					
11	1	1								
12										
13	1	1								
14		1		1	1					
15	1	1								
16	1	1			1					
17	1	1								
18	1	1				1			1	
19	1	1								
20	1	1								
21	1	1								
22	1	1						1		
23					1					
24	1	1			1			1		
25	1	1	1			1		1		
26			1		1					
27	1	1						1		
28	1	1					1			
29	1	1								
總計	17	22	8	8	7	7	5	4	3	1

註：＊實習同學從2008年3月1日至3月20日期間，對二十九個居住在望廈平民新邨的家庭進行了家訪，並根據訪問紀錄進行簡單的量化統計，分析居民所關注問題的程度。

以簡單而直接向居民與有關人士介紹及說明，給工作員及決策者一個客觀的參考。但客觀分析出來的結果與實際推展組織工作時有可能出現差異，工作員應做好心理準備及彈性應變的安排。

只有瞭解居民能力與動機，才可訂定出行動方案，基於社區工作的理念以居民參與為原則。楊森（楊森，1983：192）認為，居民參與及支持是組織工作的主要力量。當居民參與度高，工作員則較易組織居民，若工作員未能激發居民參與動力時，則仍需在區內進行醞釀工作，探討居民真正所關心的問題所在，再進行組織及計劃方案（Watson & West, 2006：33）。

一、選取目標

每個社區存在不少社區問題，這些問題是否被居民關注或社會人士關注，對組織工作成敗有重大影響，簡單的如居民一般關注的垃圾收集問題、交通問題、購物問題、大廈管理問題等。有甚者問題可能是潛伏性而未被發現（徐震、李明政、莊秀美、許雅惠，2005：9），這類潛在性問題一般被居民認為沒法解決，或費時繁複，因而默然接受。事實上，潛在性問題亦可以透過居民參與和反映意見便可解決。要發掘潛在性問題，是工作員所面對的難題。其中一個方法是透過價值改造改變居民的觀念。價值改造涉及社區問題對居民的影響程度，當工作員將問題進行倡導工作時，應使居民關注該問題，認同此等問題對居民本身所造成的傷害是值得花時間去參與。因此，工作員應先將某問題初步確立，然後加以進行倡導工作，讓居民再將問題確認（蔡宏進，2005：240-241）。姚瀛志（2004：23）指出，確立問題的考慮因素並不單看問題對社區影響的嚴重性，尚包括：

1.問題對社會的影響。
2.居民能否透過參與行動反映意見，改善情況。

3.居民的投入度。

4.居民的要求是否理性。

5.有關部門能否解決該問題。

雖然社區受到社會大環境的影響,各種的社會問題會令問題更複雜難測,但亦存在其特性及發展過程,如徐震、李明政、莊秀美、許雅惠(2005)指出,社會問題的形成或發展經過會有一個孕育與揭發的過程、傳播與爭議的過程、決策與行動的過程,而問題可能是客觀性或主觀性、時代性與地區性、複雜性與持續性:(1)客觀性:指對於社會問題的認定,具客觀性的分析;(2)主觀性指社會上不同的團體文化或利益階層對於同類社會問題之認定與看法的不同而言;(3)時代性與地區性:時代的轉變令原本不被社會大眾認為是社會問題的情況,成為是社會問題;(4)地區性:指社會問題常因各地區的地域文化差異而有所不同;(5)複雜性與持續性:複雜性是指社會問題的形成常有多種因素或因果難分的現象,持續性是指社會問題不斷產生而且是持續不斷的。工作員需要在不同特性的社會問題找出組織工作的目標雖有一定的困難,但是可以由上述社會問題的發展過程理念進行分析,然後訂定明確的組織工作目標。

社區問題的確立不應是由工作員經瞭解、分析或服務單位而決定,姚瀛志(2004:24)指出,應給居民較直接表達意見的機會,讓他們對該問題做出回應而作出確立。工作員利用確立問題的過程,瞭解居民對問題的看法及關心程度,訂立進一步的組織行動計劃。因此,工作員在確立社區問題時需思考如何能給予居民參與的機會,並以對該問題關注的人士為主要對象。

二、分析社區的動力與阻力

任何計劃必須考慮正面的功能及負面的影響,才能稱之為評估。當有了一個或多個目標後,工作員必須考慮組織居民及結合居民力量時會遇到的困難及阻力；姚瀛志（2004：17）強調，若能結合居民力量，可有效促使政府部門改善區內問題。若能掌握區內外的動力，協助居民爭取支持團體資助及參與，可減低因外界團體的不滿所造成之壓力。因此，瞭解社區內動力與阻力對推展社區工作非常重要。

姚瀛志（2004：17）認為，所謂社區動力（community motivation）一般而言是與利益有關，不論是實際金錢利益或非金錢回報，包括環境改善，令樓宇價格提升、租金升值；非金錢回報如給予熱心服務社群人士滿足感、個人或團體名望提升、滿足個人的成就慾望和道德要求等。參與改善社區問題的支持者一般會與非金錢回報有較多相關，但在推動社區行動時，不排除有組織成員存在金錢利益回報的心態。工作員應隨時警惕，在有需要時加以適當的介入及協助。某些社區問題可能已被其他友好團體所關注，在觀點近似或相同的情況下，可考慮結合有關團體的力量一同處理問題，但需注意友好團體的立場、目的與期望是否與居民一致、居民與這些團體能否融合等。若兩者間的期望與立場不同，工作員應作適當介入，進行協商，使社區動力在價值共創的理念下，共同合作，使有效地解決區內問題。

社區阻力（community resistance）可從兩方面考慮：其一是目前已有利益者的反對；其二為社區問題解決後，會對哪些人士產生影響，如政治權力被削弱、收入減少、支出增加等，致產生阻力（姚瀛志，2004：17）。總括而言，阻力是不願意改變現狀，或因改變現狀而受到損害的人士以行動方式進行阻止改善社區問題的力量。如**表**5-3的屋宇遷拆問題進行的動力及阻力分析。

三、現實與期望

收集資料表面上並不困難，惟社區組織是強調居民參與的工作，直接與居民接觸向其收集意見、回應態度與實際是否參與有可能存在很大的

表5-3 屋宇拆遷問題的動力及阻力分析表

序號	問題優先次序	動力	阻力
一	賠償單位面積	1.問題切身，容易引起居民關注。 2.還未建成，還可以有商量及再計劃的可能性，可鼓勵居民爭取。 3.現住單位面積大，實用面積亦比將來新單位的面積大（特別是一些現在是住在複式單位的住戶），與未來單位的面積差距大，令居民擔心空間不夠住的情況，因此這是一個很好的介入點。	1.政府部門對單位賠償面積已有固定的規劃，未必願意因為居民的意願而作出更改，可能因此選擇安置居民到另一區。 2.有些居民的關注點只在乎有屋住。
二	原區安置	1.問題切身，容易引起居民關注。 2.居民在該區已居住多年，有歸屬感。 3.居民之間的鄰里關係。 4.從有關報導得知政府先前曾對居民作出允許原區安置居民的計劃。 5.直接影響居民的日常生活（如工作地點、上學地點、重新適應等等），其中牽涉很多長者住戶需要重新適應新的生活環境。	1.新建的單位分配不足夠，令居民申請有困難。 2.有些居民的關注點只在乎有屋住，當真的不能原區安置時，只要能分配到單位就滿意。
三	加租	1.問題切身，容易引起居民關注。 2.直接影響居民的生活開支。	房屋局有固定計算租金的方式；若真的有租金的調整亦難以爭取不加租，因為租金的調整是因應家庭的收入來訂定。
四	遷拆單位維修	1.對現在生活造成影響及有意外發生的潛在危機，如有些住戶面對牆身滲水、鋼筋生鏽外露、牆身石屎（混凝土）嚴重剝落、水渠爆裂、電線霉爛等。 2.新樓建成日子尚遠，需要在現單位居住一段長時間，現時單位的維修問題變得沒人理會。	1.問題本身不嚴重，並未構成大問題。 2.快要搬遷，故不想作修葺。 3.金錢上的支出用度有限。 4.妨礙日常生活。
五	政府房屋購買	1.現時私人房屋價格高。 2.經濟能力稍高的居民都希望置業，包括為下一代置產等。 3.有投資的心態。	政府已向居民表示無優先購買權。
六	（現住單位）治安	1.對居民人身安全構成威脅。 2.居民子女被影響，如小朋友及青少年在屋邨內玩或流連時會結識到有偏差行為的人。	不是大部分居民都遇到有關問題，或者未意識到有關問題。

（續）表5-3　屋宇拆遷問題的動力及阻力分析表

序號	問題優先次序	動力	阻力
七	現住及未來單位的衛生	對居民生活造成影響，如蚊蟲滋生、病菌傳播、空氣不流通等。	居民對公眾衛生意識低，難引起整體居民關注。
八	（新樓）露台	1.已習慣使用露台。 2.可引起居民輿論。	跟單位大小及原區安置等相比，並不是主要的問題。
九	噪音	對生活（睡眠）構成影響。	並非大部分的居民都遇到該問題（僅面對馬路的單位及低層居民）。
十	（現住單位）飼養寵物	寵物便溺影響環境衛生。	部分居民熱愛飼養寵物，同時亦注重環境衛生。因此難以引起居民關注這個問題。

差異。因此工作員與居民接觸後所收集的居民意見及期望，常會帶給工作員困惑（muddle），姚瀛志（2004：18-19）指出有關困惑包括：

1.發現與早前所收集的資料有很大不同。

2.社區居民對問題的關心度與初期的估計有很大程度落差。

3.居民所關心的問題差異性大，難作決定。

4.居民依賴性高。

5.工作員擔心自己的能力，不能負荷行動方案。

6.居民意見分歧，難以組織居民。

7.居民對問題不關心。

8.無法決定哪些問題能引起居民關注。

9.服務單位不能提供足夠支援。

上述的情況經常困擾工作經驗尚淺的工作員。其實大多問題均可以解決，包括個人心理調整，視問題為正常的情況，但需要工作員加強瞭解居民的情況。如針對依賴行為的出現，工作員可運用個案或小組工作技巧改變居民的依賴行為，包括認知、自我成長的培訓等。若涉及決策及動員能力方面的問題可諮詢單位領導人或督導，給予指引及協助。

所謂助人自助，不少居民組織工作在互動下與居民共同成長，良好關係有助協調與解決問題，工作員可透過已建立的良好居民溝通管道再次與居民作較深入的問題探索（姚瀛志，2004：19），將疑惑的問題減低。

四、主導問題

群眾的需要往往並不一致，而且其變化程度會受到時間及環境因素所影響，重要的是由何人界定問題，究竟由社區工作者界定或由群眾本身作主（楊森，1983：190）。工作員接觸居民後，可能對區內的問題有所瞭解，但是當推展社區組織時通常會涉及三個層面的壓力，包括居民、機構及工作員，這三個層面的意見及觀點往往會影響行動計劃的方案。此時工作員可能產生主導性的迷惑問題，包括組織的影響、個人的影響，及居民的影響。

蔡宏進（2005：239-241）在《社區原理》一書中指出一個體系的關連，每個機構體系都有其目標及規範或期望的價值立場，而其範圍內應包括多個互有關係的次體系或單位，體系內含有角色、地位及階層結構的性質。工作員作為機構體系的一份子，達致機構的期望是員工必須依隨的基本要求，而且每個組織會因工作的需要給與工作員某程度上的支持，因此工作員在行動計劃時會受到機構目標期望的影響。其次，工作員本身分析問題時亦有可能帶出對自己有利的方案，如行動日期是否為工作員已定的假期、擔心沒能力應付某些居民而故意作逃避安排、交通對工作員是否方便等。另外，居民方面，他們的參與主要目的是為改善個人的生活質素，本身亦存在著私人目的，這些目的若被工作員發覺，工作員應如何作決定？。

姚瀛志（2004：20）認為，上述情況在推展社區服務時經常出現，這些影響成為日後推動組織工作的取向，主導整個居民的行動目標，對改善居民生活質素有很大影響；因此，根據居民主導、工作員主導、機構主導等特性在下述加以說明。

(一)居民主導

所謂居民主導（residential oriented）是指問題的決定及行動，均依居民的能力及參與作為考慮（姚瀛志，2004：20）。這觀念基本存在實務與理論的問題，居民對社區問題的表達是自由及直覺的，但這並不表示他們有能力及有時間參與解決社區問題。所以在處理居民主導的觀念時，在實務上需要有較多的考慮，如行動計劃，當工作員組織居民會議後發現居民能力與參與不足時，組織行動便需暫停。在提升居民能力後，才可再處理有關問題。

當然不是所有居民的問題既明確又清晰，居民應否參與地區工作會作多方面的衡量，如參與後會否影響家庭生活？居民本身能力的懷疑？參與後是否需要投入太多時間？因此在初期的參與，居民的主動性較弱，需要工作員某種程度的推動，所以組織工作的初期，工作員可擔任組織的主導角色，帶領居民組織工作，其後應利用機會提升居民的信心，然後將組織工作的主導權交回居民。

值得留意的是，所謂居民主導並不是指由一少部分居民決定所有方案，而是根據大多數居民所期望的方案，方案的決定是經過公開的程序，由大多數居民決定，此謂居民主導。工作員在居民能力許可下，不宜過分介入，應給與居民決策機會。

(二)工作員主導

在社區工作基本理念裡，社區的問題應由居民參與及由居民自決，從而改善社區生活質素。但是現實上，在過程中工作員表達的意見往往會直接影響居民決定，若工作員過分將主觀的個人意願放在問題解決上，就失去了居民自決的原則，工作員應加以留意（姚瀛志，2004：21）。

通常由工作員主導（community worker-oriented）居民的情況，部分原因基於居民能力所致，由於居民的能力所限，需作較深入的協助，引致組織工作完全由工作員主導（姚瀛志，2004：21），這種情況在組織初期較為明顯，如在第八章**案例一**的爭取改善環境問題，工作員瞭解居民的願意參與改善居住問題，但居民的組織及分析能力較弱，因此組織行動的工作由工作員作主導，才能激發居民的參與。

不少居民組織的工作計劃與安排均由工作員決定與聯繫，形成工作員主導情況，工作員應注意自身能力對居民組織目標的影響（Watson & West, 2006: 122），如工作太忙影響組織行動時機的安排。若工作員沒法在居民組織工作中將主導權轉移給居民時，應以居民利益為依歸，引領居民參與。

(三)機構主導

姚瀛志（2004：21）指出，機構的設立，除了服務社群外，還有基本宗旨，機構員工在執行職責時必須遵循機構的宗旨及政策，因此對員工的工作產生引導作用。服務安排與要求往往朝著機構宗旨及目的進行（Watson & West, 2006: 33），造成組織工作方案依機構期望設計，形成機構主導（agency-oriented）的情況。當然不少機構的服務宗旨以助人為本，也因此不少居民的期望與機構目標相近，倘若居民與服務機構兩者的目標出現差異，工作員宜扮演機構與居民的橋樑，盡力達致不損雙方的利益情況下，推展組織工作。

作為專業社區工作者應貫徹以居民為主導的服務理念。但是在工作推展過程中，居民往往會處於被動情況，以工作員的決定或意見為主導。而工作員的決定受到機構限制，從而形成了機構主導的情況。

(四)居民為本，共同導向的合作伙伴關係

工作員在居民組織工作上應與各方建立合作伙伴的關係（Watson & West, 2006；姚瀛志，2009a），首先注意的是所推行的社區工作的目標與機構的目標是否相互配合，建立機構管理者對居民組織的信任。要使居民與機構信任，工作員不但要以行動證明工作取向會配合機構目標，同時亦需瞭解機構對社區工作的期望，以減輕雙方的誤解，當居民有疑問時，向居民加以解釋。

居民與中心的關係主要建基於居民對社區問題的認知及獲得中心協助的反應，在相互間有意識地建立合作的共識。當社區問題出現時，在互信基礎上，中心與居民將容易組織起來發揮功能，改善區內問題。當中心與居民的角色顯現合作互惠的功能時，它們的關係就是合作伙伴的情況（姚瀛志，2009a）。

組織初期的工作需以員工為主導作為介入，協助居民進行各種分析（Watson & West, 2006: 32），但是基本上社區工作的理念是以居民為本，工作員在協助居民時應堅持以居民為主導的取向，引導居民決定他們的目標（姚瀛志，2004：22）。

事實上，大部分居民的參與行為是受工作員的決定所影響（Watson & West, 2006: 32；蔡宏進，2005：226）。所以工作員可透過影響力，使居民投入自決的原則，由工作員主導引領居民進行決策進化為居民主導。工作員必須堅守以居民為主導的原則，配合機構的資源，在提升居民的處理能力後，運用專業社工的知識與技巧，鼓勵居民參與表達，使整個程序回復到居民主導的原則（姚瀛志，2004：22），形成組織與居民、居民與工作員，及工作員與組織各方的合作伙伴關係。

五、理論應用

社區工作所應用的理論觀點不少，如系統理論（Hardcastle, Powers,

& Wenocur, 2004；蔡宏進，2005；Payne, 2005）、社會學習理論
（Hardcastle, Powers, & Wenocur, 2004）、社會交換理論（Hardcastle,
Powers, & Wenocur, 2004）、衝突理論（Hardcastle, Powers, & Wenocur,
2004; Payne, 2005; Ashford, LeCroy, & Lortie, 2001; Lahiri-Dutt, 2006；李
英明，2002）。各種理論均有其特性，如Payne（2005）將系統理論與心
理因素及社會因素剖析社會互動的關係；Dalla、Ellis及Cramer（2005）
的研究發現，肉食包裝工作的新移民關注就業及工資保障的公平性；
Munford、Sanders及Andrew（2003）的研究指出，社區工作者扮演著社會
資源關係建立的重要角色，亦即是社會資本理論（social capital）的基本
概念。從這些學者所引用的理論看到，社區工作理論的應用可以是多元
的，沒有獨一的理論能應用於所有情景來評估居民的情況，如本書**案例二**
的低層大廈居民組織工作，工作員引用馬斯洛（A. Maslow）的需求階梯
理論（hierarchy of need theory） 分析居民的需要，但亦可以從衝突理論
討論居民間的互動是否存在衝突情況。因此，採用哪個理論或如何應用該
理論的界線是應以社區問題及居民的實際情況進行分析，不應局限於某單
一理論，而是有彈性地在不同情況下結合不同理論，加以融會貫通。必須
再重申強調的是理論應用最重要的原則在於社區組織工作必須以居民權益
為最基本的理念。

　　運用合適的理論可助工作員客觀地分析居民問題與行為反應，但
是組織工作涉及多個環節，因此工作員可在不同階段以不同理論分析問
題。有關理論運用可參閱本書第二章的理論環節部分。

六、評估機構的動員能力

　　中心的動員能力包括對各項活動的支援能力、機構與有關團體及
政府部門的關係、社區鄰舍關係、人力資源的豐足、活動經費的籌集能
力、號召居民參與的力量等，這些支援直接影響社區工作員的工作成

效。動員力強能影響居民的投入程度（Watson & West, 2006: 35），並可抒緩居民對投入社區問題參與時所帶來的工作壓力。例如簽名運動、小組的定期會議、組織行動等，都會花費居民不少時間與精力，如信件往來的文書工作、資料收集等。倘若機構能在支援工作上作出協助處理，讓居民全心投入於組織核心工作中，就能激發居民的投入程度及增強居民對中心的信任。姚瀛志（2004：5）指出，中心的動員能力，對社區組織工作有重大的影響。評估機構動員能力的主要資源考慮包括單位內的員工、義工、友好團體，及機構與社區的關係。

在員工方面，每個有系統的服務單位，必定有明確的員工編制，負責各類的工作，在資源許可下應設立非專業服務員工，協助處理非專業性的工作，如場地借用、音響器材準備等，這些協助除可減輕社工工作量，使社工專注於專業服務上，提升服務效率（姚瀛志，2004：6）。

大多數服務單位均有設立義工制度（volunteer system），工作員可運用義工資源，協助居民組織工作，如社區調查。居民組織工作的參與者本身亦可成為服務單位的義工，工作員盡可能運用這些資源，參與組織事務。不過工作員宜注意居民的參與度是否會影響其家庭生活或工作，應避免居民的工作量過多，引發其他不必要的問題。

志願服務機構之間，一般有著良好的關係，例如為有需要的人士互相轉介，提供不同類型的協助，這種友好機構的資源，工作員可加以利用，協助居民解決個人或家庭問題，使各機構發揮所長，亦使服務使用者得到最好、最恰當的照顧，讓他們安心投放更多時間於改善生活質素的事務。

社區工作以地域服務為主，社區的關係資源不可忽視。服務單位在區內必定產生某種程度的互動行為，若能結合地區力量可減少不必要的阻力。工作員應掌握各類資源的情況，在有需要時可動用各類資源（羅家德、朱慶忠，2004），協助推動居民組織工作。

七、激發居民參與技巧

　　社區組織工作往往會發展至透過行動向政府部門表達意見，居民的參與是組織工作的重要元素（Watson & West, 2006；王卓祺，1986；甘炳光等，2006；Payne, 2005；蔡宏進，2005）。每個社區有其獨特的色彩，居民對問題的關切度亦有所不同，因此，必須把握機會瞭解居民關心的問題（姚瀛志，2004：24）。也許居民現在所關心的問題並不是最急切需要解決的，但是能夠吸引居民參與，便已達致基本社區組織工作早期階段的要求。

　　推動居民參與的介入方法或動員居民的話題可分為社會層面及社區層面。工作員需掌握居民對哪個層面的問題感興趣及關心，便以該層面的問題引起居民關注（姚瀛志，2004：25），如：

1.社會層面：每個社會問題都有可能涉及社區問題，如非典型肺炎（SARS）病毒令全球關注，並且對不少地區造成很大的影響，這類問題居民會極為關注，較易刺激居民對這類社區問題的參與動機（姚瀛志，2004：25）。

2.社區層面：當社會處於和平安定的情況下，社會所產生的重大問題相對不多，亦難激發居民對該類問題的關注，而社區的環境問題、治安問題、交通問題等較易引起居民共鳴，對刺激居民參與解決社區問題效果較明顯（姚瀛志，2004：25）。

　　姚瀛志（2004：25）認為，工作員可以把握上述兩個層面的特性，引發居民對參與社區組織工作的動力，然後凝聚居民力量，對社區問題進行深入討論。

　　也許居民參與的動力難以捉摸，但只要工作員掌握居民情況，在合適時機進行推展工作，容易引發居民認同與參與，否則工作員如何努力也只會得到居民冷淡的反應而已。

結語

　　社區組織工作涉及範圍很廣，工作員可從地域上掌握當地的問題，包括地區上的問題、社會上的問題，甚至全球政治的變化對該地居民的影響等。透過居民對他們關心的話題，引發居民的關注。

　　具備資料庫是組織工作的必要條件，無論居民問題及對解決社區問題的政策與相關資料，工作員應具一定程度的掌握，才能讓居民信服。居民參與的動力除了可透過工作的激發外，還有機緣巧合的協助，如自然災禍、經濟失調等，但這機會是可遇不可求的，在機緣配合下會較易激發居民參與。工作員可利用突發情況，把握機會，激發居民參與的動力。值得一提的是，並不是任何社區問題都會被社會大眾所關注，可能某些問題與居民接觸後才被發現。所以工作員應建立對社區話題的敏感度，掌握居民的期望取向。

參考書目

一、中文部分

王思斌，收錄於張振成、許臨高、蘇景輝、羅秀華主編（2006）。〈中國大陸社區工作的知識與實踐〉，《華人社會社區工作的知識與實務》。臺北：松慧文化公司出版。

王卓祺，收錄於社區發展資料彙編（1986）。〈社區中心服務策略的選擇〉，《社區發展資料彙編》（1985-1986）。香港：社會服務聯會社區發展部出版。

王興周著，收錄於陳良瑾編（1994）。〈社區工作〉，《中國社會工作百科全書》。北京：中國社會出版社，頁452。

甘炳光、胡文龍、馮國堅及梁祖彬編（2006）。《社區工作技巧》。香港：中文大學出版社。

甘炳光、梁祖彬、陳麗雲、林香生、胡文龍、馮國堅、黃文泰（2005）。《社區工作理論與實踐》。香港：中文大學出版社。

李英明（2002）。《社會衝突論》。臺北：揚智文化出版。

姚瀛志（2002）。〈澳門社區工作的反思〉，《廿一世紀社區工作新趨勢》。澳門：澳門街坊會聯合總會出版，頁194-209。

姚瀛志（2004）。《社區工作——實踐技巧、計劃與實例》。香港：益信國際出版。

姚瀛志，收錄於張振成、許臨高、蘇景輝、羅秀華主編（2006）。〈澳門社區工作——同學實踐之轉變〉，《華人社會社區工作的知識與實務》。臺北：松慧文化公司出版，頁37-51。

姚瀛志（2007）。〈澳門社會服務質素探討〉，《社區發展季刊》。臺北：內政部社區發展雜誌社，第120期，頁137-148。

姚瀛志（2009a）。〈從社會資本角度探討社區中心與居民關注組之合作伙伴關係〉，《社區發展季刊》。臺北：內政部社區發展雜誌社，第126期，頁350-358。

徐震、李明政、莊秀美、許雅惠（2005）。《社會問題》。臺北：學富文化事業有限公司。

陳永泰（1997）。〈屯門社區居民實況〉，《社聯季刊》。香港：香港社會服務
　　聯會，第62期，頁5-12。

陳良瑾編（1994）。《中國社會工作百科全書》。北京：中國社會出版社。

楊森（1983）。《社會政策與社會運動》。香港：廣角鏡出版社。

蔡宏進（2005）。《社區原理》。臺北：三民書局。

蔡漢賢主編（2000）。《社會工作辭典》。臺北：內政部社區發展雜誌社印行。

蔣玉嬋（2004）。〈地方文化產業營造與社區發展〉，《社區發展季刊》。臺
　　北：內政部社區發展雜誌社，第107期，頁241-252。

關信平，收錄於張振成、許臨高、蘇景輝、羅秀華主編（2006）。〈中國大陸的
　　城市社區建設與社區服務發展〉，《華人社會社區工作的知識與實務》。臺
　　北：松慧文化公司出版。

羅家德、朱慶忠（2004）。〈人際網絡結構因素對工作滿足之影響〉，《中山管
　　理評論》。高雄：中山大學管理學院，第12卷第4期，頁795-823。

蘇文欣（1977）。〈從屯門社區工作者的經歷中反映出社區發展在新市鎮扮演的
　　角色〉，《社聯季刊》。香港：香港社會服務聯會，第62期，頁21-25。

蘇景輝（2003）。《社區工作——理論與實務》。臺北：巨流圖書。

二、外文部分

Ashford, Jose B., Craig Winston LeCroy, & Kathy L. Lortie (2001). *Human Behavior in the Social Environment: A Multidimensional Perspective*, Thomson Learning.

Dalla, Rochelle L., Amy Ellis, & Sheran C. Cramer (2005). "Immigration and rural America- Latinos' perceptions of work and residence in three meatpacking communities", *Community, Work and Family, 8(2)*: 163 -185.

Hardcastle, David A., Patricia R. Powers, & Stanley Wenocur (2004). *Community Practice- Theories and Skills for Social Workers*, NY: Oxford University Press.

Lahiri-Dutt, Kuntala (2006). " 'May God Give Us Chaos, So That We Can Plunder': A critique of 'Resource Curse' and conflict theories", *Development, 49(3)*: 14-21.

Leaper, R.A.B. (1968). *Community Work*, London: The National Council of Social Service.

Munford, Robyn, Sanders, Jackie, & Andrew, Ann (2003). "Community development—action research in community settings", *Social Work Education, 22(1)*: 93-104.

Payne, Malcolm (2005). *Modern Social Work Theory*, USA.: Chicago, Lyceum Book, Inc.

Pooley, Julie Ann, Lisbeth T. Pike, Neil M. Drew, & Lauren Breen (2002). " Inferring Australian children's sense of community: A critical exploration", *Community, Work and Family, 5(1)*: 5-22.

Watson, David, & Janice West (2006). *Social Work Process and Practice*, US: Palgrave Macmillan.

三、網路部分

香港社會福利署。http://www.swd.gov.hk/，檢索日期：2009年7月24日。

第六章

組織居民

前言

　　不論是農村居民組織工作或是都市社區居民工作，整體而言工作理念相同，組織歷程相似，主要不同之處是依當地的文化風俗瞭解服務對象，使用適切的技巧。

　　當進行組織工作時，工作員必須找出哪些問題會引起居民注意及激發居民的參與動力，由於人口較多及社會結構較繁雜，因此，城鎮的組織工作所面對的問題較多，動員居民的潛在阻力亦較多。不論在都市或鄉村地域推展組織居民工作都應注意避免過分激化居民情緒，應在理性及非暴力觀念下進行。

第一節　組織居民

　　社區組織工作有二大主流模式，包括Jack Rothman及Ann Jeffries。Rothman的地方發展、社會計劃，及社會行動是較為社區工作者熟悉的模式。另一模式是Jeffries的觀念，強調居民能力與關係的發展，主張非暴力性的組織方法（Hardcastle, Powers, & Wenocur, 2004: 52-54）。近年以激烈的社會行動解決社區問題的情況有增加趨勢。解決社區問題是否一定要用激烈手法實有待商榷。社區組織的目的是培養居民助人自助，解決問題，從而促進社會和諧，令社區安定及發展是社區工作的主要目的，社會行動只是社區組織工作其中的一部分概念。

　　如何成功組織居民參與改善其生活質素對社區工作者而言是一大考驗。工作員行動的第一步便要面對如何介入居民所關注的問題，鼓勵居民參與社區組織活動。姚瀛志（2004）社區工作四模式的第一階段就是倡導透過不同的社會或社區問題作為介入的平台，尤其是居民所關心的事情，以活動、展板、單張介紹、小座談會等吸引居民。這些活動目的是建立與居民的關係，隨後將問題關注層面提升，從中找出有興趣參與的人士（廖俊松，2004：133-145）。

Leaper（1971: 117）認為，社區工作員應在適當時間，鼓勵居民參與他們感覺需要（felt-needs）解決的問題。組織居民（organize residents）參與的重要技巧為先掌握哪些問題是社區居民所希望改變的（Watson & West, 2006: 33）。工作員應注意居民認為需要的，及期望解決的是哪些問題，及在協助下能否改變現狀。瞭解令居民真正關心的問題，會較易引發居民表達意見，工作員繼而有機會組織他們參與改善行動。一般而言，使居民產生生命及財產安全的社區問題，會較易推動居民主動參與，例如治安情況差、罪案率高。有經濟價值的問題也容易使居民關心，如租金、房價升跌等，而環境衛生問題亦是較易引起居民注意的議題。

居民組織工作早期的建立關係階段是非常重要，工作方法主要以家訪及特定的社區活動方式為主，姚瀛志稱這階段為「建構階段」（姚瀛志，2004：43）。這階段以建立關係瞭解居民所需為目的。家訪是掌握居民對社區問題關注及提升居民參與的一個最直接及有效的方法（王興周，1994：449），工作員推展社區組織工作時必須建立家訪架構，如家訪區域、家訪記錄及家訪分析，透過家訪的過程與居民建立互動關係。其次是結合居民力量，透過工作員在區內舉辦活動，吸引居民的關注及提升參與力量。包括一些以擴展與居民接觸層面的活動，透過特定的活動與居民接觸，如座談會、特色嘉年華活動等，在活動中讓工作員與居民作多方面的接觸，建立服務單位的地區工作形象；另外，針對社區探索所得知的問題，透過特色的活動主題引發居民對問題的關注及討論，這過程具倡導作用。倡導工作並不是一次便能成功，需持續推展，直至活動的主題吸引到居民的回響，並參與居民組織工作。

第二節　組織團隊

　　當與居民建立關係後，工作員便可進一步提升推展組織工作，如召開居民關注組會議、居民大會，針對社區的特定問題舉辦座談會或分享會等。不同的會議有不同的作用及成效，所涉及的人手及運用方法亦有所不同。工作員可多方嘗試，找出對有關社區居民最有效及適合的方法。一般而言，有居民參與的會議是成功的第一步，所以在舉辦居民會時，可先建議居民成立關注組，作為探討居民對該參與社區問題的反應。倘若成功，則在居民小組推動商討區內的問題及建議解決方案，這就是社區工作專業理念之居民參與及居民自助的基本理念。待時機成熟，進一步與居民訂定共同的問題與爭取改善的目標，並由居民小組組織召開居民大會（community meeting），讓居民作為主導，對問題作進一步瞭解及跟進。

　　居民參與社區事務大多希望能改善目前生活情況，但是哪些問題是居民直接可以解決，哪些是大多數居民希望改善的地方，他們是否有足夠的能力去處理這些事宜等。這些問題需要在不同層面進行瞭解，最宜運用在居民組織工作的分享活動莫過於召開會議，讓居民深入瞭解社區上出現的問題及解決方法。

召集居民的會議

　　一般而言，組織居民應依居民參與的動力作為主要考量策動召開居民會議模式，包括：(1)召開居民大會；(2)居民座談會或分享會；(3)居民關注組會議等。

(一)居民大會

　　居民大會的作用是將已發現的區內問題確認，透過多數的居民認同，訂定一個共同期望及爭取的目標。其次，給與參與者一個代表身分，使他們日後與有關部門接觸時能代表居民表達意見（姚瀛志，2004：27）。

另外，居民大會可擴大關注面，使更多居民關注問題，提升居民對事件的關注程度，從而令已參與社區事務的居民，透過居民大會被區內居民所認同（姚瀛志，2004：27）。

居民大會對居民組織工作非常重要，它強調給與區內居民表達意見的機會，並利用居民大會確認需處理的問題及居民的期望，以達致居民間的一個共識，正如楊森（1983：192）所謂名正則言順，持之成理，得到公眾支持機會較高。因此，召開居民大會需要注意其合法性，通知時間與會議議程必須公開，居民參與的機會必須公平。為達致公平、公開的情況，必須有足夠的準備工作，包括：(1)通知區內所有居民有關會議及會議討論議程；(2)提升主持會議者面向群眾的能力；(3)加強主持者對事件的瞭解及掌握；(4)有足夠的人手協助；(5)主持者將群眾目標轉移的技巧等（姚瀛志，2004：27）。

(二)居民座談會或分享會

舉辦座談會或分享會的目的是吸引居民參與及提升居民對問題的興趣有關。居民座談會與分享會的主要目的是讓居民加深對某問題的瞭解，具倡導的作用。

分享會（sharing meeting）主要是運用曾參與相關事情的居民或特定人士，在會中給予參與者一些經驗分享，讓參與者更加明瞭有關情況。這類會議給予居民表達意見機會較多，互動性強，對解決社區問題亦很有幫助。

(三)居民關注組會議

居民組織工作強調居民參與，在推展各類解決社區問題或諮詢工作時，應由居民參與推動。因此，工作員可先成立居民關注組，由居民決定各類的行動／活動方案。這方法一般被香港社區工作者所採行（甘炳光，2005；梁錦滔、李志輝、莫慶聯，1986）。

居民關注組會議（concern group meeting）主要以小組形式進行，針對區內出現的問題，進行討論及決議，在過程中探索社區問題，並促進居民建立合作關係。以居民自決的原則協助居民推展理性的行動方案。小組舉辦形式具高度靈活性，如會議場地可安排在居民家中、大樓大堂、服務單位等。其次為會議次數，可多次及短時間內進行。

有效發揮居民會議作用（function of meeting）對居民參與有很大影響，而且對解決區內問題的成效同樣影響深遠。所以在召開居民會議前必須留意，如何能發揮組員能力，讓組員在會議中發揮領導才能，使居民接納其代表的角色，以及注意工作員在組織工作必須具有的技巧與資訊。有關如何帶領居民會議，請參閱會議技巧部分。

第三節　組織行動

學者對社區工作的界定大多涉及社會行動（甘炳光等，2005；陳良瑾編，1994；姚瀛志，2004；梁錦滔等，1986），而Rothman與Jeffries的觀點雖有所不同，但他們的共同之處仍是具有行動之考慮（Hardcastle, Powers, & Wenocur, 2004: 52-54）。在**案例二**（見第八章）祐昇大廈的問題中，工作員採用Jeffries的非衝突模式，以對話、座談等行動方式爭取權益；至於Rothman的行動模式則是可以以遊行、示威等較具衝突性的行動，來爭取達到目的的訴求。Rothman與Jeffries的行動觀念，兩者各有其優缺點，如何取捨不能一概而論。工作員需考慮居民、社區及社會上各種環境情況，有技巧地選擇行動方案。

社區問題能否透過社區行動解決，必須瞭解居民的能力及取向（陳良瑾編，1994：456）。組員動力與能力強的小組，可採取較直接及具壓

力的行動，例如在電台或電視台與有關人士對質、遊行請願等。而採取較
為溫和的方法，則如直接與具影響力的部門或相關人士對話協商、簽名
行動、遞交請願信等，甚至與其它同區組織合作結盟成立更大的壓力小
組，發動和平對話方式，表達意見（姚瀛志，2004：28-29）。這類和平
行動方式，一般社區工作可透過工作員動員及調配資源，來為居民解決問
題（王興周，1994：452）。

　　本書第八章所列舉的三個案例均採用非衝突的方法與有關部門溝通
表達意見，這是否表示居民組織工作的行動，不能取用「衝突式」的方
案。答案是否定的，但在採取較激烈社區行動時，工作員應先考慮下列問
題：

1.社區行動是否已嘗試採用較平和的表達方式，但成效不彰？
2.行動計劃是否有其它可替代的方案以協助居民解決社區問題？
3.和平的行動對象是否為能解決問題的決策者？
4.居民所提的激烈行動要求是否合理及符合社會道德規範？
5.行動方案是否影響他人的基本權益？
6.行動方案是否受到個別人士的影響而作決定？

楊森（1983：189）認為，社會行動的模式大致可分三種：

1.宣傳攻勢，建立輿論壓力：群眾藉著大眾傳媒將本身的要求和意見
　表示給大眾知曉。
2.談判：談判是在有機會達成協議下才進行的。但談判一定要講實
　力，無群眾力量的談判永遠是空談，談判勢力來自群眾的組織性及
　策略之運用恰當。
3.衝突：在無法達成談判的情形下，衝突無可避免，但應避免因積怨
　過深而發展到不可收拾之局面。

在計劃行動時要考慮傳媒（mass communication）的影響力，工作員

宜在行動前通知傳媒，一般可透過傳真，將行動資料傳真給電台、報館等。但要注意，媒體是否報導居民的行動活動，往往視乎行動的主題及行動內容，還必須留意某些媒體的政治取向，若行動有較權威人士出席，如議員、社團領袖等，較能吸引媒體派員進行採訪。

當獲悉有記者要求進行採訪時，應由居民作為主要受訪對象，因此須安排及訓練代表的組員如何接受訪問。居民接受訪問後，應向有關記者索取名片，以便查看訪問被刊登的內容。若資料被刊登，宜將該報導連刊登日期及內容一同存檔，以便日後向居民報告。

傳媒報導是一種引起社會大眾關注事件的極具影響力工具，新聞稿清晰表述社區行動的理由及目的，對成功達致目的具相當大的影響，所以工作員應在行動前準備好新聞稿給來訪的媒體。倘若預約的傳媒沒有出現，工作員可在行動完結後向有關媒體發放新聞稿，將行動訊息向社會大眾發佈。如何讓傳媒負責人認同該資料為有新聞價值、具公義、能吸引市民關注的新聞，工作員必須有系統地將資料整理，撰寫一份具吸引力及圖文並茂的新聞稿，並附上發稿人聯絡資料，供有關報社進行查詢。當新聞稿完成後，利用傳真及電子郵件，以最快的方法讓傳媒負責人得知，其次可安排員工或居民直接送交。

居民組織工作與社會行動的關係相當密切，姚瀛志（2004：51）將行動的推展過程獨立界定為居民參與取向的行動階段，行動方案的訂定視乎居民本身的能力與參與情況。值得注意的是在推動社會行動時要注意行動的道德及整體社會利益，同時亦需作多方面的考慮，如激烈的行動是否對居民造成影響，居民是否會因為獲得權力而變得獨權等。

任何一類居民行動都希望相關政府部門做出回應，及獲得有關人士做出合理的表達及意見交流的機會。居民行動的過程包括座談會、對話、談判等均可以是組織行動的一部分。無論採取什麼行動，其目的是以爭取改善居民生活質素為主，為居民找出最有效的解決方法（Watson & West, 2006: 123）。社區工作強調爭取改善居民生活質素，責任應由居民自行爭取，工作員在適當的情況下為居民提供協助，發揮居民所長，讓居民自己爭取合理的權益。所以任何行動取向均應以居民能力及居民需要作為考慮，工作員不宜過於主觀，引領居民採取越超他們本身能力的行動。

若參與行動的居民本身已具相當能力及參與動力，可強化居民的技巧，使其行動效益進一步提升。若參與的居民能力不足，則需為他們提供培訓機會，訓練設計應針對組織行動的協調能力（co-operation skill）、溝通能力（communication skill）、表達能力（expression skill），及應變能力（contingency skill）等。

一、能力提升

當居民組織發展至行動階段，不論這行動是否以激烈方式進行，工作員應為成員進行合適的準備，包括培訓行動的領導者帶領會議、協調及應變、溝通技巧及表達能力等。領導者的能力是可以透過訓練提升（Robbins & Coulter, 2005），針對居民行動需要訓練（training）居民，重點包括：

1.提升組員面向群眾的能力，加強事前的心理準備及行動技巧的工作。
2.組員對事件必須深入的瞭解及掌握。
3.提升組員回答問題應變能力。
4.培養組員的互補能力。
5.培養組員清晰的思考能力。
6.訓練組員對問題的歸納能力。
7.掌握群眾目標轉移能力。
8.語言技巧及表達技巧，分析能力。

領導（leader）才能培訓有助組員減輕心理壓力，同時亦可令居民對組員更具信心，有利建立共同目標及一同工作、執行計劃。

　　由於不同參與者的能力有所不同，在**案例一**（見第八章），顯示居民對社區問題的關心，但居民的分析能力與信心明顯不足；**案例二**祐昇大廈的參與者其分析能力與表達意慾較強，兩組工作員對提升居民能力所採用的培訓方式不同。所以，組織工作在決定採取社區行動方案前，工作員須瞭解組員的能力，引導參與者選擇行動方案，然後給予適當的訓練是非常有必要的。

　　居民能力的訓練主要是針對行動方案考慮，如**案例一**的社工員因瞭解到參與組織的居民表達技巧不足，因此集中強化居民與政府官員對話的訓練過程。所以，如果居民決定以遊行示威、示威請願等行動表達要求，工作員宜針對這類行動的整體性，訓練居民，包括組織行動的路線、行動的安全，並協調參與者的行為、口號、秩序的維持等工作。

　　一般居民行動所遇到的問題，主要是在向官員表達時所需要的溝通技巧、防止爭取目標被錯誤引導、對社區事務瞭解不足、問題分析力弱、應變能力不足等。姚瀛志（2004：30）提出針對居民的特性考慮為居民培訓內容（content of training），主要包括：

1. 居民缺乏信心：信心來自對事件的瞭解程度，若在行動前已掌握問題所在並作深入瞭解，可提高居民的信心。
2. 溝通技巧不足：導致溝通問題可能出於個人的性格，若居民本身個性較被動，不宜被選為爭取行動的主要角色，主要發言人應具良好溝通能力及應變能力。良好溝通能力可能會受環境影響，所以在行動前宜作適當的情景排演工作，有助參與者減輕心理壓力。
3. 爭取目標被錯誤引導：當與對話者接觸時，雙方均堅持各自立場爭取最大利益，在這期間各種引導方法均可能存在，尤以錯誤引領情況出現較多，組員必須學習掌握問題重點，及爭取目的的原則。
4. 對社區事務瞭解不足：小組代表及組員不是專業社區工作者，對區內的事務全面掌握可能具有困難，因此需向他們作多角度社區問題分析，尤以對爭取改善的目標所涉及的問題。

5. 問題分析力弱：在對話及面對重要人士交談時，可能涉及區內其它事務，參與者也許因分析力問題而導致困窘因此需作事前問題分析的訓練。

6. 應變能力不足：對新環境適應及問題瞭解不足，會令應變力減弱，工作員可為出席者提供事前訓練，例如預先準備回答方法，提升參與者的應變力，在行動前先瞭解對話地點、環境及對話者的背景、對話內容等，減輕因環境變化所產生的影響因素。

所謂居民組織是種藝術，基於每個爭取行動均有不同情境與變化，故在規劃上並沒有一個準則。但是工作員可透過參與過程讓居民從中學習，作為居民日後面對其他社區問題時，解決問題方法的參考（Watson & West, 2006: 148-149）。

二、與社區／政府有關部門溝通

不少學者以衝突理論來討論居民與政府的關係，如李英明、Hardcastle、Payne、徐震等。麥海華（1986：25）則認為，居民透過適當的行動表達他們的意見，可減少與政府部門直接對抗。第八章**案例二**的祐昇大廈居民與房屋局官員以對談相互交流意見，讓政府與民間的不同觀點得以互相瞭解，給有關部門有機會直接瞭解居民並為其服務。這類居民行動能發揮協調功能（Watson & West, 2006；蔡宏進，2005），避免不必要的衝突。

與政府部門溝通（communication with government）可透過電話、報刊、新聞、簽名請願、遞信請願、遊行請願等（甘炳光，2005；麥海華，1986），姚瀛志（2004：31）認為，不同方法顯示不同程度的壓力，同樣的居民亦需承受相應的壓力；因此，溝通方法視乎居民的能力及政府對壓力的反應而定，若居民未能發展至遊行請願的組織及領導能力，工作員不宜鼓勵策動有關行動。工作員需要細心思考採取什麼行動方案對居民最有利，才能有效幫助居民真正解決社區問題。如第八章**案例一**，大廈的問題只要令政府有關部門負責人瞭解便有可能解決。**案例一**的參與居民雖表達能力不足，分析能力較弱，但參與度高，工作員採用了主導的方法，鼓勵居民向有關部門遞信及進行對話，讓居民與政府官員有直接溝通機會，使有關部門官員瞭解居民所需，問題最終得到順利解決。

與政府部門對話（meeting with government）主要是讓社會大眾及政府當局清楚明白居民的需要。因此，居民代表與官員對話時必須清晰表述居民要求。要求的表達訓練應依居民能力及用比較容易明白的字句，但在居民行動當天往往出現其它情況，如臨時居民加入對話行列、在對話時被政府官員以各類資訊帶領居民進入一個複雜思考情景，俗稱「遊花園」。所以協助居民與相關部門對話前，工作員必須為居民代表做好足夠準備，包括發言代表、發言次序、要求一致、堅守信念的心態等訓練。在**案例二**，工作員與政府部門對話前，給予居民代表多次訓練，引領居民思考提問及回答內容，堅定居民信心，促使房屋局高層官員直接進入社區瞭解居民所需（姚瀛志，2004：31）。這些技巧在第七章談判式會議環節，有較詳細的討論。

與政府官員溝通，往往涉及日後的聯絡，因此要注意與會者的居民或組織是否具有效的代表性身分。若以組織身分出席會議，其身分未經過社區人士的認同與確認，不宜讓這些人士作主導，以免被誤認為居民代表，若有需要時工作員應作適度介入，如向出席者查詢其身分與角色、向有關政府代表清晰地介紹與會居民每個人的身分等，以免行動被個別人士操弄。

■ 第四節　行動後的工作

　　居民與政府有關部門溝通後，往往會有一個結果或共識，應透過公開資料讓雙方確定共同的協定，讓大眾知道特別是社區的群眾。公開交代是最好的方法，公開方法會因目的不同而有不同的處理方式，可利用傳媒發佈資料，這是較快的方法，但需關注有關工作技巧。另外，也可以召開居民大會、檢討會、單張／刊物、展板介紹等，將結果公佈。在**案例二**的祐昇大廈，工作員就是以通告方式在大廈樓梯間張貼會議紀錄、行動計劃及行動，並公佈行動結果。

　　工作員在行動後可以以致謝信形式，向有關部門主管表達謝意，信內還可再次闡明雙方在面談中的承諾及向居民跟進的問題。信的內容可包括致謝、事件的商討內容及共識、居民最新的回應等。讓相關部門明白居民所瞭解的訊息，及對會談的承諾。

　　對專業社區工作而言，行動後並不表示完成整個行動程序，緊跟著的是工作檢討、評估與跟進階段（姚瀛志，2004：51）。

一、工作檢討

　　檢討工作對社區組織非常重要，姚瀛志（2004：51）將檢討及跟進過程編列為必須階段。這階段包括收集資料、組織、行動、跟進等各環節。

　　社區組織的各個環節有不同功能，成功或失敗均可作為日後參考之用，所以在行動後均需進行檢討。檢討工作對社區工作尤其重要（Watson & West, 2006: 147），社區問題不斷轉變，各持份者有機會把握居民的缺點加以反擊，互相角力，進行討價還價。工作員為事件進行分析及檢討，應注重改善居民組織處理問題的能力，讓居民瞭解自己的優缺點所在，從而提升居民對日後行動的信心。因此檢討工作，對整個爭取行動起著重要作用。它可分階段性檢討（partition evaluation）或整體性檢討（integration evaluation）兩種。

(一)階段性檢討

階段性檢討以過程取向為主，透過各階段的不同情況做出討論及分析，有助提升組員的認同及歸屬。

倘若工作員在行動初期對檢討工作有所忽視，到工作後期有可能將前期所遇的問題及困難忘記，在以後每次推行社區工作時，都會遇上同樣問題，因此檢討工作應在早期開始。姚瀛志（2004）在社區工作計劃篇中的四個階段：(1)建構階段；(2)策動階段；(3)行動階段；(4)檢討、評估與跟進工作階段以檢討為終結。各階段過程有不同處境，如家訪時所遇的困難、召開居民會議的時間及地點的安排、行動協調及聯繫工作、跟進工作所遇到的問題等。這些經驗可作為日後推展工作時參考之用，同時可利用檢討工作提升參與者的互動機會，增強合作的信心及歸屬感。

分階段檢討過程亦是居民組成員學習的機會。居民從過程中瞭解人與人之間的互動、人與組織之間的互動，及人與政府之間互動的各種不同情況，有助居民擴展眼界增加知識。但是分階段檢討限制較多，尤受居民參與因素、時間因素等影響。部分社區行動因外在環境發展太快，各階段的發展時間太短或太急，因而無法在各階段進行檢討工作。因此工作員往往以其組織工作是否達致目的作為評價，亦即是Watson等（2006）所提的目標中心方法（task-centred method）。在這種情況下，工作員應作出適當的紀錄，將某些特別有意義的情境記下，然後再作整體的檢討工作。

(二)整體性檢討

整體檢討工作難免涉及討論爭取結果的成與敗，但這並非最重要的，重要的是將成果作整體性的分析，如行動面對的困難、行動造成的影響、行動引起的結果、給組員的經歷、組員的得或失、組員對組織的未來發展與計劃的互動。

　　若居民組織成員未能出席檢討會，工作員可採用個別形式與參與者檢討整體的成效，如**案例三**祐喜大廈的檢討工作，工作員以重訪參與居民的方式進行檢討，但這種方式缺乏互動及也頗為費時，在有其它選擇的情況下不宜採用。

　　工作員亦應以自我檢討方式與督導及合作伙伴一起進行檢討，重點應包括與組員的關係、目標達致等（Watson & West, 2006: 123, 149）。

　　社區組織行動所爭取的目的是經過居民大會討論及決定，行動滙報建議以大會形式進行，讓區內居民知道整個行動情況，檢討社區所提的議題以及整體目的是否達致，是否有任何跟進的項目。

　　社區組織行動的目的是希望有關人士或政府部門能解決社區問題，改善居民生活質素，但問題的解決不能在居民的行動後便即時得到改善，某些工作需要時間，因此社區行動在後期階段需設立監督或跟進工作，監督有關部門是否履行向居民所作的承諾。

二、小組的未來發展與計劃

　　當居民小組工作告一段落時，便需為小組作未來發展的計劃（future planning），目的是使小組持續維繫居民關係，當有社區問題再次出現時，可在最短時間召集已有的居民力量，再次啟動社區組織工作，發起社區行動，爭取居民的合理權益。

　　一般居民小組未來發展計劃可依居民組織成員情況建立不同形式的居民小組，例如成立強化居民組織小組或聯誼小組：

1.強化小組：提升目前小組的動力並持續發展，除了繼續關注目前的社區事務外，還要關注整體社會事務，提升居民對社會問題的關注，培養社區領袖人才。

2.聯誼小組：若組員只對本身居住地區社區事務關注時，可考慮為組員成立聯誼小組，提升組員之間的互動機會及與機構保持接觸（姚瀛志，2004：35）。

不論在農村或在都市社區內推展居民組織工作，工作員與社區居民組織小組的關係總會有結束階段（ending phase），亦即是離開合作多時的居民。這種情況一般包括工作員本身與服務單位兩層面。

(一)工作員的離開

姚瀛志（2004：36）認為，當推動社區工作已達致自助階段時，對工作員來說是離開居民組的好時機。值得一提的是，不是所有工作員均在完成所有關注組的工作後離開社區服務，當知道在某些情況工作員需離開居民組的工作時，如升遷、調職等，便應告知實情，鼓勵居民繼續關注區內工作，在將工作轉交接任的工作員時應將接任者介紹給小組成員，使彼此可盡快跨越建立關係的階段。

工作員的離職在一般的組織經常出現，尤以實習同學協助推展的居民工作出現次數較多。因此，離開的工作安排，服務單位宜設定一套明確方法，讓組織工作有效地持續進行，減低因同學或員工離開對居民所造成的影響。

處理員工離職的應注意事項與安排包括資料的傳承問題（continuing problem），及人際關係的聯繫（interpersonally networking）兩大範疇。

居民組織的工作是瞭解居民問題及需要，這環節的資料與組織工作的未來計劃與行動息息相關，若跟進協助的員工能掌握有關資料，可減輕跟進員工的工作量，亦可提高居民對組織的信任。

人脈關係的聯繫方面，組織工作之成功其中一個主要原因是與居民建立良好關係，當員工離開工作崗位時，往往這些關係亦隨之終止，這對居民及機構均不利，因此當機構得知負責員工離職時，便應安排其它員工介入協助，與居民建立良好關係，這安排與個案輔導工作安排相似。

(二)服務單位的離開

由於各種原因，服務機構撤離在地區的服務，如單位的服務經費不獲政府／慈善團體贊助等，使機構無法繼續在區內提供服務，而須離開社區（姚瀛志，2004：36）。

居民組織不應受機構的轉變而停止，工作員應為居民小組進行轉介，提供其它機構資料給小組參考，以便決定居民組日後發展的計劃。工作員應將小組轉介給具共同目標的機構或團體，但在整個轉介決策過程中應以組員自決為原則（姚瀛志，2004：36）。同時機構亦應負起主導的角色，及早向相關居民表達離開的安排。

社區組織工作能成功開展有賴工作員與居民建立互信的關係，正如Payne（2005）強調，社區工作的基本要件是與居民建立良好的關係。這關係的建立不論行動的結果是成功或失敗，它是整體居民組織的合作成果之一，因此工作員在離開社區時，需要好好安排，包括與居民道別的安排及對他們的情緒安撫，以免讓居民出現突然失落的感覺。

結語

社會問題在市區或農村均會出現，在不同地區所使用的組織方法表面上有所不同，但其基本理念及構思大致相同，如第五章所提的瞭解社區及接觸居民手法，工作員只需依當地居民的情況及掌握其習性，便可作出進一步的策劃工作。

能召集一群群眾進行抗爭，並不表示已達致社區工作的組織居民之目的與要求。現今社會上出現不少社會運動，組織市民以暴力或非暴力行動進行爭取權益，不少這類行動其成功效率快、機會高，但從另一角度而言，社會所付出的代價亦相對提高，因此工作員在組織居民時應注意居民的目的及對居民的影響，以免居民建立錯誤的觀念。正確的社區組織工作目的是建設和諧社區，令社會得到持續發展。

組織工作除了以為居民爭取改善生活質素為主要目的外，其背後精神乃強調居民在參與過程中學習如何面對社區問題，如何與鄰舍建立良好關係共同解決區內問題。推動居民組織工作，社會工作者應注意組織居民爭取權益需要在當今社會及法律規範下進行，否則會令參與者學習一套反社會規則的文化，對社會大眾造成更大傷害。

參考書目

一、中文部分

蔡漢賢主編（2000）。《社會工作辭典》。臺北：內政部社區發展雜誌社印行。

王宏亮等譯（2007）。《人類行為與社會環境——生物學、心理與社會學視角》。北京：人民大學出版社。

王卓祺，收錄於社區發展資料彙編（1986）。〈社區中心服務策略的選擇〉，《社區發展資料彙編》（1985-1986）。香港：社會服務聯會社區發展部出版。

王思斌，收錄於張振成、許臨高、蘇景輝、羅秀華主編（2006）。〈中國大陸社區工作的知識與實踐〉，《華人社會社區工作的知識與實務》，臺北：松慧文化公司出版。

王興周著，收錄於陳良瑾編（1994）。〈社區工作〉，《中國社會工作百科全書》。北京：中國社會出版社，頁452。

甘炳光、梁祖彬、陳麗雲、林香生、胡文龍、馮國堅、黃文泰（1998，2005）。《社區工作理論與實踐》。香港：中文大學出版社。

甘炳光、胡文龍、馮國堅及梁祖彬編（2006）。《社區工作技巧》。香港：中文大學出版社。

李英明（2002）。《社會衝突論》。臺北：揚智文化出版。

姜椿芳、梅益（1998）。《中國大百科全書——社會學》。北京：中國大百科全書出版社。

姚瀛志（2002）。〈澳門社區工作的反思〉，《廿一世紀社區工作新趨勢》。澳門：澳門街坊會聯合總會出版，頁194-209。

姚瀛志（2004）。《社區工作——實踐技巧、計劃與實例》。香港：益信國際出版。

姚瀛志，收錄於張振成、許臨高、蘇景輝、羅秀華主編（2006）。〈澳門社區工作——同學實踐之轉變〉，《華人社會社區工作的知識與實務》。臺北：松慧文化公司出版，頁37-51。

姚瀛志（2007）。〈澳門社會服務質素探討〉，《社區發展季刊》。臺北：內政部社區發展雜誌社，第120期，頁137-148。

姚瀛志（2009a）。〈從社會資本角度探討社區中心與居民關注組之合作伙伴關係〉，《社區發展季刊》。臺北：內政部社區發展雜誌社，第126期，頁350-358。

徐震、李明政、莊秀美、許雅惠（2005）。《社會問題》。臺北：學富文化事業有限公司。

袁李潔心（1986），收錄於社區發展資料彙編（1986）。〈社區中心從社會福利署移交政務總署的啟示〉，《社區發展資料彙編》（1985-1986）。香港：社會服務聯會社區發展部出版。

區初輝，收錄於社區發展資料彙編（1986）。〈社區發展工作「政治化」：社區工作機構的課題〉，《社區發展資料彙編》（1985-1986）。香港：社會服務聯會社區發展部出版。

梁錦滔、李志輝、莫慶聯，收錄於社區發展資料彙編（1986）。〈民生關注組：社區工作者實踐園地〉，《社區發展資料彙編》（1985-1986）。香港：社會服務聯會社區發展部出版。

陳良瑾（1994）。《中國社會工作百科全書》。中國：中國社會出版社。

麥海華（1986）。〈從環境改善到政治參與？鄰舍層面社區發展計劃的檢討與前瞻〉，《社聯季刊》。香港：香港社會服務聯會，第98期，頁25-27。

楊森（1983）。《社會政策與社會運動》。香港：廣角鏡出版社。

廖俊松（2004）。〈社區營造與社區參與：金鈴園與邵社的觀察與學習〉，《社區發展季刊》。臺北：內政部社區發展雜誌社，第107期，頁133-145。

蔡宏進（2005）。《社區原理》。臺北：三民書局。

關信平，收錄於張振成、許臨高、蘇景輝、羅秀華主編（2006）。〈中國大陸的城市社區建設與社區服務發展〉，《華人社會社區工作的知識與實務》。臺北：松慧文化公司出版。

蘇景輝（2003）。《社區工作——理論與實務》。臺北：巨流圖書。

二、外文部分

Ashford, Jose B., Craig Winston LeCroy, & Kathy L. Lortie (2001). *Human Behavior in the Social Environment: A Multidimensional Perspective*, Thomson Learning.

Farley, O. William, Larry L. Smith, & Scott W. Boyle (2006). *Introduction to Social Work* (10th ed), Boston: Pearson / Allyn & Bacon.

Hardcastle, David A., Patricia R. Powers, & Stanley Wenocur (2004). *Community Practice- Theories and Skills for Social Workers*, NY: Oxford University Press.

Lahiri-Dutt, Kuntala (2006). "'May God give us chaos, so that we can plunder': A critique of 'resource curse' and conflict theories," *Development*, *49(3)*: 14-21.

Leaper, R. A. B. (1971). *Community Work*, London: The National Council of Social Service.

Payne, Malcolm (2005). *Modern Social Work Theory*, USA.: Chicago, Lyceum Book, Inc.

Pooley, Julie Ann, Lisbeth T. Pike, Neil M. Drew, & Lauren Breen (2002). " Inferring Australian children's sense of community: A critical exploration," *Community, Work, and Family*, *5(1)*: 5-22.

Robbins, Stephen P. & Mary Coulter (2005). *Management*. USA.: Pearson Education International.

Watson, David, & Janice West (2006). *Social Work Process and Practice*, US: Palgrave Macmillan.

第七章

會議技巧

前言

　　社區工作功能是透過組織區內居民參與集體行動，瞭解社區需要，合力解決社區問題，以改善居民的生活環境及素質。在鼓勵居民參與過程中，讓居民建立對社區的歸屬感，培養自助、互助及自決的精神，加強市民的社區參與及影響決策的能力和意識，發揮居民的潛能，培養社區領袖才能，達致公平、公義、民主及和諧的社會。居民組織工作除了在早期以家訪形式瞭解居民情況外，還必須從多角度掌握居民的觀點與看法。工作員可以透過各類會議等，使居民有溝通渠道，表達他們的觀點與意願。

　　會議是讓相關人士聚集在一起，互相交換並且共享有關資訊、意見和想法，及導出新結論。在社區工作的組織過程，工作員需經常參與或組織各類會議，如座談會、居民大會、對話會等。因此，工作員協助居民時，必須明白各類會議的目的及功能，才能帶領居民進入會議的核心，包括相互討論、作出決策等。掌握會議技巧，才能引導居民在理性及和平的情況下，進行會議。

第一節　何謂會議

　　在社區工作中，會議（meeting）可分為正式與非正式兩大類。工作員可以依據情況選擇採取哪種方式，如居民關注組會議，若因應突發情況而召開，宜採用非正式臨時會議在服務中心、居民家中，或大樓公眾地方進行；而業主大會就必須以正規方式，依法召開會議。

　　正式的會議需要一個明確的程序規則，如議案設計、程序安排、參與人士等。它是一種用途廣泛的決策方式。它的作用，在於集思廣益、求同存異、選擇行動、共同負責和長期合作（鍾倫納，2008：2）。因此，正規會議是溝通的一種合法機制，它代表著參與者的意願與決定，在社區工作中是非常重要的。居民組織工作所遇到的正規會議一般為大廈業主大會，它必須遵守法例規定，才能被確認。

非正式會議在組織工作中經常出現，主要討論的事項仍在決策早期階段，又或工作員與居民關係尚未建立，或在時間上不容許的情況下臨時召開。這類會議經常被工作員取用，但缺乏法律效用及責任依據。因此，工作員應依情況選擇召開正式或非正式會議，推動居民組織。

會議可稱為「眾決會議」（group decision meeting），是集合多人針對特定的事項進行討論，讓某些人、事較易依討論的意見及觀點作出行動。它不是為一種執行制度，它強調平等交流（鍾倫納，2008：3）。會議同時可作為多方人士的溝通渠道，如居民小組會議、對話會、交代會議、居民或會員大會等。

一般而言，居民組織工作所涉及的會議有關注組／居民核心小組會議、分享會、居民大會、業主大會、平常會、對話會等。關注組／居民核心小組會議及分享會可用非正式的安排讓參與者在較輕鬆的情況下進行討論，因此關注組／居民核心小組會議及分享會的程序安排及要求較具彈性。

居民大會、平常會及對話會往往涉及決策與承諾的事項，會議結果會影響居民日後生活質素，因此這類會議有較嚴謹的要求，如業主大會需依法例在會議的某天前，以某方式通知各相關人士，在大廈大堂或走廊張貼會議通知；以掛號信通知，或直接放入每戶信箱，將會議議程個別通知所有業主（不同地區的法律有不同要求），如澳門召開業主大會（分層建築物之所有人大會）須至少提前十日透過掛號或簽名交收方式召集（見澳門《民法典》第一千三百四十五條）。若違反該情況，會議結果可透過法律途徑被推翻。所以工作員需要瞭解相關的會議程序及法定要求，以免因程序問題導致日後居民間的爭議。

第二節　組織會議工作

當初步探討的問題成熟時，可考慮與居民進行非正式或正式會議，讓居民透過會議的直接交流，進一步瞭解其他居民看法。這時工作員需為居民準備會議安排。一般而言，召開一個會議主要涉及三個部分，包括前期準備、會議進行階段及會議後期工作。

一、前期準備

召開一個正式會議除了考慮所討論的問題外，還涉及不少其它事項，如時間、地點、出席對象等等問題。鍾倫納（2008：37）指出，會議前準備若出了少許問題便會影響整個會議進行。因此在召開會議前需作周詳準備，它包括文字工作準備與非文字工作準備。

文字工作方面，一個會議在行政上而言，應有明確檔案記載，這些紀錄包含工作計劃、工作分配等，方便活動進度的管理。在會議前擬發會議通知，如信件、電郵、電話等的資料，以便日後召開相關會議或聯絡之用。

擬定會議議程（鍾倫納，2008：175），包括會議所需的報告／跟進／討論事項／決議事項流程（請參閱**表**7-1），以便主席及與會者能掌握會議進度及就所關注的議題作出回應。並且準備上次會議的相關資料，如跟進及討論等事宜。若有上次會議紀錄、會議議程內的相關資料、是次會議議程，及出席記錄表等，方便讓與會者瞭解會議因由，容易引領與會者進行討論。

非文字工作方面，會議除了文書資料需要外，還涉及到實質工作考慮，如安排接待工作是有必要在會議前計劃，由於會議可能涉及不同類別人士，部分出席者（記者、嘉賓）不具有表決權或討論權，因此有需要安排接待工作，帶引他們入座其專屬位置。

表7-1 會議議程格式

○○○小組／第○○次會議議程	
會議日期：＿＿年＿＿月＿＿日 會議時間：＿＿＿＿＿＿＿＿ 會議地點：＿＿＿＿＿＿＿＿＿＿＿＿＿＿	
議程	
一、通過是次會議議程	
二、通過上次會議紀錄	
三、報告事項	
四、跟進上次會議事項	
五、討論事項	
六、議決事項	
七、其他	
八、下次開會日期及地點	

　　在器材準備方面，人數眾多的會議，應準備足夠音量的音響設施，若有需要可為會議進行全程錄音／錄影，並為嘉賓或講者準備投影機、電腦器材、名牌等，以便報告及識別之用。

　　另外，非文字的工作安排，包括會場布置，一般可指與會者的座位、會議背景、茶水、協調與會出席者／與會嘉賓工作、路示牌等。當然如何吸引相關人士出席會議，宣傳報導工作是必須要的，透過傳媒報導、郵遞等，加強與會者的出席率。會前動員工作，可提升出席率達法定要求，讓會議的討論及決議事項有足夠人士參與，故在會議前動員符合資格的人士參與相關會議，亦為前期工作重點。

(一)召開會議的原則

　　由於居民出席或參與地區組織工作大多是義務性質，他們除了參與組織工作的會議外，還需顧及家庭生活、工作，及社交活動等。此外會議召開後往往涉及更多的居民參與，為免影響居民參與的意欲，工作員召開會議時，必須考慮下列召開會議的原則（principle of group meeting）：

1.次數不要太多：召開會議次數及會議起訖時間要有明確規定，以免讓參與者感覺厭煩。

2.主題要清晰：會議主題要明確，並及早公佈，避免混淆不清。

3.會議效率：內容及議程妥為安排，應事先準備，避免浪費會議時間。

4.會議出席人員須及早通知，盡早準備或先行閱讀會議資料。

5.非必要時會議時間不宜輕易更改。

6.會議討論要確實執行，並列為下次會議跟進。

(二)會議時間的安排

由於一般居民白天需上班或處理私人事務，居民組織會議應安排在晚上進行，召開會議時間，包括開始時間及結束時間應視參與居民的生活習慣而定。由於各參與者的晚飯時間不一，若會議在參與者晚飯期間進行，會影響他們的參與動力；而若在九時以後才開始會議，形成會議討論時間不足情況（中心開放時間一般在十時關門）；若會議結束時間為十一時以後則影響居民作息時間。因此，工作員應協助帶領者在召開會議前依居民情況，考慮會議開始及結束的時間問題，一般處理方法為直接與居民討論會議開始時間，以多數人能出席會議為主要考慮；其次為以熱心參與及核心成員為重心。值得注意的是，不同會議有不同的考慮因素，工作員應自行衡量。

會議時間的長短是依據會議內容考慮，對討論事項作適當分配與時間安排，每一議題應給予預定的討論時間，是否有需要分組討論，分組所需要時間多少，預算時間需計算參加者簽到、入座、休息、用茶點等時間，以作初步預計和安排。

(三)會議規則的訂定

為達致有效會議目的，會議進行時需有一套明確規則，讓與會者依從。在制定會議規則時必須考慮會議精神。鍾倫納（2008：12-13）認為，會議規則的精神是依據大多數的意見行事，除此之外還需保障少數派或個別會員的權利，在公平及合理情況下保障缺席者權利及所有會員權利。因此，會議需要合理的規則，給予各人權利的保障。

與會者的行為會影響會議進程及會議目的。會議規則需對出席者行為有所約束，減少影響進程的行為，保障參與會議各人的權益。鍾倫納（2008：13）提出了會議規則的基本策略，讓會議更有效，它包括：

1.要有足夠法定人數出席和預定時間及議程，才可召開會議。

2.任何時間內只集中討論一個問題，完成一件事才談下一項議題。

3.談論內容不可離題。

4.討論的目的在於爭取大多數同意。

5.談論形式濃縮為可供表決的貝體議案。

6.每一項議案都可以經過一些標準化措施去處理。各種措施之間有一
　定的邏輯關係和處理次序。

7.保持禮貌，不作人身攻擊。

8.會員皆有權利和義務去認識會議規則，知道每一項決議內容及它的
　預期後果，以及在會後接到會議紀錄。

除鍾倫納的觀點要注意外，制定會議規則時必須符合與會人士的代表性、會議的合法性、會議被居民的確認性，會議內容需公開地讓相關人士能夠參閱等的基本要件作考慮。

(四)如何做好會議前的準備工作

居民會議以居民為主要對象，但在某種情況下，會邀請其他人士協助，諮詢意見，如社工、律師、議員等，協助居民瞭解及解決社區問題。因此會議的對象可分為：

1.基本結構人士：會議中必須出席的人物，如居民業主大會，出席者

必須為該大廈業主或業主受托人、業主委員會成員等,而非一般住客。

2.非基本結構人士:由於會議討論所涉及事項不一定可以由基本結構人士能回應及解決,因此有需要其他人士出席,協助帶領或回應與會者的問題,或處理會議上的文書事務,這類人士並非需要每次出席會議,他們一般不具備表決資格,他們被視為非基本結構人士。在紀錄上登錄為列席人士者如管理公司員工、義工、嘉賓、社工員等,他們並非每次會議均會被邀請出席。

要做好會議的工作筆者建議工作員需依會議主題及性質作出工作流程計劃,如祐昇大廈案例所示,居民大會在中心進行,工作員為居民制定會議主題與議程,以便居民容易進入討論,包括:

1.擬定準備工作分配。
2.考量參與人士的數量及依會議的設備布置會議場地。
3.提前分發會議通知及相關資料給參與會議的基本結構人士。
4.會議資料的蒐集:按照會議所定的目標,就會議探討主題及其討論範圍,蒐集有關法令規章、典範事例,若有需要應預先印備以提高會議效率。
5.各項支援系統的事前協調。
6.會議目標的確定:確定了目標才能釐定會議主題,擬定討論範圍。
7.會議時間的安排:依據會議內容的繁簡,對時間作適當的分配與安排,每一議題預定討論時間。
8.會議程序的擬定:擬定會議的所有討論/報告事項的程序。
9.會議通知:於會前適當時間將開會日期、地點,以書面或公告通知出席及列席人員。

除上述安排外,工作員還須作好下述準備,以作日後同類工作的依照及提升會議功能。包括:

1. 議事日程的編訂：議程於會前編訂並事先送交與會者或於開會時分發，便於討論。

2. 會議紀錄：紀錄是議場紀實的檔案。紀錄人員由主持人指定，或參加人推選；常規性的集會，多半設有專任紀錄人員進行記錄。會議名稱、會次、時間、地點、出席人數、議案表決的結果，即投票的票數均須記載。

二、會議進行階段

　　會議前的準備工作若出現錯誤，工作員會有較多時間進行修訂，讓問題能夠作適當處理。但是當帶領者或工作員在會議進行中出現問題，他們必須以最短時間對問題作出回應，才能讓會議有效完成。所以工作員若在會議前清楚瞭解會議資料，可使問題較易處理，同時亦可增加參與者對會議的信心及發揮會議作用。

(一)擬定會議議程

　　正式會議在程序上有基本要求，因此，工作員應注意會議流程安排，讓會議帶領者及出席者對會議有所掌握，避免在會議進程中產生不必要問題。一般會議流程須要具有下述情況：

1. 宣布會議開始：會議過程是否合法，往往成為日後居民間的爭議，這類爭議甚至告上法庭，由法官決定是否合法。而宣布會議開始，乃是合法性的其中一個爭議，其次可讓參與者將注意力集中在會議中；因此，帶領者在會議開始時宜宣告會議開始。值得留意，宣告會議開始必須是有所依據，如已到開會時間、已達法定人數等，否則會出現違規情況，造成日後的爭議。

2. 介紹會議目的及會議規則：每個會議均有其目的及主題，若帶領者在會議早期階段向與會者明確介紹會議目的，有利會議進入議題，避免參與者將其它話題帶入會議，造成爭論；與此同時宜向與會者說明會議規則，讓他們遵守。

3.進入會議：一般來說會議議程需經參與者同意並通過，以便進行各項討論，所以在會議進入報告前需通過會議議程，然後才能進入會議的其它議程。但是在非正式會議，沒有特定議程及法律限制，一般而言，非正式會議可省略討論及通過議程的環節。

會議中主要是各項提案、報告、討論、決議的執行，另外尚訂定下次會議的日期，如：

1.作出報告：將上次會議已決定事項的工作進展，向與會者報告。
2.作出討論：收集各人的看法／意見。
3.作出決策：整合各人的意見、澄清不同的觀點、決定合適的可行方案。
4.工作分配：將決定作有效的執行。
5.結束：總結及訂定下次會議日期（若有需要）及宣告會議結束。

■報告工作

參與社區居民會議的人士各自有不同期望，其中一個較多居民關心的話題是主辦者過往與會議議題有關的工作情況，因此帶領者應在會議報告時段，讓有關人士介紹過往的工作，及讓出席者能清楚瞭解其過往的工作。不過哪些資料需要向與會者報告，哪些資料不宜在列席者在場時報告，工作員必須有明確的掌握。

過多的資料報告會讓出席者混亂及浪費會議時間，報告資料內容不足亦會讓出席者誤會，降低參與度。因此工作員有需要注意會議報告內容。一般而言，涉及行動策略的資料，公開後可能會影響行動成效，不宜作全面公開，資料宜在行動後才和與會者分享。但有關一般的維修工作進度、財務情況、人事事宜、工作跟進等事項，宜在會議中適時報告。

主持者應注意，一般與列席者有衝突的議題均不宜於列席者在場時報告及討論，除了需要列席者對議題內容作深入說明及澄清外，主要是避免讓列席者尷尬、或引致參與者不願表達個人意見。在這種情況下，帶領者可向列席者提出避席要求，安排他們暫時或提早離開會議議場。待該報告或討論議題結束後，才邀請相關人士重返議場。

■討論

　　討論乃居民會議的主要重點，透過參與者的討論才能使問題及期望更清晰，瞭解大多數人的意見。不過討論亦往往會帶出居民間的衝突，所以工作員在引領討論時宜先作準備，如訂定會議規則、安排其他員工協助、小組技巧的運用等，讓問題在討論層面進行。

　　帶領討論要注意時間控制，以免在一項不重要的話題浪費太多時間討論，所以在可能情況下，帶領者宜依討論議題的重要性，作先後次序的安排，並限制討論與發言時間。若討論時帶出與其它議題相關的內容，帶領者可依情況作出控制討論，或調整議程的次序。

　　若遇發生衝突事情時，工作員宜作適度介入，協助帶領者帶領會議討論，但在介入時工作員應以公平、合法、合理的原則來處理突發事件。

■決定／表決

　　會議目的除了讓與會者有機會對特定事項進行討論外，還有另一個主要目的是作出決定。決定方式及安排在會議中相當重要，決定的結果影響行動採向，對行動具指導作用，所以決定的過程必須作詳細安排與考量。

　　鍾倫納（2008：134-139）認為，在會議中每名符合資格的成員均有表決權利，但在特殊情況下會員必須放棄表決權，如決議結果與該成員或其家人有直接利益關係者；同時在進行表決前，參與者必須於事前公開其利益關係。

一般的表決結果以少數服從多數的方式處理，所以在進行表決前，與會者或工作人員必須根據法定要求，核實誰具有表決權及表決權的份額，然後才能進行投票，並依份額進行計算工作，所得的資料應明確記錄及保全，以便日後查核。

　　表決方式直接影響參與者感受，各種表決有其特性，採用哪類方式進行表決並無一定的要求；反之，帶領者所採用的表決方式必須是參與者同意及具可參與性。鍾倫納（2008：134-139）列出了表決方式可分為：

1. 聲浪表決法：這種方式以參與者所發出的聲浪高者為通過決定，但這方式對未能出席而有表決權者較不公平。

2. 舉手表決法：以出席者舉手作為表決的意向，但往往因人數過多，在點票時已有部分表決者將手放下，或出現多次舉手情況，導致點票出錯，造成不公平結果。這類方法宜在人數較少的會議裡採用。

3. 起立表決法：參與者大多在一特定的會場，且有坐位安排。這種方式可讓參與者以全身行動來表達其意欲，有委身作用，對表決事宜有較清楚認知。一般居民關注組亦可採用這方式作表決。

4. 輪流發言表決法：明確表達表決者的觀點與立場，但所花的時間較長。這種方式可讓列席者瞭解表決者的意向。

5. 票決法：又分不具名及具名方式，一般會採用不具名方式進行。這種方法對有表決權又不希望讓他人知道其意向者，作為保障投票者權益。此種方式在現今較常被採用，並具合法性、公平性，同時會以代行表決法共用。

6. 郵寄表決法：基於投表者未能出席參與投票，及在公平情況下行使投票者權利，故以郵寄方式讓投票者投票，但這方式必須有投票者詳細認證的資料，讓投票權不致給予不合資格人士濫用。這種方式較少用於居民關注組會議。

7. 電子表決法：這種方法易於統計，及在不記名情況下進行，但所需的設備較多。

8.代行表決法：以委託一名成員代表執行表決權，一般與票決法一同
取用。

上述的方法較被居民會議採納的有舉手表決法、票決法及與代行表
決法等。由於居民所決定的事項往往對其他居民有所影響，故無論哪種表
決法，帶領者必須掌握表決的作用及合法性，以免日後因法律爭論使得決
定事項無法執行。

■工作分配

當會議作出決定後，帶領者應依所決定的議案，作出適當工作安
排，如祐昇大廈的例子（見第八章**案例二**），會議通過致函給房屋局，並
要求協助成立大廈管理委員會。因此，帶領者應即時考慮信函工作的安
排，包括由誰負責撰稿、給予哪些委員討論及決定、以何種式遞送給房屋
局等。這些工作宜在會議中給予與會者討論及決定，讓各個角色具合法地
位處理相關事宜。

■結束

當討論的事項已完結，帶領者宜作出總結。尤其是在會議中所作的
決策及需跟進的事項，可讓需負責人士接收明確的訊息。當會議作出總結
後，帶領者宜宣布會議結束，這與宣讀會議開始作用相同。若已知下次會
議的時間，可在這時公佈。

(二)會議進行時的注意事項

會議大多設有主持者，一般會議是由主席負責帶領，鍾倫納
（2008：46-48）認為，主席有其特定的權責，它的主要責任包括籌備和
召開會議、帶動議程、給予與會者表述意見的機會和維持秩序等。

帶領者若忽視他的權責，除了會對與會者造成不公之外，還可能影
響整個會議。影響會議可分為：(1)會議進行層面；(2)與會者本能層面；
(3)會議策動層面等三個層面。

■會議進行層面

　　會議進行層面主要有報告、討論及總結三個部分，三者內容與節奏受到帶領者直接影響，所以帶領者在進程控制時應注意下述事宜：

1. 會議能給予與會者表達意見的機會，有助於收集居民的觀點與期望，對凝聚居民力量起著重要作用。因此帶領者需具備帶領討論及引導發言的技巧，將與議題相關的重要事項作優先次序安排，引領參與者進行討論，在適當的環節作歸納，使討論有明確結論。
2. 每次會議有時間限制。帶領者需對會議議程明確掌握，同時控制發言者的主題，以免偏離討論目的，讓各討論事項有足夠時間進行，使會議更有效率。
3. 結束會議應有明確宣告的原則，讓與會者得知。應先對整個會議的討論結果作出歸納宣讀，及決定下次會議日期等。

■與會者本能層面

　　帶領者可掌控會議時間與節奏，但是與會者的心態與要求不應由帶領者控制；反之，應注意與會者的情緒反應，包括帶領者本身。同時亦應以公平可行的原則引導會議進行。

　　參與居民會議者一般持著個人的主觀與期望立場出席會議，在討論時容易因觀點與立場不同產生衝突，因此帶領者應具備平和與會者之間衝突的技巧，引導與會者進行理性分析及討論。當衝突問題呈現時，帶領者應持客觀、公平、公正、公開的態度處理，在有需要時尋找資源協助，讓第三方或專業人士給予意見，同時可冷卻具衝突的討論議題。

　　會議進行順利與否，與出席者的互動有關，包括帶領者、出席者及協助者。出席者的性格與情緒反應，主辦者難以掌握及控制，但是帶領者的個性及人格特質可在推選帶領者時加以考慮。例如，不適宜挑選過於主觀型或過於自信型的居民擔任帶領者，以免因個人因素影響會議進行。

　　當有具體的意見後，應引導參與者進行決議，不應讓與會者對某項議題重複討論，而造成議而不決的情況。值得注意的是，會議的決定是否造成對某部分居民不公平、不公正、不均等，及不可行的情況，這會讓日後產生更多問題。因而要留意議而不決，決而不正，正而不均，均等而且可行的原則。

■會議策動層面

　　會議形式與目的習習相關，所以策動方面需依目的所需訂定不同的方案，如推展策略、會議形式，甚至與協助者的關係等；另需注意下列事項：

1. 會議形式種類繁多，工作員應視乎會議目的作不同的策動計劃，包括宣傳、召集及布置等。視乎會議特性作出不同安排，如工作發佈會，即涉及較多人士參與的會議，報告及討論時需要廣播器材及設備，讓出席者清楚接收訊息，這類會議一般以開放式的方式進行。

2. 封閉式會議一般是特定的人士才能參與會議，尤其是居民會議應有明確的對象，及符合資格的人士才能參與。因此，在會議開始時，應考慮對出席者進行資料核對工作，以免讓外來人士破壞會議進程，或影響表決結果。

3. 居民組織工作不少須依賴社團組織協助，包括借用場地、召集居民、擔任居民組織的顧問等，他們的觀點直接或間接地影響居民。當這類協助者的觀點與居民訴求一致時，對居民改善生活質素可得到較多的資源，形成較多影響。但機構本身有其特定的理念及宗旨，也對居民會議產生間接影響，工作員在協助帶領者時宜將這類影響力降低，依居民的合理要求作出適當回應及協助。

　　組織居民工作時，應注意「不為而為」的理念，不要為組織隨意找出會議主席、不要為開會而隨意召開會議、不要為討論而討論、不要為決定而決定。工作員應切記所有與居民的互動均存在著互信關係的建立元素，不應為組織工作而破壞了與居民的關係。

三、會議後期工作——工作跟進

當會議結束後，帶領者必須讓會議所作的決定有一個連續性，並在下次會議時向與會者報告，因此工作跟進乃會議的後續工作。如祐昇大廈的例子，會議通過致函給房屋局，信件決定由社工員負責撰寫，帶領者應跟進社工員撰寫信件情況，及是否依工作計劃完成。有效的跟進工作，可讓相關人士對居民所反映的問題有所重視，並有利於減少衝突的發生。

四、會議功能

會議有多種特性與功能，不同性質的會議，用不同設計及程序安排來發揮其功能。社區工作的居民會議，設計與安排必須與社會工作理念配合。會議功能著重居民參與，鼓勵分享。一般會議只給參與者聽取資訊及簡短的時間表達意見，給參與者一種沉悶的感覺，且欠缺互動，甚至造成參與會議是一種給主辦者面子的感受，這些思維不宜於社區工作的居民會議中使用。

工作員在帶動會議進行時應注意會議目的，依會議目的設定各種情景及運用技巧，發揮居民會議的功能。一般而言，會議功能有下列十二種：

1. 交換資訊：會議是由一群人士集合在一起，進行特定的事宜分享，因此若能強化分享功能，讓參與者有機會討論，交換不同看法與建議，有利執行者明白居民需要與要求。
2. 訂定解決方案：根據參與會議成員的觀點，設定解決問題的可行方案，可減輕日後方案對居民的影響。
3. 協調作用：會議進行期間，必定有機會交換參與者的觀點與要求，帶領者可利用這段時間，針對特定話題進行協調。
4. 提高士氣：由於會議具交換意見的渠道，工作員可利用居民參與提高士氣，包括帶領者及參與者。

5.解決問題：社區問題的形成，不少產生自居民對事情不瞭解及政府有關部門對居民需求未能掌握，居民會議可讓參與者明白兩者之間的問題所在，在相互瞭解及相互體諒下，建立解決問題方案。

6.參與決策：社區組織工作其中一個重要理念是鼓勵參與（姚瀛志，2002：196），這不單是出席居民會議，而是在出席會議中有機會參與決策，讓居民體會改善社區問題是可以自行改善的，建立好居民自決的正確觀念。

7.認識居民工作性質：社區組織工作不少是由少數居民參與、籌劃及探討，然後召開居民大會，讓居民瞭解他們的計劃及行動方案。因此，居民會議給予其他居民認識核心居民組的工作性質，然後才決定是否支持這小組的工作方向。

8.提高被接受程度：居民會議的合法性，反映活動被接受程度，如大廈管理委員會出席人數需達致法定要求，若出席委員人數越多，委員會被接受性越高。

9.減少居民抗拒心理：由於不少會議出席者只有聆聽，而缺乏表達意見機會，若會議能安排機會讓出席者表述個人意見，可減低抗拒心態。

10.資源整合：社區組織工作需要尋覓社區內外資源，以應付社區內所呈現的問題，針對問題需要採取行動（Ross, 1955: 39）。為解決社區問題，需整合社會上各類資源，而能讓居民組織使用的資源，莫過是鑲嵌在參與會議的居民之內的能力。因此，帶領者可在會議中發掘居民的資源，協助組織行動。

11.作出決策：當有足夠的討論及收集資料後，帶領者需引導會議進行表決，定出解決方案。

12.明確分工：根據參與會議的成員觀點，設定解決問題的可行方案後，帶領者必須把握時機將方案內所需的工作進行分配，讓與會人士有機會參與及發揮他們的長處。同時可讓相關人士被認同及確立責信（accountability）的責任（responsibility）。

第三節　談判式會議

居民組織工作的會議，其中環節是與有關部門／對象進行意見交流及談判（negotiation），讓居民取得合理的權益。尤以談判式會議或意見交流會（以下統稱談判會），讓雙方對社區內出現的問題，進一步交流，達成大家可接受的解決方案。

談判的發生主要有兩個原因：(1)要創造出雙方都無法獨立完成的新事物；(2)解決雙方的問題或爭端（廉曉紅、鄭榮、李諾麗等譯，2007：3）。所以談判會涉及與會雙方意見的表述，雙方會以各種情景作解說，說服對方，讓對方認同自己的觀點。有些利益團體，在與居民談判時會取用「遊花園」方式拖延時間或混淆居民的思緒，改變居民原有的看法，使居民的訴求不了了之。所以談判式會議與一般居民會議其處理技巧的重點有所不同。工作員應在進行這類會議前讓主要居民代表，掌握談判的目的與目標；清楚他們自己的議價能力及要求底線在哪，培訓及提升居民的自我裝備，因此在談判會議前應為居民灌輸有關談判的要領。

在眾多談判中，難於處理的問題往往出自於缺乏組織性，聯繫鬆散，欠缺組織結構，甚至對自身的社會體系不清晰，對解決方案混亂且不確定，同時與會者缺乏明確的帶領者來主導談判內容及要求，在主要議題上出現價值觀的差異，並且提出的要求不斷擴大，形成僵局（impasse），造成居民本身的困局。Lewicki、Barry、Saunders及Minton（廉曉紅、鄭榮、李諾麗等譯，2007：28）相信，有效的決策、構思與計劃是達成談判目的的最先決條件。透過計劃和設定目標大多數能達成談判目的。因此，要讓談判會議有效，工作員應在進行談判會議前，為出席會

議的居民作事前導向及策劃工作，讓居民掌握談判會的目的、特性及注意
事項，使目的更容易達成。

　　談判式會議雙方能力與權力往往是不對等的，常見的現象為居民因
本身工作限制、認知及理解能力不足，形成不對等現象（甘炳光、胡文
龍、馮國堅、梁祖彬編，2006：231）。因此有需要第三方介入，協調雙
方的權益。第三方的介入能夠為雙方提供一些好處（廉曉紅、鄭榮、李諾
麗等譯，2007：421）。社區工作者的工作取向是為協助居民解決問題，
他與居民建立了特定的合作關係，對居民問題與需求相當瞭解，同時亦具
較多資源與相關部門接觸，瞭解他們的權力與限制，所以社區工作者是解
決社區問題的最佳第三方。

　　基本上，第三方應掌握各方情況，從雙方的角度找出達成解決問題
的空間，包括重新建立或加強溝通、重新聚焦在主要問題上、補救或修
復緊張關係、增加談判者對衝突解決過程及其結果的滿意程度和貢獻程
度（廉曉紅、鄭榮、李諾麗等譯，2007：421）。讓談判雙方建立合作關
係，在平和氣氛下進行討論，減少衝突的出現。

一、談判原則

　　解決社區問題往往與政府部門有關。居民組織工作的後期階段，常
涉及與政府相關部門表達意見及爭取居民的權益。值得注意的是，居民組
織工作並非一定要進行談判。爭取合理權益可以用座談會、遞信行動、簽
名運動、意見交流會（談判會）、遊行請願等表達。遊行、請願這些行動
往往較易激發居民情緒，及造成衝突發生。工作員應具備知識、技巧，以
處理不同的衝突問題，在緊張狀態時為居民提供援助、促進雙方的互動溝
通等。互動若在衝突環境下進行，其實對雙方均不利，所以工作員應倡
導建造和平的環境，處理居民與政府間的衝突，達成解決社區問題的共
識。建造和平環境的先決條件是推動居民與政府部門談判，談判前應考慮

下列的談判原則：

1. 不要為個人而談判：居民組織工作應以群眾利益為主，若是為某特定個人提供服務，應用個案工作方式協助案主。在居民組織工作上，應以整體問題作考量，談判要求亦以大眾利益為依歸。

2. 居民要求是否合理：不少社區問題涉及居民利益，在保障居民利益時，亦同時要考慮居民的要求是否導致社會上其它不公平現象，例如大廈維修補助，居民是否要求不論業主經濟情況，全數維修費用由政府支付。若成功為這類要求爭取所得，將會造成政府為全體業主提供維修物業資助先例。給予居民錯誤觀念，找到工作員協助便可免除支付大廈維修費用的責任，造成社會更不公平情況。

3. 談判對象是否能為居民解決問題：政府部門架構複雜，權責工作分明，面對複雜的社會問題，工作員應為居民找出合適的部門進行談判，才能真正解決居民問題；值得注意的是，複雜的問題談判對象不一定只有一個部門，例如澳門非法旅館問題便涉及了旅遊局、治安警察局、土地工務運輸局等多個部門。在這情況下，工作員宜協助居民向多個部門進行談判。

4. 談判不應存有輸贏的觀念：社會問題涉及層面較廣，居民掌握的理據可能只是問題表徵資料，政府深層次的考量與策劃工作往往影響談判結果，工作員不應具在輸贏心態下協助居民；反之，應以雙方的客觀理據進行協調工作。

5. 出席者是否具代表性：由於談判結果往往導致公帑支出，相關部門會細心處理談判的訴求與代表性，若出席者未具合法代表性，往往成為拒絕的理由，使整個談判無功而返。不要令談判成為小部分人爭取權益的工具。

6. 時間掌握：Hiltrop及Udall（劉文軍譯，1999：35）認為，在談判中，時間是一個關鍵的因素，它能影響全局。同時，談判是一個隨時間而產生變化的過程（廉曉紅、鄭榮、李諾麗等譯，2007：

9）。因此，工作員應協助居民不斷調整因變化所受的影響，盡可能讓居民掌握變化的情況，保持及提升議價能力。

在談判前工作員可依據上述原則，協助居民與相關部門進行談判工作，但是在進行談判中，有不少事項需要工作員特別注意，並因應當下的情況作出應變，以維護各方的權益。

二、談判過程注意事項

談判工作可透過事前的策劃提升效率，但過程中工作員無法控制雙方出席者的行為及表述方式，工作員必須注意當下的情況，提供恰當的協助。在談判過程中，工作員應注意的事項包括談判框架轉變、錯誤的陷阱、調整居民心態、觀察與理解能力、協調衝突、突破僵局。

(一)談判框架轉變

談判會引發出各種新議題或新的論點，讓問題出現不少變化，當問題變化時，會影響到各方談判時的態度、語氣、語調與重心，此時談判框架便有所轉變（廉曉紅、鄭榮、李諾麗等譯，2007：44-45）。工作員應注意這些轉變，在轉變出現後宜適時介入引導雙方定出新的框架，讓各方在同一框架下進行討論，例如確立各方認為關鍵的議題及如何談論該議題的方式。

(二)錯誤的陷阱

不論是對話會或談判會，居民代表者背負著為居民成功爭取最大利益的壓力，所以工作員宜為代表者作出適當的協助及引導，讓他們避免在會議中造成不必要的錯誤，或誤入談判的陷阱（pitfall），影響爭取的結果。Hiltrop及Udall（劉文軍譯，1999：10）認為，一般的談判錯誤是居民代表帶著成見談判；不清楚誰具有最終決定權；不知道自己的優勢，而只帶著已定的爭取利益進入談判；不能抓住實質問題進行討論；不知道該在什麼時候收場。這些問題往往是對方所使用的解釋理由，當這些環節出現時，工作員應給予居民代表協助，或介入引導會議討論。

若要避免在會議中出現錯誤，工作員應在會議前為代表者進行導向（orientation）工作，導向的內容主要讓居民掌握會議的特性及權力，包括：

1.爭取發問機會，對不清楚的地方要多問，以瞭解對方的想法。
2.當對方表述問題的看法時，應耐心聆聽對方的意見，但留意表述的內容與討論主題的關係是否離題。
3.避免用人身攻擊的語言傷害對方。
4.應按討論議題的次序進行討論，徹底考慮可能出現的問題。
5.多進行概述和詮釋，以保證讓對方瞭解你的觀點（劉文軍譯，1999：12-14）。

(三)調整居民心態

居民參與談判會議的主要期望是求勝求利益，工作員應協助居民瞭解倫理道德要求，同時建立談判並不是一決雌雄（劉文軍譯，1999：8）的心態。讓居民明白爭取成功與失敗的關鍵因素，包括議價能力的轉變，這些議價能力可透過動員居民參與來增強，及爭取社會大眾的認同與支持。

要提升居民參與力量與爭取的目的能否滿足居民需要有關，工作員應為居民設立爭取的目標底線。這底線能否讓社會大眾接納，對談判相當重要，若目標要求受到社會人士支持，可成為爭取行動的另類動力，提升居民談判的籌碼。

(四)觀察與理解能力

成功的談判取決於與會時代表的觀察力與分析能力，Lewicki、

Barry、Saunders及Minton（廉曉紅、鄭榮、李諾麗等譯，2007：350）認為，在談判過程中，談判者必須認識、理解對方所提出爭論的回應，捕捉他們的觀點。在當局者迷，旁觀者清的情況下，工作員應以第三方的身分理解雙方觀點及論據，找出雙方可信的理由與協議方案，使雙方達成共識。因此，工作員必須具備捕捉觀點的能力，為雙方分析問題所在，進行協調。

(五)協調衝突

不少談判因意見不合，造成衝突，衝突可能是由於雙方觀點不同，雙方人員的誤解或其他無形因素所產生（廉曉紅、鄭榮、李諾麗等譯，2007：16）。因此工作員對處理會議衝突應有準備，避免因個人或參與者的不同觀點造成過多衝突問題。Hiltrop及Udall（劉文軍譯，1999：14）認為如果衝突不嚴重，不需要採取制止行動，如果衝突很嚴重，工作員可試著改變雙方的動機。透過第三方的角色讓雙方冷靜，並進行協調讓步的基制，為各方找到讓步的理由，可避免讓對方丟面子，淡化兩者的矛盾。

(六)突破僵局

談判並不一定會出現衝突，尤其是居民與政府部門的會議，但是在談判過程中會較多出現僵局（impasse）狀態。Lewicki、Barry、Saunders及Minton（廉曉紅、鄭榮、李諾麗等譯，2007：385-386）認為，產生僵局有很多原因，它的出現並不一定是壞事，原因是雙方正找尋可行的解決問題方法；或者是雙方正在理解大家的意思，而不願將問題嚴重化。在這情況下，工作員可嘗試為雙方找出化解僵局的契機。

談判各方往往因保護個人／代表團體利益的立場，把對話方式或技巧戰術化，如隱藏式行為、改變對方的感覺、製造混亂、控制談判時間等戰術（廉曉紅、鄭榮、李諾麗等譯，2007：78-82），改變談判結果。在以致勝為目的的影響下，這類對話導致參與者的目標及行為轉變，內容及表述或趨向不合倫理的論據出現，造成不誠實行為與妨礙互信的問題。工作員宜應避免運用這類戰術，讓居民學習，成為日後使用的談判技巧。要減少這類行為出現，工作員應運用社會工作各類技巧，引領居民的行為反應，尤其是小組工作技巧，所以工作員需同時具備小組工作的知識及各類技巧的理念，在適當時候，協助居民。

第四節　處理居民會議的技巧

　　當工作員與居民的關係發展至組織層面，工作員難免要運用小組工作技巧處理居民會議的各類互動。小組工作技巧繁多，運用時需掌握技巧的理念，較常用於居民會議的小組工作技巧包括：

1. 領導技巧（leader skill）：領導乃指「引導成員有所不知而使其知，有所不能而使其能」（徐西森，2004）。帶領者對會議目標及居民動力的掌握，具備了關鍵性的影響力。他可作適時介入引領會議。

2. 概念查證（authenticity）：概念查證的目的，是去澄清和瞭解成員所表達的內容（Hepworth & Larsen 1990：109）。主要目的有三點：鼓勵居民說明、使更瞭解模糊和疑惑的內容、讓組員專注於討論氣氛（劉曉春等譯，1997：239）。在會議中，參與者表達意見時往往引發出不少訊息或意見，因此工作員需運用各種技巧查證有關訊息，如運用引導互動技巧鼓勵參與者表述對該意見的看法。

3. 引導互動（guiding reaction）：最基本的領導功能是引導和促進居民產生討論（劉曉春等譯，1997：247; Hepworth, & Larsen, 1990：35）。工作員運用敏銳的洞察力與反應，技巧地將居民之間所表達的內容及有關題材、人物、事件與小組目標相關連，有意義地組織居民的資訊，特別是未被察覺到的片斷資訊。工作員應靈敏於居民之間共同的問題、共同的線索，促進參與者的互動並提高居民小組凝聚力的層次。

4.引導互動之連結（linkage）：這將居民表達的相近似意見連結幫助居民彼此之間有更緊密的認同。它的目的是降低居民之間的分離感覺，以增加居民間的凝聚力。這技巧強調社區問題之間的相似性，藉此將居民連結在一起（劉曉春等譯，1997：248）。當將居民問題連結在一起時，令他們有所共鳴，則容易組成居民組織，增強有意義溝通。

5.阻止（prevention）：阻止是一種干預的技術，避免會議出席者作出不好的、不合乎倫理的，或不適當的行為。這些行為包括侵犯別人的生活，講很長的故事、一直向別人問問題、攻擊他人（劉曉春等譯，1997：249）。阻止也可以是一種保護其他參與者的方法。有時候當某出席者的壓力過大，他需要被保護。阻止經常被用於保護，避免被不適當地批評，而成為代罪羔羊。

6.設限（limitation）：有時候工作員在關鍵時刻必須設定好界限（劉曉春等譯，1997：250；Hepworth & Larsen, 1990: 130），使之在整體互動中有規範，避免逾越或偏離會議的目標。當阻止或設限某些無效的行為時，工作員的敏銳、堅定和直接取向非常重要。

7.摘要（summarizing）：在會議中，摘要是指簡明回顧討論的重心。一般而言，摘要是在每個討論議程將結束時，將相異的線索拉在一起的一個方法（吳武典、洪有義、張德聰，2005：114；Hepworth & Larsen, 1990: 158）。在討論過程中，參與者經常一心一意去聆聽細節，及分享他們的想法與感覺，而忽略了對於討論事件的洞察，藉由摘要可以幫助瞭解討論的重點。

8.支持（support）：指工作員給予出席者的鼓勵。當居民表達意見、會議動力呈現正向或負向發展時，工作員宜適時給予支持，特別是分享個人內在深層次感受與痛苦經驗時（吳武典、洪有義、張德聰，2005；劉曉春等譯，1997；Hepworth & Larsen, 1990）。工作員的支持不是形式化的社交辭令，而是輔以非口語專注行為及人性的尊重，讓居民獲得被支持的感覺。

9.解析與澄清（interpreting and clarifying）：解析和澄清是兩個不同的向度，但都非常重要。解析的目的是朝向於潛意識，而澄清的目的是朝向意識或者是前意識（preconscious）：

(1)澄清能夠藉由引用類似的案例來擴大資料庫，並且逐漸聚焦在特別的討論話題上面。而解析是想要讓潛意識的現象能夠逐漸浮到意識層面，對於事件、行為以及感受能夠給予特殊的意義（唐子俊、唐慧芳、孫肇玢等譯，2004；Hepworth & Larsen, 1990；吳武典、洪有義、張德聰，2005）。解析的目的是想協助居民，能夠更佳的瞭解潛在的問題。

(2)澄清用詞是會議在出席者會帶著共同瞭解的期望，但是他們之間的討論所使用的表達方式，不一定會完全使用共同明瞭的語句，因而產生不同的理解，所以要以澄清的方式使能明確瞭解發表者的意思（劉曉春等譯，1997：218; Hepworth & Larsen, 1990: 66），讓參與者能一致地瞭解發表者的正確意思。

10.轉移（transference）：在進行討論過程，居民情緒往往被激發，潛意識的驅力、期望、情緒以及防衛機轉在人際溝通上表現，因此帶領者需運用轉移技巧讓居民將關注力集中在討論話題（唐子俊、唐慧芳、孫肇玢等譯，2004：108），使居民的情緒問題，不會影響整個會議進程。

11.分層／類／分類化（partializing）：將居民的問題或關心的事，進行同類問題的區分，成為可以處理的單位。分類化技巧讓任務或主題不致於過度複雜。分類化是對很多事情做挑選和整理的活動（劉曉春等譯，1997：253）。若居民問題較為複雜，以不同層面或區間，讓居民理解問題，或將問題分類別，可使居民容易瞭解問題重點所在，有助訂立行動的目標。

12.說話條理清晰／具體（concreteness）：具體是以清楚、詳盡、明確的方式來作反應（Hepworth & Larsen, 1990: 148）。透過具體的語言，能夠確定不會偏離討論主題。使用具體語言可使誤解被澄清，讓錯誤的想法得以更正（劉曉春等譯，1997：218）。居民會議涉及較多的複雜問題，清晰及具體陳述能減少誤解出現，帶領會議時所用的措詞要容易理解（鍾倫納，2008）。

13.積極的傾聽（listening）：主持會議傾聽是一個先決條件。一個工作員需要能夠傾聽居民的意見（劉曉春等譯，1997：233；Hepworth & Larsen, 1990: 293）。真正地聽他們在說些什麼，並且讓居民知道工作員正在傾聽。

14.融合（following skill）：是綜合每一個出席者的口語和非口語溝通（劉曉春等譯，1997：250；Hepworth & Larsen, 1990: 163），亦即將某人說什麼和做什麼做連結，使他的意見及想法更清楚。

15.處理情緒（emotional functioning）：基於居民的情緒易被激發（Hepworth & Larsen, 1990: 230），這些情緒會經由語言、非語言、身體及行為來表現出來，而居民會議很容易受到情緒暴風雨的波及或影響，而且情緒會相互傳染（唐子俊、唐慧芳、孫肇玢等譯，2004：309），這種傳染過程會導致某些參與者的情緒更激動、暴怒。強烈的情緒暴發可能讓整個會議陷入混亂狀態，工作員應在這情況未被激發前對居民情緒加以安撫、引導，若有需要時應為該居民提供個別輔導。

工作員在會議上所遇到的問題，除了要以客觀的角度分析會議問題與爭論事項外，還可以用小組工作技巧協助引領會議進行，小組工作技巧繁多，工作員可參與各類的小組工作技巧書籍，增強工作員處理群體居民問題的能力。

帶領會議會出現困難部分是可以預期，同時有些是可以避免的，**表7-2**簡述會議可能出現的問題及其處理方法，以便工作員在當下能做出適時應變。

表7-2　會議可預期的困難與解決方法

預期困難	解決方法
議程出錯	澄清及更正
嘉賓名單出錯	澄清及更正
場地安排失當，如音響、座位不足	補加座位／更換音響設施
出席人數問題	過多／過少視情況作決定，如改期
滙報資料有誤	澄清及更正
未定議程	當場由主持人決定應否交由大會討論或自行決定
會議紀錄未及時發出	日後補寄給各與會人士
會議開始時間延誤	設限
嘉賓臨時缺席	向與會者公告
未依會議議程進行討論	控制及引導
與會者的衝突	指示員工協助疏導衝突情況
未能作出議決	下次會議再議決
討論／發言時間過長	控制
爭發言權	控制
與會者情緒問題	引導
嘉賓不被尊重	澄清及控制
天氣問題	視情況決定是否終止

第五節　會議後期工作

　　後期工作主要包括五個重點：(1)會議場地的善後處理；(2)以會議紀錄為主的文書工作；(3)跟進決議事項；(4)會議紀錄後的發送工作；(5)建檔等。

一、會議場地的善後處理

會議場地的善後處理可分兩類：

1. 外判式：外判式的場地善後工作主要由借出單位負責，一般工作員
   主要負責收拾所帶的資料及文具等。
2. 中心本身地方：一般由中心員工自行負責，但工作員可動員居民參
   與，鼓勵出席者共同協助處理場地善後工作，讓居民有參與的感
   覺，在整理場地的互動過程建立歸屬感及共同話題。

二、以會議紀錄為主的文書工作

會議紀錄是具法定效用，如銀行開立帳戶、更改大會章程、確立代
表人士身分、處理合約事宜等，需要會議紀錄作證明。因此會議紀錄除
了包含會議討論內容及決議事項外，還包括會議時間、地點、出席者姓
名、報告及通過事項等，報告格式見**表**7-3。

會議紀錄可取用即場記事方式或會後撰寫，即場記事可運用電腦化
的器材協助，所涉及的人員及資源較多，較少在會議時採用，而大多數會
議紀錄以會後撰寫為主。根據不同地區有不同法規要求，工作員需依當地
的法規完成會議紀錄，如香港大廈法團條例要求，香港的大廈法團會議紀
錄應在會議後二十八天內完成（Home Affairs Department, 2008: 35），給
予主席確認，然後張貼於大廈顯眼的地方，供大廈居民參閱。澳門以房屋
發展合同制度所建樓宇之管理會議的大會決議記錄，定於應在十五日內公
佈（澳門行政法規第141/95/M法令第八條），以免日後提出異議的爭論。

三、跟進決議事項

會議如有任何決定，需由特定人士負責處理，如管理公司的員工。

表7-3　會議紀錄格式

會議紀錄			

會議日期：＿＿＿年＿＿＿月＿＿＿日　　　　　會議時間：＿＿＿＿＿＿＿＿＿＿＿＿＿＿＿
會議地點：＿＿＿＿＿＿＿＿＿＿＿　　　　　副本呈送：＿＿＿＿＿＿＿＿＿＿＿＿＿＿＿

出席者			
姓名	職位	部門／中心	備註
○○○（主席）			
○○○（記錄）			

缺席者			
姓名	職位	部門／中心	備註

會議內容		
事項摘要	內容	跟進單位／人
一、通過是次會議議程		
二、通過上次會議紀錄		
三、跟進事項		
四、報告事項		
五、討論及決議事項		
六、其他事項		
七、下次會議日期及地點		

註：跟進單位／人的資料視乎需要而記錄。不需要跟進的事項可列入存檔安排。

以完成相關事宜，使居民要求得以切實施行。否則，會議的決定只會成為形式，沒有實質意義。跟進工作應以會議所決定為依據，落實施行決議內容，如大廈管理工作，若決議由管理公司負責處理更換走火通道的照明設施，那麼大廈管理委員會由誰負責知會管理公司執行這項決議、管理公司是否有更換有關設施、工程費用多少、執行進度如何等等均需明確跟進，才能達致決議的作用。

四、會議紀錄後的發送工作

會議紀錄完成後，需交由會議帶領者或主席簽署，確認有關會議內容。若有需要，簽署人可建議修正與會議不符的部分，使記錄者不能任意撰寫會議紀錄。待簽署確認後，負責員工按會議的資料，將記錄分發給相關人士，以便相關人士監察及執行其所負責的工作。值得注意的是，已簽署的會議紀錄，並不表示會議被委員會通過，會議中的部分內容委員們可以在下次會議時提出修訂的要求。

五、建檔

良好的檔案儲存制度（files system），可提升管治效能，管理者或工作員在有需要時能抽閱相關文件，或給予相關人士查證之用，包括大廈業主、政府相關部門等。同時亦為負責人或參與者作日後的監管作用，減少與居民間不必要的誤會。

結語

居民組織工作要帶領的會議所涉及種類繁多，由組織初期的非正式會議、臨時性會議，至大型的全體居民大會。基於不同層面的組織會議所涉及的法律責任亦有所不同，工作員宜注意各級的會議程序要求。

要有效帶領會議，工作員應具備對會議議程的認知及瞭解各類會議的特性，協助居民進行，發揮會議作用，否則會議只是一種形式的名詞，浪費參與者的時間。

參考書目

一、中文部分

甘炳光、胡文龍、馮國堅及梁祖彬編（2006）。《社區工作技巧》。香港：中文大學出版社。

甘炳光、梁祖彬、陳麗雲、林香生、胡文龍、馮國堅、黃文泰（2005）。《社區工作理論與實踐》。香港：中文大學出版社。

吳武典、洪有義、張德聰著（2005）。《團體輔導》。臺北：心理出版社。

吳夢珍主編（1992）。《小組工作》。香港：香港社會工作人員協會出版。

呂新萍（2005）。《小組工作》。北京：中國人民大學出版社。

姚瀛志（2002）。〈澳門社區工作的反思〉，《廿一世紀社區工作新趨勢》。澳門：澳門街坊會聯合總會出版，頁194-209。

唐子俊、唐慧芳、孫肇玢等譯（2004），Rutan, J. S. 及W. N. Stone著。《心理動力團體治療》（*Psychotherapy*）。臺北：五南圖書出版。

徐西森（2004）。《團體動力與團體輔導》。臺北：心理出版社。

黃惠惠（2004）。《團體工作概論》。臺北：張老師文化。

廉曉紅、鄭榮、李諾麗等譯（2007），Lewicki, Roy J.、Bruce Barry David M. Saunders及John W. Minton著。《談判學》（*Negotiation*）。北京：人民大學出版社。

萬江紅主編（2006）。《小組工作》。武漢：華中科技大學出版社。

劉文軍譯（1999），Hiltrop, Jean M.及Shella Udall著。《如何談判》（*The Essence of Negotiation*）。中國：中信出版社。

劉曉春、張意真譯（1997），Reid, K. E.著。《社會團體工作》（*Social Work Practice with Groups: A Clinical Perspective*）。臺北：揚智文化。

鍾倫納（2008）。《民主議決和組織策略》。香港：三聯書店出版。

二、外文部分

Bassham, Gregory, William Irwin, Henry Nardone, & James M. Wallace (2005). *Critical Thinking: A Student's Introduction*, McGraw-Hill Higher Education.

Hepworth, Dean H. & J. A. Larsen (1990). *Direct Social Work Practice- Theory and*

Skills, 3rd ed., USA.: Wadsworth Inc.

Home Affairs Department (2008). *A Guide on Building Management Ordinance(Cap. 344)*, Hong Kong: Hong Kong Government Logistics Department.

Ross, Murray, G. (1955). *Community Organization: Theory and Principles*, New York: Harper & Brothers Publishers.

三、網路部分

澳門特別行政區印務局。http://cn.io.gov.mo/澳門民法典第一千三百四五條，檢索日期：2010年9月18日。

澳門特別行政區印務局。http://cn.io.gov.mo/澳門法令第41/95/M第八條，檢索日期，2010年9月18日。

第八章

居民組織案例與評論

前言

　　居民組織工作主要以地區上出現的問題為依歸，根據地區的特性進行各類推展工作，本章主要以三個不同的社會問題，供實質性的參考。

　　案例一主訴「爭取環境改善問題」，針對居民關注事件的情況，可留意其社區問題的背景，這些背景包括街道、大廈。**案例一**的大廈是由政府聘請管理公司管理（在澳門稱為社會房屋），最高管理機關為澳門房屋局（後文簡稱房屋局）。入住資格為一般經濟能力較差的澳門居民。因此組織工作依居民的特性及其直屬監管單位為主要表達對象。

　　如前章節介紹，社區工作的技巧千變萬化，案例的居民組織工作亦可依其特性作相同的推展，但需注意每個社區均有其獨特之處，社區組織工作策劃者宜深入瞭解地區的背景，然後作全面考慮，正如本章**案例二**及**案例三**，表面的問題與大廈的性質相似，兩者均為低層樓宇結構（七層以下的樓宇為低層），但推展計劃的重點有所不同。**案例二**以推動申請維修資助為主要行動。但**案例三**則以組織大廈管理委員會為重點。推展工作有不同的困難，值得深入瞭解。

社區組織案例一　爭取改善環境問題

——本案例由彭繩武[1]提供

一、導言

　　在社區中心的實習過程中，筆者（以下統稱工作員）以社區探索

---

[1] 是次居民組織工作由兩名同學推展，報告由其中一位同學彭繩武提供。

（行區）及家訪方式瞭解筷子基居民的生活情況及質素，經行區觀察後，發現該區存在不少居住環境問題，尤以低層建築物與美居廣場的問題較多。（組織工作簡易紀錄可參見**表8-1**）工作員選擇家訪美居廣場第一期四幢大廈的居民作為深入瞭解大廈問題的資料搜集模式。在家訪過程中，工作員得知該大廈管理上出現問題，造成環境衛生惡劣及大廈治安不良，令居民產生不滿及惶恐情緒。

表8-1　案例一工作程序大綱

日期	工作階段	行動	目的
10至11月	探索期	家訪居民。	1.瞭解居民需要。 2.建立友好關係。
11月	組織期	1.家訪居民。 2.召開三次關注大廈管理情況的居民會議。	1.評估居民對事件的關注情況。 2.推動及鼓勵居民自決，處理大廈管理不善的情況。 3.凝聚居民的力量，共商行動取向。
11至12月	行動期	1.向大廈居民派發宣傳單張，讓居民瞭解日後的工作計劃，以及收集更多的建議。 2.居民與管理公司召開商討改善大廈管理情況之會議。 3.向大廈居民派發宣傳單張，通知居民聯名簽署信函，以及交待去函房屋局的安排。 4.工作員與居民代表召開去函房屋局前的預備會議。	1.爭取居民對事件的關注及認受性，並且鼓勵居民參與及管理公司的會議。 2.讓居民與管理公司建立直接的溝通渠道，以及共建解決管理方案。 3.發動居民簽署聯名信函，並爭取政府關注及跟進居民的需求。 4.工作員與居民代表講解有關遞交信函的程序安排、居民應注意的事項，以及爭取與房屋局官員面談的機會，促請有關部門的協助和跟進。
12至1月	檢討期	1.實地觀察法及家訪居民。 2.派發工作成效之單張。 3.召開檢討會議。	1.瞭解大廈管理改善情況，如管理設施及環境衛生的情況。 2.讓居民知悉有關工作進展的情況。 3.回顧及檢討整個活動過程，鞏固居民組織，以便居民可持續發展。
1月初	跟進工作	居民會議。	把居民要求管理公司草擬改善管理的計劃書，交與中心職員與居民代表，繼續跟進的工作。

二、第一次居民會議

(一)問題陳述

工作員經過近一個多月逐戶走訪，瞭解居民在居住上所遇到的困難，歸納為睦鄰問題、大廈管理問題和環境問題，說明如下：

■睦鄰問題

從第二座居民反映大廈內有兩戶人家經常吵架，不勝其擾。工作員走訪其中一戶單位，瞭解情況，發現屋內設有神位，得悉女戶主為拜神（問米）婆，她表示可能由於年前因燒香化寶，影響鄰居，之後已不在大廈內化寶。雖然如此，住戶對面的鄰居不分晝夜，無時無刻，經常在她家門前張口潑罵，破壞門鈴，拆毀信箱，更毆打其子女，曾報警多次，導致睦鄰關係差。

■大廈管理問題

工作員瞭解到該大廈在管理上所出現的問題，包括四幢大廈只有一個管理處，設於大廈第三座入口，而且只有一個大廈管理人員，工作時間早八晚八，因此夜間八時後便沒人看管大廈，然而該四幢大廈天台相通，每幢大廈的天台大門都沒上鎖，且第三座的大廈大門經常呈現開啟狀態，引致閒雜人等到天台飲酒、吸煙、喧嘩及高空擲物，造成騷擾，甚至有「道友」在天台吸毒，更經常在大廈梯間徘徊，對大廈居民的出入構成一定程度上的危險。然而，管理處沒有安裝電話，大廈居民在發生意外或被滋擾時，求救無門，輕則破財，重則喪命。

另外，家訪期間，亦有個別住戶反映大廈對講機經常失靈，曾向管理員反映，雖有派員上門維修，但由於年久機件老化，很快故障再現，致居民生活上受到一定的影響。

■環境問題

工作員在走訪第一座及第二座時，居民反映大廈天井水渠淤塞，長期積水，引致蚊蟲滋生，以及其它座的大廈天井也堆滿垃圾，臭氣薰天，時見鼠輩橫行，嚴重影響大廈環境衛生和居民身體健康，迫使住戶要常關窗戶以避臭味、減少蚊患及傳染病的漫延（如登革熱病等）。居民反映莫說冬季，就算大熱天時也要關窗閉戶，長開冷氣，除此之外，他們覺得別無他法，個別住戶亦曾通知大廈管理處派人清理大廈天井污水和垃圾，得來的回覆是大廈天井屬私人重地，未能進入，故不了了之。

有居民對大廈地下舖位的修車廠亦甚表不滿，如長期占用行人道修車，使居民出入時寸步難行，且行人道沾滿油漬，導致路滑，易生意外。

(二)發動居民

針對上述問題，工作員決定以這大廈的居民為工作對象，發動居民以改善居住環境為目標。

■倡導期

在整個家訪過程中，工作人員除了記錄家訪中的住戶資料及聯絡方式外，更將居民所反映的環境衛生問題，如天井積水和滿布垃圾等，作實地拍攝，記錄在案，待獲得改善後作為對照。

工作員在家訪進行期間，除向居民瞭解居住環境情況外，還向居民指出由於大廈管理上的不善所衍生出來的大廈治安、環境衛生及大廈設施等的問題。工作員努力不懈地重複家訪各住戶，把大廈管理上的各種問題反映給居民知道，讓居民更加清晰瞭解自身居住環境之情況，激發他們參與的動力，並鼓勵居民共同商討對策，藉此組織居民網絡。

■組織期

工作員在進入社區工作一個多月後，在11月13日晚上9時召開了第一次美居廣場第一期居民之大廈管理關注會議。會議共有九人出席，並於當晚10時20分結束。

1. 開會目的：將過去四星期內，工作員在美居廣場收集居民意見所得的資料與居民分享，希望發動居民參與，共商解決大廈管理不善的問題。

2. 會前準備：透過打電話及親自探訪，邀請因大廈管理不善而受影響的居民出席會議，並接觸其他可能受影響的住戶，向他們講解會議目的，鼓勵他們出來向其他住戶發表改善大廈管理的意見。

3. 會議決定：要求房屋局作有關跟進改善大廈管理工作，並由參加會議的居民派代表向房屋局遞交信件表達意見。鼓勵與會者願意向其他居民講解本次會議事宜，及鼓勵居民參與組織工作。

(三)工作員對居民會的評論

就這次會議觀察所得，居民對問題的關心程度與初次家訪接觸時出現差距，而較熱衷的居民在發言及商討解決方法時，經常張望工作員，顯示出居民對本身處理問題的能力缺乏信心，及對自己的角色位置出現模糊情況。可能這次會議只邀得九位居民參與，他們雖然知道問題確實存在，但擔心自己未能代表其他居民作出解決問題決策提議，顯現出對解決問題成效的懷疑及對工作員的依賴。

雖然在會議中工作員不斷向居民強調，居民自決的工作原則，但居民的反應仍是較為被動。

三、第二次居民會議

1. 第二次居民組織會議的目的：落實第一次會議的議決，以信函要求房屋局作出改善工作的內容及要求，制定如何監察改善工作和評定可接受的指標，以及問題的應變方案等。會議在11月19日下午3時

30分，於社區中心會議室舉行，出席人數共三人。

2.會議結果：居民經過商討後決定，參加會議的居民承諾會動員其他鄰居參與及把會議的訊息傳開，並把問題的主要意見及解決方案，派代表向房屋局提交函件及要求跟進。

3.工作員的感受：今次居民座談會的過程中，居民仍較被動及對處理問題時缺乏信心和能力，雖然知道問題的存在，但不知應循何種途徑去反映、如何去解決。經過工作員引發他們對問題進行探討，瞭解問題的徵結及提出可行的建議，期間發覺他們對工作員仍很依賴，因此工作員不斷強調居民自決，以加強居民的自信心及提高他們的自決能力。

四、第三次居民會議

第三次美居廣場居民座談會，出席人數共十人，各項要點如下：

1.第三次居民組織會議的目的：跟進第二次會議的決定工作，並再次鼓勵及提高居民的參與力。會議最終決定落實工作方針，以聯署信件形式去信房屋局，表達居民在事件上的訴求。並要求與大廈管理公司進行對話式的座談會。

2.工作人員對居民會的評論：工作人員感受到居民關注有關事情的發展，瞭解到如何運用社會／社區資源來達成工作，包括請房屋局出面協助與管理公司商討事宜，有準備地利用社區資源（在適當時邀請坊會議員出面介入工作），作為完成改善管理工作的手段。

五、第四次居民會議

落實信函內容及安排有關工作的分工，制定如何監察改善工作，以及評定可接受的指標，以及問題的應變方案等。經過三次居民座談會，居民代表在工作人員的協助下，把有關大廈管理問題的條文整理擬成單張，通知大廈居民積極參與美居大廈居民聯名行動，並定於12月11日與管理公司對話及商討解決大廈管理的問題。

(一)行動期——行動前會議

於12月9日晚上8時30分，在社區中心會議室召開，出席人數共五人。目的商討12月10日下午3時與物業管理公司進行有關大廈問題之會議進行預演，幫助居民集中及強化問題重點，促使管理公司作出一些改善服務的建議，及組織去信房屋局的代表團。

經一個小時商討後，把問題設為三大點：

1. 完善大廈管理服務：要求在管理處安裝電話，方便居民與管理員之間的聯絡與溝通；並在夜間需有一名管理員當值，以確保大廈的治安良好，防止陌生人在大廈進出。
2. 保持大廈環境衛生：要求管理公司定期清理天井垃圾和積水，確保大廈內外環境衛生。
3. 大廈內部基本設施：要求管理公司更新大廈對講機，於大廈走廊加設照明系統。

會後並把與有關管理公司代表之對話的問題分配予居民。會議得到四位居民同意成為美居廣場第一期居民聯絡小組成員，代表居民日後去信房屋局。

■行動一：與管理公司管理階層進行座談會

12月10日下午3時召開與管理公司代表進行座談會，出席人數共十三人，與管理公司代表進行大廈管理問題之討論，共同尋求解決大廈問題的方法。

會議促使管理公司承諾一週內在管理處加裝電話，草擬加派一名夜間管理員，以及按照居民的計劃，每座大廈也有管理員看管之可行服務方案，而有關方案於2005年1月中旬完成並向居民提交。

　　更換對講機零件的要求雖然被管理公司拒絕，但管理公司職員承諾願意跟進維修工作。居民應接納並對他們的跟進工作及承諾表示讚許，但是居民在會中，忘記了原有的要求。

　　工作員對座談會的評論是：「就本次管理公司與居民的座談會，工作員觀察到居民對問題的關心程度與過往比較上明顯增加不少，特別是居民的參與度，出席的居民人數遠較估計為多，由於在會議前為居民安排了一次預備會議，出席人數是五戶居民，而正式會議時來了九戶居民，當中更有一名行動不便的獨居長者出席，看著他用兩隻拐杖撐著身體艱辛地一步一步走來參加會議，使工作員非常感動。會議大致上都能圍繞著預備會議時的決議討論，居民所選擇的三個問題作為討論的方向，秩序情況可以接受。」

■行動二：向房屋局遞信

　　12月17日星期五下午3時半，工作員聯同中心職員以及居民代表，向房屋局遞信。

1. 遞信行動前之準備工作：2004年12月8日至11日期間，工作員走訪四幢大廈居民，家訪期間，工作員除向各住戶講述近來召開的座談會的結果及行動建議外，同時亦鼓勵居民積極參與聯名行動，以居民的聯名力量迫使政府注視事件的嚴重性，及對問題的跟進。此次聯名行動共收集到美居廣場第一期四座居民約九十戶近六成的簽名支持（估計該四座大廈居民約有一百五十戶）。

2. 遞信程序問題：12月16日下午3時，工作員獲悉若要向房屋局遞信，必先去函該局預約時間，待房屋局覆函應約，方可獲該局派員面見及接信。基於佳節將近書函往來費時，工作員以居民身分電聯房屋局，就遞信一事諮詢，接聽人員起初也是說要求居民首先去函約時待覆，工作員以較強硬的態度表示，居民絕大多數都是低下階層人士，而問題之嚴重是急不容緩，故今次來電純作預先通知，明天（12月17日）下午遞信給局長，希望屆時派員接見。房屋局接聽人員即表示若居民到房屋局遞信給局長是可以隨時前來，但不能保證局長屆時有空接見，若不介意，或可代由較有權責的官員接見……。工作員決定依居民的計劃行動。

3. 游說居民出席：遞信行動之期於上次會議議定，亦已知會美居之第一、二和三座居民，大多都說工作關係，難以出席，有少部分則說會盡量出席；因此，是夜（16日晚）工作人員拜訪第四座住戶，為游說居民出席作最後的努力。

4. 遞交請願信：2004年12月17日星期五下午3時半，工作員聯同中心職員以及四位居民代表，一行七人，由中心出發一起前往青洲的房屋局遞請願信。

到達房屋局接待處，稟明來意，經通傳，獲房屋發展暨管理廳秘書接見，由住戶代表向房屋局代表遞信，以及住戶代表向其表述來意及目的，希望得到有關官員能向住戶代表承諾瞭解，美居住戶對大廈管理之訴求及對有關事件之跟進工作。居民小組代表獲房屋發展暨管理廳廳長接見，並反映了居民對大廈管理的不滿，如天井積水和垃圾問題、天台在深夜時段有陌生人聚集等。房屋局表示曾與管理公司接觸過，並強調房屋局與管理公司之關係，並歡迎居民向房屋局反映及商討意見。行動在和諧氣氛中結束，居民滿意是次遞信及對話的行動。

(二)檢討期

行動結束之後，工作員和中心協調員再到大廈瞭解跟進情況，發現大廈入口張貼了管理處通告，表示已在大廈管理處安裝了電話及列出其號碼，供住戶有需要時聯絡管理員；天井亦整潔不再髒亂。

隨後，1月6日，工作員以中心之名印製單張，向居民滙報有關美居廣場第一期居民代表在大廈管理問題上所做的工作及進展情況，向上述大廈居民作出交代，列出所達致之成果，讚揚成功有賴美居居民代表之參與和行動，及無私奉獻之精神，為大廈居民創造美好的生活條件。同時感謝管理公司之合作，順應民意，改善大廈管理服務質素，為居民提供良好的生活環境。

　　1月8日在中心會議室召開美居居民工作檢討會議及中心社區關注小組聯合會議，工作員在會上向居民瞭解大廈管理改善之情況，居民也一一道出管理已作改善之處，如在大廈梯間張貼附有管理處電話號碼之通告，大廈各天井也清理乾淨，煥然一新，居民對大廈環境清潔衛生也很滿意。雖然管理處還未增派管理人員夜間當值，但知道已延長日間當值時間至晚上10時，而10時後也有派員不定時巡樓。

■工作阻力

　　由於受訪對象是低下階層人士，他們大多為經濟房屋受助者，因而不用繳付管理費用（其管理費用由房屋局支付），所以他們對大廈管理的要求也隨之降低，導致管理服務長期處於不合理之狀況。工作員在探索期間雖然瞭解到居民之所需及對大廈管理設施之不滿，礙於居民沒有正視自身住戶的權益，影響居民參與的動力及積極性。

■工作員角色

　　社區工作人員主要有四種角色：

1. 使能者：從旁協助社區居民促進及提高其解決社區問題的能力。
2. 倡導者：鼓勵居民自決，解決自己本身的問題。
3. 社會行動者：帶領社區居民爭取合理的權益。
4. 社區聯絡者：商討社區問題、策劃及協調服務。

　　基於社區工作是多變的，故工作人員須於不同的工作階段扮演不同的角色，以協助居民更有效地解決社區問題。

■工作員感受

工作員在逐戶家訪期間遇上不少困難和阻滯，每當工作員到訪戶主應門時，他們帶有點懷疑的態度，工作員雖表明身分來歷及用意，如「我們是社區中心的實習學生，只想占用你少少的時間與你談談大廈居住環境的問題，不知你有沒有空……」，但仍得到一聲「唔得閒呀！」，便「砰」一聲關門拒訪回應，這帶給工作員一種無奈感，有時也帶點洩氣的感覺。工作員自行反覆思量，發覺初次訪談時不應用封閉式的問話，如有沒有空、好不好、是不是等，應改較為開放及針對其切身問題來打開話題，讓居民盡吐「心中情」，打開居民的話題。方式的改變使工作員在家訪時起著重大的作用，讓工作員成功進行家訪，挫折感減低。

工作員在這麼多月中不辭勞苦，費盡心力地為居民奔波勞碌，箇中滋味，實難以筆墨形容。這種無私關懷的精神贏得社區居民們的認同，背後雖有辛酸但能在今日獲得居民的幾句美言，不期然感受到成功的喜悅。完成實習工作後，在街上遇上美居居民，他們不但向我主動打招呼，肯定了我這麼多月的家訪工作，還說了很多感激之言，使我非常歡喜，令我感覺到我的工作非常有意義及獲得了工作上的滿足感。

在推展工作中，不難察覺到我們與居民之間的感情日見深厚，而他們深知我們為了他們的切身問題所作之貢獻，不斷地對我們加以讚賞，亦明白到只有居民參與，才能真正地為自己解決問題，爭取及提高自身的生活素質。

在此，希望他們不論為己為人，堅持下去，將居住環境和大廈治安維護好，只有這樣才不會枉費我們的辛勞。

表8-2　案例一的財政預算 　　　　　　　　　　　　　　　單位：港幣

收入		支出	
中心資助	150元	五次會議飲品	60元
		兩次居民通知單張	50元
		菲林（底片）及沖印	40元
總收入	150元	總支出	150元

六、案例一的評論

社區本身存在不同類型的大廈，在案例的區域有低層樓宇、政府的公共房屋及私人分層大廈，區內居民的生活水平較低，各類社區問題較多。案例的工作員在社區探索方面表現全面，運用社區工作地域觀察法從整個社區環境開始瞭解，由底層大廈至多層樓宇的問題，進行社區探索，然後評估社區問題。在眾多社區問題中，如睦鄰問題、大廈管理問題、環境問題等進行分析後決定以大廈管理問題，進行深入的瞭解，透過家訪確定居民所關心的問題。

組織工作方面，同學以Batten的直接法主動帶領居民進行會議，工作員主導性較強，是次居民組織工作以主導，及明確主題召開居民會議，透過四次不同的會議方式，討論有關大廈的管理問題及行動方案。

行動策略方面，工作員帶領居民組織，以較強硬但非暴力的理性方式向政府有關政府部門及管理公司表達所需，包括與管理公司管理階層召開座談會、向房屋局遞請願信及對話行動，行動方式是Rothman 與Jeffries所倡議的社會行動原意。工作員的主動性，對參與力弱的居民而言，具激勵作用，讓居民無法拒絕工作員的影響。但值得注意的是，這種方式會造成居民過分依賴的慣性。工作員根據居民的分析及表達能力，在遞信行動前為居民提供培訓，減輕居民心理壓力。工作員在推動社區行動所扮演的角色除了是組織者外，還扮演協助者，協助居民與政府相關部門聯絡。由於工作員掌握政府部門處理居民的方式，採取了較強硬的方式讓房屋局職員接納居民的遞信及對話的請求。

工作員並運用姚瀛志（2004）第四個組織模式，對行動進行了檢討與跟進，主動在大廈內跟進行動後的工作，經過居民的行動，大廈的管理問題明顯得到改善，對居民自助起了一定的教育作用。

案例的組織工作整體而言是成功的，尤以地區探索，能在眾多的地域問題找到介入點。但在社區組織理念上，工作員的直接介入較多，形成工作員主導的情況。反之居民參與決策較為被動，使居民小組的動力未能發揮，居民充權理念仍需改善。跟進工作明確缺乏居民參與，而檢討部分亦以工作員及機構主導，鼓勵居民參與的工作尚有較多改善空間。

社區組織案例二　低層大廈居民組織工作

——案例由徐鳳儀、吳寶珠提供[2]

一、導言

在觀察澳門望廈社區期間，工作員發現區內存在著的問題包括整個區內車位不足，樓宇管理質素參差，區內環境衛生有待改善等等不同問題。觀察所見，黑沙環馬路祐昇大廈靠近山邊的第二、三座的衛生環境比同區差，而祐昇大廈的樓齡相對同區的大廈也較悠久和殘舊，於是工作員便根據居民對問題的關注及對解決問題的迫切性作出評估和篩選後，在祐昇大廈第二座，開展了四星期的家訪、資料分析和評估工作，之後制定社區工作的計劃。工作計劃以改善祐昇大廈第二座居民的居住環境問題為主題，以組織居民組成立大廈關注組為目標，策動居民關注大廈問題。結合機構和政府資源，讓居民意識到「改善大廈區內環境，能令生活安全更舒適」。

二、組織活動的理念

祐昇大廈的背景資料——祐昇大廈建築於1965年，由私人建築商興建，大廈共有三座，每一座樓高四層，每層有兩條樓梯十八個單位，地舖

---

[2] 案中所用的參與者資料以假名代之。

有十八個，每幢共有九十個單位，三幢大廈共有二百七十個單位。工作員在祐昇大廈觀察期間，發現第二座比第一、三座的衛生環境更惡劣。在與居民訪談中得悉，祐昇大廈一直是沒有業主委員會管理大廈的問題與環境，而該區大多居民的習慣都是「各家自掃門前雪」，以致大廈內的問題長期積壓，更有惡化跡象，直接影響居民生活。根據馬斯洛（A. Maslow）的需求階梯指出，人要達到自我實現的理想階段，必須要滿足到每一階段的需要。而最基層便是要滿足「衣、食、住、行」的基本需求。由此可見，安全的居住環境、良好的生活素質，都是居民所必須的。

　　工作員在祐昇大廈第二座進行探索性的家訪工作。過程中，大多居民反映大廈的問題包括排污渠漏水問題、公共地方問題、治安問題、動物及垃圾問題、車行滋擾問題、電力裝置問題等等，工作員經個多月的瞭解，體會到居民的困境，如住在汽車維修公司樓上的單位，經常聞到車行噴油的難聞氣味，而要把全屋的門窗長期關上，難以呼吸到新鮮空氣，每當工作員經過該車行，也要掩鼻而行，其它問題包括：

1. 動物及垃圾問題：可能是靠近山邊的關係，居民受著蚊叮蟲咬和老鼠經常沿著水渠爬進屋內的滋擾；一些居民缺乏公德心，任由飼養的貓和狗，在大廈牆角大、小便；及把垃圾、雜物棄置在梯間。
2. 治安問題：大廈一向沒有安裝鐵閘，非大廈住戶在大廈內也可以自由出入，因此給一些非法之徒造就了犯罪機會，治安問題的困擾已引起居民關注。
3. 公共地方樓宇結構問題：差不多每層樓走廊頂部，都有鋼筋外露及石屎（混凝土）剝落情況，居民只會為自己家門前的天花板作出修補。其它公共地方是居民每天出入必經之路，居民有隨時會被石屎墮下擊中的危險。

　　在上述眾多問題中，最多居民反映的是滲水問題。一般來說，若然居住中的單位是業主，都會想辦法去處理，或與樓上、樓下的業主協商解決問題，但當中亦有不合作的業主，以致問題至今仍未解決。

接受訪談的居民，不少表達希望解決大廈問題和改善環境的意願，有些居民更表示希望政府推出舊樓維修資助計劃幫助他們，當中又對該計劃感到疑惑及不清晰，充滿著矛盾的心情和想法。亦有居民擔心大部分業主都已搬遷，很難取得聯繫，對能解決問題的共識和合作感到困惑及擔憂。

居民所反映的問題、困擾、需求和期望，驅動了工作員是次社區工作計劃的念頭。工作員相信居民是需要團結起來，表達共同的意願和憂慮，只是沒有正式的溝通渠道。平時居民只會兩、三人閒談大廈內的問題，對解決問題起不了作用。工作員訂定初步的工作目標：

1. 廣開居民溝通渠道。
2. 團結居民力量。
3. 組織居民成立大廈關注組，鞏固居民組織，達至居民自決的發展。
4. 期望藉著解決第二座問題為榜樣，帶動起第一、三座居民對大廈問題的關注，最終使三座居民整合，一起為改善自己的社區出一分力。

根據居民所述，祐昇大廈在2005年期間，亦曾嘗試組織業主委員會，以便處理當時大廈的問題，但由於當時參與組織的住戶不多，以致組織工作困難重重，最後令事件擱置。若以祐昇大廈現況，大廈問題有惡化現象，大廈問題中因涉及樓宇結構和望廈山邊垃圾堆積，污水滿地，造成大廈滋生老鼠蟑螂等衛生問題。因此居民對改善大廈問題的動機再次啟動，而居民所欠缺的是組織的契機，亦即「具反應性的環境」的配合。因此鼓勵居民參與、組織居民成立關注小組，提升解決問題的技能，使居民達致自決自助，讓個人和系統互相補足達致平衡，為組織工作的目標。

社區組織著重溝通，溝通含有三個層次，而第三個層面是著重於社區發展的各機關與市民的交流、溝通，藉此洞察和瞭解居民想法和需要，同時居民也可以瞭解策劃者所面臨的問題及對策。因此協助居民組織懂得連結有關資源和運用資源亦是重要的一環，如居民可取得中心機構或房屋局或民政總署的協助，可使工作運作更暢順。所以是次推展居民組織亦著重過程的經驗。

三、期望活動能達致的目的

藉著改善居民的居住環境為介入點，協助居民解決大廈內、外問題：

1.事工目標：
 (1)組織居民成立大廈關注組。
 (2)提升居民改善大廈環境的意識。
2.過程目標：提升居民組連結資源和運用資源的能力。

四、實踐步驟及過程

是次社區活動計劃依據姚瀛志（2004）提出的社區工作四個階段進行。在不同階段，工作員會因應事件的狀態和發展，制定出不同的工作重點和目標。由於組織工作需要居民的參與和配合，因此無論在哪個階段，如家訪、落區聯繫居民、召開會議等要連貫進行，工作員會不斷透過直接聯繫的方法，評估居民的需要及檢討工作進度。

(一)組織工作各期推展陳述

■探索期——確立目標（2009年2月2日至3月12日推展的陳述）
這是工作的第一階段，在此階段的工作目標是：

1.瞭解社區文化和結構。

　　2.瞭解社區的相關機構和資源。

　　3.獲取居民支持和建立關係。

　　4.初步瞭解居民對區內問題的看法。

　　工作包括搜集有關社區的資料，諮詢機構同工的意見，進行社區觀察，拍照、錄製短片作為資料紀錄與分析，先與社區居民進行街頭接觸後，再進行家訪居民，搜集存在區內的問題數據。

■建構期（2009年3月17日至3月24日）

　　此階段的工作目標是確立居民問題，引起居民的關注，讓更多居民知道，鼓勵更多居民參與工作。工作包括將已收集的資料數據分析結果公佈，方法包括以家訪和電話聯絡居民，讓居民知悉結果，及瞭解居民對解決大廈問題的意向。根據家訪資料數據所示，大部分居民關心大廈問題，分析結果如下述。因此，工作員以房屋局在2009年2月推出的「低層樓宇維修資助計劃」方案，與居民進行討論如何改善大廈問題。在討論過程中得到居民正向回應，願意參與改善大廈工作會議，於是工作員召開關注大廈問題的居民會議，建造溝通平台。

　　以下是家訪所得的資料數據分析結果：

　　1.家訪戶數情況：

　　　(1)接受訪問的住戶：64%，57戶。

　　　(2)拒絕接受訪問的住戶：4%，4戶。

　　　(3)未能接受訪問的住戶：32%，29戶。

　　2.業主與租客比例：

　　　(1)直接業主：22%，20戶。

　　　(2)租客：68%，70戶。

　　3.大廈區內問題：

　　　(1)漏水問題：36%，41宗。

(2)動物問題：25%，30宗。

(3)公共地方問題：20%，24宗。

(4)治安問題：7.6%，9宗。

(5)車行滋擾問題：8.4%，10宗。

(6)供電問題：3.3%，4宗。

(二)居民參與的阻力與動力分析

根據此階段與居民的接觸可分析出居民參與的阻力與動力：

1.組織居民的阻力：

(1)據居民表示，以前房屋局有關人員曾向祐昇大廈第二座推行維修計劃，但最終因找不到業主而取消行動，有關事件令居民失去信心，更有居民較負面，認為本次的樓宇資助計劃，最終的結果可能都是失敗。

(2)工作員認為政府的樓宇維修資助計劃宣傳不足，因為在成功家訪57戶的過程中，瞭解到有九成住戶都不知道政府有新推出的計劃。

(3)大廈住戶的業主與租客比例不均，業主數量較租客為少，要聯絡出租單位的業主較困難，但若要申請維修資助必須有過半數的業主簽署同意書才可申請，因此會阻礙居民的行動，及得不到更強的居民權力，所以會較難令居民組織起來，而租客的心態大多為少找麻煩為妙，造成各自處理的現象。

2.組織居民的動力：

(1)根據家訪瞭解到滲水問題是各住戶最關注的課題，主要原因是大廈的公共去水渠老化，樓宇日久失修，直接困擾居民日常生活。而政府最新推出的低層樓宇維修資助計劃，可幫助居民處理滲水問題，計劃符合居民需要。

(2)有部分熱心參與大廈事務的居民（如彭太、黃太），她們已退休，關心大廈事務，有充裕的時間，而且樂於參與為大眾居民服務。

(3)住戶有著共同的話題，大家對老鼠入屋、塞渠、滲水問題等感到煩擾，希望改善居住環境。因此會較容易推動居民，組織他們共同解決問題。

根據資料分析及與居民互動的反應，總括得知居民對解決大廈問題的態度是積極且正面的，因此工作員嘗試策動組織工作。

■策動與居民參與期（3月26日至4月20日）

工作包括召開了五次居民會議、協助居民組織大廈關注組、推動居民自發到房屋局遞信及在整座大廈進行簽名運動，協助居民成立業主委員會。

【第一次居民會議】
時　　間：3月26日
地　　點：望廈社區中心
會議目的：1.讓參與的居民互相認識及建立關係 　　　　　2.瞭解居民的實際需要及期望 　　　　　3.取得居民對大廈問題的共識 　　　　　4.議決處理問題的優先次序
內　　容：在第一次會議中，出席人數共有業主九名，在會議中居民都能表達出對大廈區內每個問題的一些想法，居民向工作員表達前來開會的目的，澄清了工作員在問題資料數據分析的結果，雖然結果顯示滲水是區內最嚴重的問題，但並非居民不能解決的問題，更表達了對大廈內急切實際需要解決的問題和期望，如因應當時每天都梅雨紛紛，大廈內、外都有石屎從高處剝落的情況，分分秒秒都會危及生命，於是工作員在會議中協助居民取得問題的共識，並以舉手投票的方式決議通過處理解決大廈問題的優先及緩急次序。 與會居民雖居住同一區內，每天見面，感覺既是熟悉又是陌生，難得有聚首一堂的機會，大家在會上都藉著大廈區內的問題，互相主動交流，氣氛融合投入。 在這階段工作員透過與居民的接觸和會議，觀察瞭解參與居民的特性，從中發掘有潛能的人選，希望加以推動，成為關注組的領袖。

【第二次居民會議】

時　　間：4月2日

地　　點：第二座商舖

會議目的：1.鼓勵更多居民參與關注小組

　　　　　2.就第一次居民會議所決議制定的工作方案進行跟進

　　　　　3.成立大廈居民關注組

內　　容：就第一次的居民會議中，決議了處理問題的優先次序後，工作員繼續跟進工作並召開了第二次居民會，是次會議出席人數共有業主十二名，在會議上工作員協助居民制定工作方案，居民盡情地各抒己見，最後由居民決定行動方案，方案提議包括先成立業主委員會，再以大廈業主委員會的名義提出維修大廈計劃的申請。並提議發起居民簽名到房屋局遞交請願信的行動，目的是把大廈內的問題聚焦，加大居民對大廈內問題的關注程度，讓更多居民知道與參與，更藉著成立業主委員會的第一步是先要申請業主名冊，而申請業主名冊的條件是要取得大廈十分之一的業主簽名同意，委員會可連同業主簽名的同意書向房屋局作出申請名冊。因勢利導，把反映問題的簽名信和業主簽署的同意書一同遞交房屋局局長。

　　　　　在成立大廈居民關注組方面，工作員希望協助居民組織大廈關注組，讓居民在處理大廈問題時得到居民的認同。

【第三次居民會議】

時　　間：4月6日

地　　點：第二座二樓※室（居民住所）

會議目的：1.草擬請願信內容

　　　　　2.組織關注組的代表人

出席情況：出席人數十五人，業主有九人。由於在第二次會議後，工作員把第一、二次的會議通告貼在大廈公共梯間，因此引起了更多關注事件的居民到來參與會議，當中也包括了第一、三座的居民。

內　　容：第一、三座的居民在會議上提出疑問，表示三座都是祐昇大廈居民，為何工作員只處理第二座的問題。工作員作出解釋：

　　　　　1.第二座的環境較第一、三座差。

　　　　　2.希望從第二座的經驗能更好帶領解決第一、三座的問題。

　　　　　3.工作的最終目標亦是三座居民能合力監察大廈的問題。

出席會議的居民亦表達，希望與第一、二兩座的居民一同參與工作，並願意做第一座的發動人和承擔工作，而第三座亦有居民表示，第三座的單位內漏水和公共地方樓宇結構問題也相當嚴重，樓上、樓下的居民之間更因這些問題而積怨，整座大廈的鄰里關係也很差，亦表示希望工作員介入協助處理。會上，第二座居民亦贊成一、三座大廈居民一同加入參與工作。

以第二座大廈關注組的行動為榜樣，帶動起第一、三座居民的關注，最終使三座居民整合一起，改善自己的社區出一份力的初步目的已達致。但基於工作員在此組織居民的工作只有三個月的實習期間，跟進工作有需要由實習機構協助，因此對於組織三座大廈居民聯合工作，有需要與實習機構商議。工作員向居民表示會把問題和意見向中心反映，再與第一、三座居民聯繫。

建立大廈關注組的代表架構，包括何太、李小姐、羅生三人為關注組代表人。其次草擬向房屋局局長反映祐昇大廈第二座問題的意見書內容。

工作員推動居民在取得業主簽名方面的工作，協助居民進行各項工作安排，會中李小姐表示願意聯絡幾位已搬出的業主；吳太亦表示可協助找同樓層相識的業主簽名，洪先生，彭太也表示願意找大廈內的業主簽名。

【第四次居民會議】

時　　間：4月13日
地　　點：望廈社區中心
會議目的：制定發動居民簽名行動方案
內　　容：關注組代表何太、羅生與工作員開會共同商討發動居民簽名行動方案，在會上成員自願擔任部分工作及自行安排各項協調工作，並訂出工作時間和日期。

■**行動期──簽名行動、與房屋局代表對話**

　　4月14日至4月30日，發動了第二座居民簽名行動，這段時間，由大廈關注組成員在第二座逐戶敲門發動業主簽名運動，成員的工作起著宣傳和親身示範的作用，把訊息直接傳遞給居民，鼓勵更多居民的參與。因推動居民集結於各網絡關係，找到不少已遷出的業主簽名支持，甚至有遷出業主主動回來簽名，或致電到中心留言表示要簽名。

　　工作員於期間頻繁進行落區家訪居民，不但能為關注組成員的工作打氣，另一方面觀察關注組工作進度是否順利，及居民反應如何，以便作出評估。

　　最後，在6日的行動裡，共取得30戶業主的簽名支持，以每幢有90個單位計算，30戶業主簽名已代表超過三分之一的業權，包括部分業主擁有超過二個或以上的單位。工作員與關注組成員初步擬定於4月22日下午三時半到房屋局遞信。

【第五次居民會議】
時　　間：4月20日 地　　點：第二座2樓※室（居民住所） 會議目的：1.提升關注組員的素質和能力 　　　　　　2.讓關注組員學習面對官員應有之態度 　　　　　　3.增強組員對大廈居民的使命感 內　　容：出席者包括關注組代表何太、羅生、李生、李小姐、陳太五人。在會上工作員介紹了承諾參與到房屋局遞信行動的名單：彭太、洪生、麥小姐、吳太、黃太、莊生，除了吳太和莊生外，所有遞信代表都參與了這次會議。

■轉淚點──居民主導

　　第一至第四次的會議都是由工作員主持帶領會議，參加會議的居民最初只是七嘴八舌，打斷發言，主觀地扯離話題，產生令會議時間增長等等弊病。在經過工作員不斷帶領引導及教育後，與會者已取得一定的默契和改進。成員已明白會議必定先商議妥當會議主題，才作閒話家常。若當中有成員在會議犯上早期的弊病，必有成員作出制止，把話題拉回主題上。成員亦明白到控制會議時間的重要性，但在語言技巧和態度方面，仍需作改善。工作員有見及此，希望與官員對話前為居民進行簡單的表達技巧及禮儀上的培訓。會議上，成員都認真地討論應把反映的問題扼要地表達，討論語句中的修詞和表達技巧，並與工作員作出模擬演練，工作員教導成員運用連結技巧，將想表達的問題串連，鼓勵成員在會上爭取合理權益，最後組員選出羅生負責遞信和擔任發言。

會議商討了在當日有突發事件的應對方法，包括如遇上第一、三座居民的加入，遞請願信期間居民向局方爭相發言表達意見時，讓組員有充分的思想和心理準備。工作員亦進行了提升組員信心的工作。對於這次接見官員，成員表現得戰戰兢兢，信心不大，而這次行動對成員來說義意重大，部分成員在2005年組織業主委員會曾與房屋局交手，可惜留下失敗的經驗。在這次的行動中，工作員期望能為組員帶來一次更新的經驗，改變舊有的觀感，建立組員的信心和自我價值。同時為防成員臨時退出或變卦，便與組員訂定在大廈門前集合，工作員可提早到居民的家中拍門，鼓勵更多閒在家中的居民參與。

【通知房屋局預告遞信行動】

時　　間：4月21日
行動目標：讓局方作出準備，接待居民
行 動 一：下午4時30分，工作員向房屋局發出FAX傳真，通知當局有關居民遞信事宜。
行 動 二：下午5時30分，工作員再次致電房屋局，禮貌知會有關部門，祐昇大廈居民代表將於翌日，並預告參與行動的人數，要求約見高級官員表達所需。在電話中得到局方確認會作出安排。

【向房屋局遞信行動】

日　　期：4月22日下午3：30
地　　點：青洲沙梨頭北巷102號澳門特別行政區政府房屋局
活動目的：1.將有關的大廈問題曝光，傳遞給該當局知悉
　　　　　2.鼓勵更多居民出席
　　　　　3.鼓勵居民參與解決社區問題
　　　　　4.讓居民與房屋局的人員建立直接溝通的渠道
參與人士：關注組成員彭太、洪生、麥小姐、黃太、莊生；業主居民李生、李太；機構代表李先生、工作員兩名；共十人。
活動內容：於3時一同出發到青洲房屋局進行遞信行動，並得到「樓宇管理支援廳」廳長接見。在遞信儀式後，即時與居民在會議桌上展開對話，羅生為代表發言人，率先把大廈問題扼要地反映出來，在會議上組員都能一一反映自己的意見。局方亦一一回應居民的需求，把各項適合居民的計劃仔細地向居民解釋和介紹，並承諾日後在居民組織業主委員會的工作上，作專人指導。居民反映解決大廈問題所遇到之困難得到局方承諾協助，並安排於4月23日下午派員到祐昇大廈區內視察。

【房屋局派員視察和評估大廈問題】

日　　　期：4月23日下午3：30
地　　　點：祐昇大廈第二座
活動目的：1.將有關的大廈問題向當局展示
　　　　　2.鼓勵更多居民參與解決問題
　　　　　3.讓居民與房屋局的人員有直接溝通的渠道
　　　　　4.讓居民認識服務機構
參 與 者：祐昇大廈居民、房屋局樓宇管理支援處員工、關注組成員、社區中心副主任及
　　　　　工作員等。
內　　　容：由於到房屋局遞信和房屋局派員視察大廈，相隔只有一天，時間緊迫，工作員
　　　　　未有充分時間與組員作出會議和工作安排。亦沒有足夠時間把房屋局派員視察
　　　　　大廈的行動，通知所有第二座居民，於是當日工作員與成員商討提早一小時到
　　　　　大廈通知在家的居民，讓有需要的職員入屋視察單位情況。
　　　　　在整個行動過程中，工作員負責拍照，而羅生安排房屋局職員進入居民的單位
　　　　　內。

【接受《濠江日報》記者採訪】

日　　　期：4月24日下午4：00
地　　　點：祐昇大廈第二座
內　　　容：由於祐昇大廈的大廈問題和居民行動，引起傳媒注意，主動向機構和居民提出
　　　　　採訪的要求。於是機構員工和工作員引領記者到祐昇大廈實地視察及拍照。採
　　　　　訪工作事出突然，工作員未能事前通知關注組的成員，基於善用傳媒能有助推
　　　　　動居民工作的理念，工作員引領記者採訪關注組成員，由梁太代表居民發言，
　　　　　透過記者直接採訪居民，讓居民把大廈存在的問題反映出來，讓市民瞭解社區
　　　　　和居民組織的情況，令居民的工作得到社會上認同，激發居民的動力，增強居
　　　　　民自信自助及解決問題的能力，更能提升居民的自我價值。

【張貼通告】

日　　　期：4月28日
內　　　容：4月24日《濠江日報》以「祐昇大廈問題令人憂慮」為標題，圖文並茂地報導
　　　　　當地的情況，於是工作員將4月22日和23日房屋局行動的通告，張貼在大廈公
　　　　　共梯間，讓居民知道關注組的工作進度，提高工作的透明度，讓居民安心及讓
　　　　　沒有參與的居民負起監察的作用。

■跟進／檢討期（5月7日至5月23日）

【第六次居民會議】
日　　期：5月7日
地　　點：第二座二樓x室（居民住所）
會議目的：1.回顧和檢討兩次房屋局行動
2.鞏固居民組織，使其可持續發展
3.為工作員完成實習需淡出關注小組工作作準備
內　　容：出席人數關注組成員九人，在會議上成員把整個行動回顧一番，詳細把行動經過與沒有參與的成員進行分享，彭太更能把與廳長對話的內容仔細地描述出來，成員在會中也討論了當局所提供公共地方須維修的「樓宇維修資助計劃」，認為只資助維修費用三成金額，餘下七成要由居民自負，組員感到該計劃要實行起來有一定的難度。

　　由於「舊樓維修資助計劃」對排污渠的資助項目，能夠幫助居民解決污渠滲水問題，決定由日後成立的業主委員會按實際情況繼續進行。成員同時把是次行動與2005年的相比較，大家都感到政府部門官員的辦事方式、接待居民的態度、回應居民的訴求，都有很大的改變，更以八十分作為對這次行動的評價。

　　工作員亦回顧和檢討由當初進行居民家訪，一起組織工作，和吃豬扒的日子，讚賞關注組成員為居民義務工作的熱心，欣賞成員能從中學習及作出改變，以及承擔工作的無私精神。工作員亦把實習期將要結束，並將會淡出工作的訊息帶出，讓成員知道機構日後由其他同事繼續跟進居民工作。最後與成員約定下次會議安排，即是二十一天後，房屋局批出業主名冊的日子，討論下一階段的工作策略。

(三)檢討事工目標和過程目標的成效

■事工目標：組織居民成立大廈關注組

　　為推動居民自行解決大廈區內問題，因此必須主動與居民認識，藉著家訪和居民建立關係，為區內問題搜集數據。工作員與居民關心大廈問題為工作介入點，啟動居民解決大廈問題動機，推動居民為大廈工作。前期以居民正式及非正式的聚會為居民建造溝通平台，透過會議讓居民盡情表達對問題的意見，分享對問題的看法，增加居民之互動，拉近居民之距離。當有著共同的目標和共識後，鼓勵居民成立大廈關注組，關注及推展改善大廈問題的工作。在得到居民支持後，協助居民自動成立「祐昇大廈關注組」，達到居民組織工作的事工目標。

■過程目標：協助居民組織連結和運用相關資源

過程目標之具體內容包括如下：

1. 重新建立社會網絡。
2. 增加居民的互動與交往。
3. 改善鄰里關係。
4. 重建居民與團體間的緊密聯繫。
5. 使居民醒覺和願意承擔責任。
6. 增加居民對社區的認同和投入。

在探索期內工作員透過家訪，透過搜集資料數據所顯示問題的存在狀態，在會議上把大廈的問題聚焦，引起居民注意大廈社區環境的意識，製造共同之工作目標。

在策動居民參與和行動期過程中以居民自發提出簽名行動的方案，帶動出居民響應，激發隱形或遷出的熱心居民參與，使居民組得到支持與被認同。同時透過簽名運動重新聯繫和建立居民的社會網絡，亦令小組成員感受到居民在背後默默支持他們的工作。並以行動激發第一、三座的居民主動加入共同參與工作，使居民醒悟與願意承擔責任。

組織過程強調成員的成長，工作員在多次居民會議中引導成員遵守會議規則，重視會議主題，讓成員建立尊重他人的習慣，在後期的會議，成員的會議行為明顯改變。最後成員自行召開會議及解決大廈問

題，這顯示過程目標的達成，達到提升居民能力，培養自主助人自助的社
區工作目標。

■工作所遇到的困難

工作所遇之困難包括：

1. 鞏固居民的工作：社區工作是社會工作的一種方法，其有效性除取
   決於社會工作者的分析能力外，更取決對協助居民解決問題時的目
   的及模式選取。在四個工作階段的過程中，大部分所要進行的工作
   方案，都是由居民自決和發展而來。工作員主要以非主導性的工作
   手法，扮演使能者的角色，鼓勵和協助居民組織，建立居民良好溝
   通渠道和關係，讓居民表達不滿。由於居民參與會議時，會把一些
   私人的紛爭引入議會中，期望爭取別人支持和認同，所以工作員做
   出防禦規範，以免導致居民分裂。工作員亦需做出整合，引導居民
   工作的一致性，一方面引導居民疏導不滿情緒，一方面鼓勵居民以
   工作大局為重，鞏固居民的關係。

2. 主導性的問題：在是次的工作中，實習機構雖然是給予工作員工作主
   導權，但工作員仍必須按照機構設立的宗旨辦事，一些工作上的指
   導，往往成了工作員的工作壓力，如在記者採訪的環節上，不少居民
   向工作員表達〔樓宇維修的資助計劃〕居民需自行支付的七成的維修
   金額，對北區草根階層來說，是有一定金錢的壓力負擔，無能力一
   盡公民的責任。然而在採訪的過程中，工作員代表著機構發言，若
   表達上過於支持居民的觀點，便會被認為機構針對政府政策表達不
   滿，破壞機構和政府關係。但站在社會工作者的角度，為爭取權益
   是主要工作。這種不可作為的陷阱，給工作員帶來兩難的局面。

3. 提升居民的能力：工作會議和接觸居民是貫穿整個工作的主要工作
   技巧方法，利用居民會議，能培訓居民，提升居民的能力。在初期
   的會議中，居民發言有偏離主題，爭相發言等行為，往往讓會議花

上兩個多小時，浪費精力與時間。經過工作員在多次會議的協調及引導下，大家的工作默契和程序規則漸漸建立，組員領悟會議議程的作用，亦能圍繞主題發言。後期，成員更懂得適時的發言，表現出專心聆聽的尊重，每當有偏離主題時，亦懂得加以制止和引回主題，甚至在主持會議時能把主題帶出，讓議會有序地進行。在5月7

表8-3　工作進程一覽表

工作階段	所進行的工作
探索期	進行社區觀察、資料搜集、街頭接觸居民、家訪居民，如拍短片、拍照等。
建構期	1.家訪及電話聯絡居民。 2.分析資料。 3.召開關注大廈問題會議。
策動與居民參與期	1.召開第一次會議：引起居民的關注，鼓勵更多居民參與工作。 2.召開第二次會議：接續第一次居民會議所決議的事項，制定工作方案。 3.張貼第一、二次會議通告：提高工作透明度，讓居民起監察作用。 4.召開第三次會議：成立大廈居民關注組。 5.張貼第三次會議通告：提高工作透明度，讓居民起監察作用。
行動期	1.召開第四次會議：制定居民簽名行動方案、成立業主委員會方案。 2.在祐昇大廈第二座發起居民簽名行動。 3.落區支持和觀察關注組成員的簽名工作進度。 4.召開第五次會議：商討到房屋局遞信流程、培訓關注組員工作技巧。 5.到青洲房屋局遞信。 6.房屋局派員到大廈區內視察和評估問題。 7.居民接受《濠江日報》記者採訪。 8.張貼《濠江日報》刊載的內容和兩次房屋局的行動通告：提高工作透明度，讓居民起監察作用。
檢討期	1.召開第六次會議。 2.回顧及檢討兩次房屋局之行動。 3.回顧及檢討四個工作階段。 4.為工作員淡出工作作準備。
跟進期	1.家訪及電話聯絡居民：保持聯繫。 2.機構副主任與工作員探訪居民。 3.工作員和機構正式向居民交待祐昇大廈第二座成立大廈業主委員會的跟進工作。

表8-4　財政支出　　　　　　　　　　　　　　　　單位：港幣

支出項目	金額	收入項目	金額
雜費	10	機構資助	149
水果	80		
相片	59		
合計	149	合計	149

日至5月18日這段時間，居民更自行召開會議，運用所學的開會模式，取得居民間合作，解決一年多以來，因五樓違章建築單位私自改動去水渠位置，而影響同一座向多個單位的滲水問題。

■工作員的感受

在整個工作過程中，工作比預期的來得順利，優勢在於居民有潛在的動機，適逢政府推出的房屋政策切合居民的需要，和熱心居民的存在，因此在推動居民工作和參與時，他們顯得主動。居民向工作員表白感受時表示，工作員為區外人，也投入協助居民辦事，而居民身為大廈的一分子，便更應為居民出力。這種鄰里情懷，現今社會已是難能可貴。

在工作過程亦曾出現失望的一刻。當這種情況出現的時候，工作員便得花點心思，改變居民的想法，鼓勵居民不要把著眼點放在成效上，享受為居民出一份力，享受一同參與的過程，讓居民能釋懷心中的忐忑不安，心安理得的為居民服務。

當中亦有居民對工作員的「好心」有所質疑，工作員向他們解釋這種「好心」是社會工作方法的一種，雖然社區居民們對社工的定義一知半解，在他們的概念中並無法認知到社區工作者為何物，不過今日藉著這次與居民的工作，讓居民對社工的工作範疇加深了認識。

居民向工作員的反饋，表示工作員在區內推動和組織居民工作後，令到鄰里關係大大增長，把以往街坊路行路過的情況改善，現在街坊碰面總會寒暄上一兩句閒話家常，使區內的氣氛融洽，居民會為居所問題互相研究維修解決方法，發揮守望相助的精神。

　　在整個社區工作中，令工作員認識到，社區工作的漣漪效應，見識到社區功能是如何發揮，使工作員的工作經驗更加充實。

五、案例二的評論

　　如何激發居民參與居民組織工作是工作技巧的重要部分，本案例除了運用一般瞭解居民問題的技巧外，還以客觀的量化統計資料，分析社區居民對問題的看法，這些資料給予工作員決策的參照，對推展組織工作具指引作用。同時亦給予服務單位負責人瞭解居民的問題，以作合適的支援準備。

　　本案例中，工作員透過家訪資料，對居民參與組織的動力與阻力進行分析，以大廈的維修問題、漏水問題及環境衛生問題與相關居民發展進一步的人際關係。同時工作員在進行地區探索時收集與區內居民相關的政策，透過政府所提出的低層樓宇維修計劃的資訊，在特定的大廈內進行倡導工作，激發居民關心大廈維修問題，從而組織居民會議討論相關事項。

　　工作員靈活運用場地，增強居民參與意願，如居民關注組會議在居民家中進行，減輕讓人畏懼正規的形式，消除隔膜，拉近關係，令工作員給予人平易近人的感覺。這方法除了可吸引住戶的關注外，還可讓居民表達對小組的認同，及增強居民間的互動關係，這技巧值得讀者參照。

　　工作員將組織工作由非正式居民小組轉化為居民關注組，並建立組織內各居民所擔任的角色，增強居民的認同，並讓參與者可合法性的參與地區事務。

　　居民主導是社區工作的重要理念與目的，是次組織工作所舉行的會議及行動策略明顯出現由工作員主導轉為居民主導的情況，在第三次及第四次居民會議中看到居民參與力的漸漸增強，工作員成功激發居民參與資料收集工作，為社會行動建立良好的基礎。在第五次會議明顯表現出居民主導的理念，工作員扮演著協助角色，如協助培訓居民對話技巧、協助聯絡相關部門等。會議由居民帶領及主導行動策略，給予居民更大的自由度及建立認同感。

行動與政府部門的回應直接影響居民的生活質素，是次居民行動引發房屋局高層官員及新聞媒體對區內問題的關注，並在區內進行視察，這些反應對居民參與起著重要的激勵作用。但亦顯示出居民工作難以將所有情況控制在規劃之內，工作員與居民間必須建立緊密關係，遇有任何情況相互通告，才能真正發揮居民互助的精神。

案例整體總結，展示了社區組織工作的全面過程，由瞭解社區至組織居民，從分析策劃到行動及跟進，同時展現了工作員與居民間建立良好的互信關係。正如Leaper（1971: 8）所強調，發展地區組織工作必須與居民建立良好的社會關係，而有了良好關係，對推展居民工作必有助益。值得注意的是，居民組織工作在於在組織過程中，讓居民明白如何面對及表達其合理權益，以便居民日後面對各類社區問題時，能自行組織及解決區內問題。

■ 社區組織案例三　推動成立業主管理委員會的經驗

——案例由吳倚玲提供[3]

一、導言

澳門的居住大廈樓宇大致分成兩種形式：一是現代式的高樓大廈設施；另一種則是五、六層高，俗稱「唐樓式」的大廈。由於唐樓大多都已

---

[3] 是次居民組織工作由兩名同學推展，報告由吳倚玲提供。

有二十年以上樓齡，外牆上、大廈內部等都開始有一些結構性的問題出現，直接影響居民生活及安全。因此，房屋局推出多個大廈維修資助計劃，為有需要維修的大廈業主提供金錢上資助。

　　工作員因見於祐喜大廈第二座的樓梯出現石屎剝落的情況，亦有部分樓梯石屎甚至露出鋼根，對居民生活安全會造成一定影響。工作員決定在祐喜大廈第二座深入瞭解居民的需要，協助居民解決大廈的問題。從而鼓勵居民更加關心社區及增強對社區的歸屬感。

二、機構簡介

　　中心於1989年在區內投入服務。以「團結坊眾」作為中心的使命，亦以「改善社區居民生活質素，共創美好社區」作為中心的服務宗旨，希望與居民共同探討及研究地區問題成因，尋找社會資源，解決社區問題，改善居民的生活質素。

三、問題陳述

　　工作員實習初期，主要集中在望廈區進行社區觀察，發現望廈區內確實存在不少的社區問題，如環境衛生、車位不足、公民意識薄弱、樓宇結構等種種問題。透過工作員進行約兩個星期的家訪及評估後，工作員根據居民對問題的關注度、問題解決的難度及迫切性等進行評估與篩選。將祐喜大廈第二座設定進行集中的家訪，深入瞭解當時所存在的問題。主要關注點是祐喜大廈第二座的大廈結構損壞。由於祐喜大廈第二座在樓梯及外牆的石屎有剝落露出鋼根的現象出現，影響大廈居民的出入安全。在工作員對居民進行家訪的時候，居民大部分認為大廈樓梯石屎剝落最需要改善，因為除了影響大廈的外觀，亦嚴重影響居民的人身安全，居民出入均提心吊膽，害怕石屎跌落傷及身體。

有見及此，工作員有意透過組織居民成立業主管理委員會，以策動居民關注大廈的結構問題為介入點，向政府申請有關大廈維修的資助計劃。

四、社區工作理念

　　根據工作員於家訪所做的瞭解，居民表示約於半年前曾向房屋局申請樓宇維修資助計劃，房屋局已有專人跟進大廈的狀況。由於該項計劃的基本條件是必須成立業主管理委員會，祐喜大廈第二座的居民本來亦曾計劃成立，但由於最後動力不足，以及居民協調出現問題，最終令計劃停滯不前，因此未能申請有關資助。

　　在家訪的過程中，工作員感受到居民仍然對改善大廈設施問題抱有熱心與動力，因此工作員便以這個問題為介入點，協助他們成立業主管理委員會。

　　羅夫曼將社區工作分為三種主要的工作模式，即地區發展、社會策劃和社會行動。在地區發展模式（locality development）中，對社區的結構和社區問題有一基本假設，就是社區是毫無生氣的，區內居民對社區事務漠不關心、居民之間的關係十分薄弱、缺乏解決問題的能力。這與過往祐喜大廈第二座的居民未能成立業主管理委員會的情況相似，雖然有數位居民充滿熱誠，但是其他的居民對社區的事務不關心。另一方面，熱誠的居民亦缺乏帶動社區的動力，增強社區的生氣，解決社區問題，因此未能成功成立業主管理委員會，改善大廈問題。

　　針對這種情況，為促進居民的自助和互助，提高他們以民主方式解決問題的能力，增強社區的團結，成為是次組織工作的目標。主要的工作策略是鼓勵廣泛的居民參與解決共同問題，強調居民間的共識建立，以和平的方式，讓區內居民及各利益團體互相溝通、互相討論以達成共識，最終可改善居民的生活質素。

五、社區動力及阻力

工作員瞭解社區內居民的問題及需要後，針對居民所關心的問題進行動力與阻力分析：

1.社區動力：
    (1)大廈有較明顯的問題，容易吸引居民關注。
    (2)有多位居民熱心於大廈事務工作。
    (3)某部分的居民對成立業主管理委員會有一定的經驗。
    (4)居民在區內居住的時間較長，對大廈有較強的歸屬感。
    (5)居民之間的關係尚算良好。
    (6)政府現時提出多個資助計劃，居民覺得計劃對改善自己的居住環境有幫助。

2.社區阻力：
    (1)在成立業主管理委員有過失敗的經驗。
    (2)有較多不願意接觸鄰居的租客及輪班的工作人士，而較難與這類的居民聯絡。

六、工作目的

1.協助居民成立業主管理委員會。
2.提升居民對社區的歸屬感。

七、過程目標

1.重新喚起居民對改善大廈問題的熱誠。
2.提升居民參與社區／大廈事務的動力。

八、工作過程

以下的工作過程是根據陳麗雲提出的階段性介入模式，將是次的工作過程分為四個階段進行（如**表**8-5），分別為探索期、策動期、鞏固期和檢討期。

表8-5　工作過程四階段

日期	工作階段	工作內容	目的
10月	探索期	1.社區觀察 2.資料搜集 3.家訪居民	瞭解社區及居民需要；瞭解社區背景及有助工作的相關資訊；瞭解社區動力與阻力；與居民建立關係等。
11月	組織期	1.重訪居民	與居民建立關係；評估居民對事件的關注情況；尋找動力大的居民。
		2.組織居民 3.第一次會議	組織動力較大的居民；凝聚居民力量等。 凝聚居民的力量；探討居民改變大廈的動力；尋找共同期望解決的問題及方式等。
		4.第二次會議	討論居民在張貼資料的工作；瞭解邀請房屋局人員到來講解的原因等。
		5.第三次會議	確定關注組的名稱及組員；討論房屋局人員到來講解的時間等。
12月	行動期	1.家訪及重訪居民 2.第四次會議	與居民建立關係；鼓勵居民參與大廈工作等。 宣布機構開始接手有關祐喜大廈的工作；講解成立業主管理委員會的步驟；決定跟進工作的居民等。
12至1月	檢討期	1.家訪居民	肯定居民的能力；鼓勵居民繼續努力解決大廈的問題等。
		2.第五次會議	討論業主管理委員會人數、職位；訂立分層建築物所有人大會第一次會議的日期、時間、地點等。
		3.重訪較熟悉的居民	回顧及檢討整個活動過程；檢討並給予工作員工作上的建議；鼓勵居民處理大廈的問題等。

九、具體工作內容

(一)探索期

1.社區觀察：工作員除了透過社區觀察發現大廈的問題之外，亦瞭解大廈問題的嚴重程度，以便在家訪的時候，有較多的話題與居民討論。

2.家訪居民：工作員透過家訪的形式，除了與居民建立關係之外，亦可以瞭解到居民對大廈及社區的問題及需要、尋找到一些工作員不能觀察到的問題（如停車場燈光、噪音）、問題的歷史及變化，以便工作員對大廈問題的分析及介入。另外，亦可以透過家訪瞭解大廈居民的動力及阻力。

3.資料搜集：工作員透過社區觀察，以及家訪所得的資訊，以瞭解大廈的問題情況。根據工作員的統計及分析，居民對於大廈的設施，尤以樓梯石屎剝落的情況最為關注。有見及此，工作員因應這個問題尋找一些在社會上的資源，發現房屋局近來正推行樓宇維修的計劃，工作員便詳細瞭解那些計劃的內容，如申請條件及方法等。

(二)組織期

1.組織居民：工作員在家庭重訪的過程中，發現區內有幾位居民對大廈事務較為熱心，因此工作員邀請居民開會一起討論，試圖尋找共同的解決目標，改善大廈的環境。

2.會議：

(1)在第一次會議中，居民討論出共同關注的問題：大廈樓梯維修問題，亦期望將有關的資訊張貼在大廈的門口，並提出可申請房屋局的資助；中心同事表示可邀請房屋局來開講解會，居民表示同意。工作員準備了有關大廈維修的新聞及資訊，讓居民自己分配工作。另外，工作員亦開始草擬遞交給房屋局的信件。

(2)在第二次會議中，主要是由居民分配張貼通告的工作。工作員希望瞭解居民期望房屋局講解的原因。工作員除了修改給房屋局的信件之外，另外運用跟進居民張貼工作的情況與居民接觸。

(3)在第三次會議中，主要的內容是確定關注組的成立，以及商討房屋局人員到來的原因。居民都表示十分願意加入關注組，並期望能夠順利申請有關的補助。但由於機構傾向不太期望這階段便邀請房屋局的人員開講解會。因此有關擬定房屋局信件的工作取消，其後工作員亦到大廈中與居民說明有關狀況。

(三)行動期

1. 家訪及重訪居民：在行動期中，工作員在家訪新住戶的同時，亦與舊有的住戶保持一定的溝通，希望可以在發掘更多熱心住戶的同時，鞏固現有的住戶的關係。

2. 第四次會議：這次會議召開的目的在於解釋申請成立業主委員會的過程及道出實習同學的工作時限。以及當中有哪些資助計劃適合祐喜大廈的居民。在這次會議上，居民均希望選擇成立管委會來解決大廈現有的問題；另外，這次會出席的居民均同意派李姐（業主）來做代表，申請業主名冊，並成為申請信上的聯絡人。

(四)檢討期

1. 家訪居民：由於時間所限，工作員只可以以家訪形式與居民進行個別檢討工作。在家訪的期間，工作員讚賞居民為大廈付出的努力，並鼓勵他們繼續致力於大廈的事務，希望居民可以為大廈作出改變。

2. 重訪較熟悉的居民：這是工作員最後一次對居民作家訪，目的是與居民一起回顧工作員由進入大廈進行家訪，到最後由中心接手工作

員的工作。在這次家訪過程中，居民對工作員作出熱情的款待，又
給了工作員很多在工作上的意見，兩位工作員均感受到居民對工作
員發自內心的關懷。

3.第五次會議：這次會議雖在實習完結之後召開，但工作員仍堅持出
席是次會議，以表示對居民的支持。這次會議的內容，主要有解釋
各項申請內容的詳細資料，包括業主大會召集信及向房屋局申請業
主名冊的信件、討論臨時管委會組成的成員及人數，以及臨時主
席、臨時副主席及臨時秘書的人選，居民大會舉行的日期、時間及
地點。最後，會議決議了十三名臨時委員會的委員，四位居民分別
擔任臨時主席、臨時副主席及臨時秘書一職，但並沒有在會上決定
個人的職責，故需要留待下次會議再作討論。

十、遭遇的困難

在上述的實習工作過程之中，工作員遇上了不少困難，以下按上述
工作階段，分享工作員所遇到的困難有哪些。

(一)探索期的困難

■選擇介入的目標

工作員在落區觀察的時候，先鎖定三座有較明顯社區問題的大廈，
從而再去做一些簡單的訪問，期望能夠得知居民的動力以及問題的嚴重
性。但在實習前，工作員對社區工作不太熟悉，及對社區工作上存有不
同的價值觀，單是討論介入目標，便需要工作員與另一合作伙伴互相協
調。從訪問結果，發現祐喜大廈第二座的居民比其餘兩座的居民更有動
力。工作員認為在居民組織方面，若然連居民都沒有動力的話，工作員花
再大的氣力也沒有用處，因此工作員在是次實習的過程之中，選擇了有部
分社區動力的祐喜大廈第二座進行社區組織工作。

■與居民的接觸

工作員初期的工作為集中進行家訪，在過程之中，工作員以機構的實習社工的身分作為介紹，讓居民放下對陌生人的防衛。不過，這個身分並不代表每一戶居民都願意接受家訪，有時候亦會出現一些較為冷漠的居民拒絕。當被拒絕時工作員會出現一些較為失落的情緒，但回想當時，既然居民沒有心理準備接受的時候，就不用強迫居民，工作員亦應該以正面的態度對待。

■工作員自身的情況

由於工作員懼怕小動物，尤其是狗，工作員初期擔心在社區工作會遇上這個情況，思考如何解決有關問題。在家訪的時候，工作員運用坦承的方法向居民表達，居民不但理解，並在後期的家訪時注意他們的寵物，避免令工作員懼怕。當居民與工作員建立關係後，居民對於工作員的特質給予瞭解、關心及體恤。

(二)組織期的困難

■發掘居民小組成員

工作員在家訪的時候，會從他們的語氣、表達的事件去分析他們的動力，因此發掘居民小組成員的時候，工作員先從一些動力較大的居民開始。但召開小組初期，因完成的家訪數目不多，影響居民出席人數。幸好在居民小組之中，有一位居民與整座大廈的居民關係良好，亦熟知大廈居民的特性，因此工作員亦透過她，尋找到其他動力大的居民。後期的小組會議，亦能夠遇到一些未曾家訪過的居民出席。

■主持居民會議的技巧

在工作初期，工作員對於主持會議的信心不是太大，唯有透過準備更多的資料，如會議議程、大廈維修補助的資料等，顯示對社區工作的誠意及熱心，工作員預料到居民可能出現沉默、爭相發言、次小組的情況。因此工作員在討論有關情況過後，決定分配好工作以及處理的方法，讓會議能順利進行。

中期過程的會議，居民都瞭解有關會議的發言情況，因此討論的時候，較少出現爭相發言的情況。

在會議的過程之中，與合作伙伴的默契亦十分重要，因為除了帶領會議之外，居民亦會留意工作員的表現，這也會影響居民往後參與大廈事務的信心。

(三)行動期的困難

■由機構接手

由於後期工作員的實習期結束，需機構介入居民組織工作，因此工作員選擇將有關工作轉交回機構跟進，工作員在居民組織方面亦較少介入。但工作員仍維持進行家訪，鼓勵居民繼續參與。

■居民的適應

在工作初期，工作員都以居民為主導的手法進行會議。但在後期，工作員轉交給機構跟進，居民組織變為以機構為主導，對於居民之間的適應亦要注意。工作員在家訪的過程之中，除鼓勵居民參與之餘，亦鼓勵居民向機構表達其意見，避免完全由機構主導，忽略了居民的意見。

(四)檢討期的困難

■居民會的後續工作

在實習結束的階段，居民都準備開始籌備成立業主管理委員會的工作，但由於居民的能力尚未能夠處理所有的事務，因此都是以機構主導為主。

從是次經驗當中，工作員認為社區的變數比起小組的變數更大，所以在工作上的應變力亦顯得更為重要，單靠一個工作員的能力未必能即時應付的到，所以工作員認為除了要與機構、督導溝通之外，亦要與工作伙伴建立一個合作的關係，需要互相尋求共識。另外，亦要與居民保持良好的關係，才有利於社區工作的推展。

十一、結語

工作員在過程之中，透過社區觀察、進行居民家訪、組織居民參與社區事務等工作手法，期望令居民提升對自己大廈問題的關注度，從而增加居民對大廈的歸屬感。實習時間，可能未必能夠完成工作員事先定下的「成立業主管理委員會」的目標，但是在實習結束前，已得悉居民開始籌備成立業主管理委員會的工作，工作員亦與居民約定，在成立業主會當天到場支持居民，可見工作員與居民已建立一個深厚的關係。

在成立業主會當天，居民不但給予工作員親切地問候，工作員亦看見居民能力的成長，他們自己能夠帶領起會議的進行。除此之外，工作員亦瞭解到居民的動力，因為在開始的時候，只有四分之一的大廈居民到場，經過多名居民不停的在大廈與中心之間走動、召集其他居民到場，最後他們成功召集到二分之一的大廈居民出席會議，使他們能夠在「分層建築物所有人大會第一次會議」就成功地成立業主管理委員會。

當居民宣布成功成立業主會的時候，工作員覺得十分感動，能夠看到在自己與居民一同努力之下，達到了目標，而且看著居民的能力成長，工作員亦有無限的滿足感，慶幸自己能夠與居民一同見證業主會成立的一刻，為工作員的實習生活劃上一個完美的句號。

在是次的實習之中，能夠獲得一次難得的居民組織經驗，實在令工作員的實習生活添下一筆美好的回憶。回想起第一次落區、第一次與居民接觸、第一次進行家訪、第一次召開居民會議，這些回憶及成功的經驗令工作員畢生難忘。

十二、案例三的評論

　　社區組織工作並不是各類情況都能有明確的問題及解決方案，本案例便是政府政策與社區持分者未能配合而產生社區問題。工作員的介入手法是利用居民所關心的問題作為主要介入的議題，吸引居民關注事件。由於大廈維修費用可向政府申請資助，工作員借以誘發居民的回應，讓他們自行表達過去居民參與的情況，直接由居民探討問題所在及如何解決過往未能成功申請政府資助的情況，以推動居民組織大廈業主管理委員會，自行管理大廈的監管工作。

　　近年都市化地區經常出現的老齡化大廈管理問題，香港、澳門等地政府希望以資助的方式，鼓勵大廈業主自行成立法人組織維修大廈、管理或監管大廈管理工作，使大廈的居住環境及治安得以改善。案例所推動的組織工作亦為近年各地政府主要改善居住問題的重要方案。

　　組織工作方面，工作員以著重發展與居民建立關係為原則，用重訪家庭住戶及全面家訪方式鞏固與居民的關係，發掘區內有能力的人力資源及核心人物，探討組織動力。工作員透過公開資訊方式讓住戶瞭解及明白大廈情況，鼓勵居民參與；在參與過程中，瞭解過往申請政府資料所遇到的問題及問題的真正所在，促使居民由關心如何獲得政府維修資助的議題，轉變為如何成立大廈管理委員會的議題，並對該議題作實質性的行動。最後，由居民自願參與成立臨時管理委員會召開有關組織工作。

　　組織工作不能因工作員個人關係而終止，正如是次案例顯示，工作員未能在實習內完成組織工作，雖然如此，工作員在獲得中心的同意下，在非實習時段仍參與居民組織活動，讓居民感受到工作員對專業工作的熱誠及使命感。

　　整體而言，是次的組織工作以關係建立為主要工作重心，結果的成效並不是組織工作的社區工作員的唯一指標,重要的是將區內本是表面的問題轉化為實質問題,讓居民能真正瞭解解決居住問題所在。

本案例除了專業的操作外,工作員對居民的關心在案例中表露無遺,盡顯發揮社會工作者大愛的精神,值得大家參考。

■ 參考書目

一、案例一的部分

姚瀛志（2004）。《社區工作——實踐技巧、計劃與實踐》。香港：益信國際有限公司。

莫邦豪（1994）。《社區工作原理和實踐》。香港：集賢社。

二、案例二的部分

http://w2.nioerar.edu.tw/basis3/8/e000961.html，檢索日期：2009年10月4日。

甘炳光、梁祖彬、陳麗雲等編（2005）。《社區工作理論與實踐》。香港：中文大學出版。

姚瀛志（2004）。《社區工作——實踐技巧、計劃與實例》。香港：益信國際。

夏建中（2009）。《社區工作》。北京：中國人民大學出版社。

陳鍾林（2004）。《社區方法與技巧》。北京：機械工業出版社。

Leaper, R. A. B. (1971). *Community Work*, London: The National Council of Social Service.

國家圖書館出版品預行編目資料

社區組織理論與實務技巧/姚瀛志著. -- 初版. --
　　新北市：揚智文化, 2011. 12
　　面；　公分 --（社工叢書）
ISBN 978-986-298-025-5（平裝）

1. 社區組織　2. 社區工作

547.43　　　　　　　　　　　　　　100026016

社工叢書

社區組織理論與實務技巧

編　　著／姚瀛志
出 版 者／揚智文化事業股份有限公司
發 行 人／葉忠賢
總 編 輯／閻富萍
主　　編／范湘渝
地　　址／新北市深坑區北深路三段260號8樓
電　　話／(02)8662-6826　8662-6810
傳　　真／(02)2664-7633
網　　址／http://www.ycrc.com.tw
 E-mail　／service@ycrc.com.tw
印　　刷／鼎易印刷事業股份有限公司
 I S B N　／978-986-298-025-5
初版一刷／2011年12月
定　　價／新臺幣350元